www.ingramcontent.com/pod-product-compliance
Lightning Source LLC
Chambersburg PA
CBHW050308010526
44107CB00055B/2153

کشف رنگ‌های زندگی

امید وفا

©حق چاپ (۱۴۰۲ ش - ۲۰۲۳ م) برای امید وفا محفوظ است.

کشف رنگ‌های زندگی
نویسنده: دکتر امید وفا
تأیید و پیشگفتار: عالیجناب دالایی لاما
مترجم : سامان عطایی

حق چاپ: © امید وفا - ۱۴۰۲ شمسی - ۲۰۲۳ میلادی

چاپ اول به زبان فارسی: ۱۴۰۲ شمسی - ۲۰۲۳ میلادی
شماره‌ی استاندارد بین المللی کتاب فارسی (شابک): ۶ -۹۷۸-۰-۶۴۵۷۷۶۴-۱ (نسخه جلد نرم -شومیز)
شماره ی استاندارد بین المللی کتاب انگلیسی (شابک): ۹ -۰ -۹۷۸-۰-۶۴۵۷۷۶۴ (نسخه جلد نرم - شومیز)
انتشارات و پخش: آمازون کیندل, اینگرام اسپارک, مرکز پخش کتب بهایی

تمامی حقوق محفوظ است

All RIGHTS RESERVED

ISBN: 978-0-6457764-1-6 (Farsi Edition)
ISBN: 978-0-6457764-0-9 (English Edition)

به پدرم منصور و مادرم مهناز
با احترام، عشق و سپاس

تمامی حقوق محفوظ است.

«هیچ بخشی از این کتاب را نمی‌توان به هر شکل یا به هر وسیله‌ای، از جمله فتوکپی، ضبط، یا سایر روش‌های الکترونیکی یا مکانیکی، یا از طریق هر سیستم ذخیره‌سازی و بازیابی اطلاعات، بدون اجازه‌ی کتبی قبلی نویسنده «امید وفا»، تکثیر، توزیع یا مخابره کرد؛ به جز آن نقل‌قول‌های بسیار مختصر که در بررسی‌های انتقادی به کار رفته، و برخی استفاده‌های غیرتجاری که از سوی قانون حق چاپ مجاز در نظر گرفته شده».

THE DALAI LAMA

FOREWORD

Human beings are fundamentally all the same—physically, mentally, and emotionally. Together, we inhabit this Planet Earth. We face many challenges that could be avoided if we were to nurture a sense of the oneness of humanity and treat our fellow human beings with warm heartedness and loving kindness.

Every year, due mainly to intercommunal conflicts, hundreds of thousands of people are displaced from their homes and communities and are forced to seek refuge in a foreign land. The pain of leaving their homeland is devastating, and the uncertainty of finding a safe haven can be overwhelming.

The book, *Making Life Colorful* by Dr. Omid Vafa, demonstrates that despite many challenges, his ability to survive and lead a meaningful life in a foreign country was made possible largely by the kindness of others. Out of appreciation for their generosity, and recognizing the importance of extending the same warm heartedness to others in need, he founded a Charitable Foundation. I hope that readers of this book will find the author's experiences inspiring.

24 May 2022

یادداشت عالیجناب دالایی لاما

ابناء بشر اساساً یکی هستند – از نظر فیزیکی، فکری، و احساسی. زمین در اختیار همگی‌مان قرار گرفته. یکایک ما با چالش‌های بسیاری مواجه می‌شویم که اگر حس یگانگی بشر را تقویت نماییم و با همنوعان خود با خونگرمی و محبت رفتار کنیم، می‌توانیم از وقوع آنها جلوگیری نماییم.

همه ساله، بیش از هر چیز به خاطر نزاع‌های دسته‌جمعی، هزاران نفر از خانه و جوامع خود آواره می‌شوند و مجبور می‌شوند تا به دنبال پناهگاهی در سرزمین‌های خارجی بگردند. رنجِ ترکِ وطن ویران‌گر است و عدم اطمینان از یافتن گریزگاهی امن می‌توان جان‌فرسا باشد.

کتاب کشف رنگ‌های زندگی، نوشته‌ی دکتر امید وفا، نشان می‌دهد که به‌رغم بسیاری از چالش‌ها، توانایی ایشان در حفظ بقا و پیش بردن زندگی‌ای معنادار در کشوری خارجی، بیش از همه به خاطر مهربانی دیگران بوده. به جز قدردانی نسبت به دریافت این بزرگ‌منشی‌ها، و درک اهمیت بسط همان خونگرمی‌ها و محبت‌ها به افراد در مضیقه و محتاج، ایشان بنیاد خیریه‌ای را نیز بنا کرده. امیدوارم که تجربیات نویسنده الهام‌بخش خوانندگان این کتاب باشد.

دالایی لاما

۲۴ می ۲۰۲۲

درباره‌ی نویسنده

امید در جوامع چندفرهنگی متعدد در سراسر جهان بزرگ شد و خوش‌شانس بود که به بیش از ۷۰ کشور سفر کرد و در بیش از ۱۲ کشور به زندگی مشغول شد. امید در سال‌های آخر اقامتش در افغانستان از ۴ کودتا جان سالم به در برد، از جمله حمله‌ی شوروی قبل از بازگشت به ایران. او در زمان اوج هرج و مرج‌ها به کشورش برگشت. ماه پایانی حکومت پهلوی بود و ایران به دلیل وقوع انقلاب (۱۳۵۸) و جنگ با عراق (۱۳۵۹) دستخوش تغییرات سیاسی شده بود.

امید در طول ۵ سال بازگشت خود به ایران، جنگ ایران و عراق را تجربه کرد. با شروع جنگ و آزار و اذیت بهاییان پس از انقلاب ایران، او چاره‌ای جز فرار نداشت. امید از ۱۶ سالگی خانواده‌اش را به امید آینده‌ای روشن‌تر ترک گفت. او در طول مدت اقامت خود در پاکستان به مدت بیش از ۲ سال (۱۳۶۷- ۱۳۶۵) بر سفر خطرناک دیگری فائق آمد، تا اینکه فرصتی برای شروع زندگی‌ای جدید در کانادا برایش مهیا شد. او بیش از یک دهه در آنجا زندگی کرد، بدون اینکه نگران امنیت و سلامت فیزیکی خود باشد. امید پس از زندگی در کانادا، ایالات متحده، سوئیس، استرالیا و بریتانیا، به ژاپن نقل مکان کرد (۱۳۸۴) و بلافاصله به جستجوی راه‌هایی پرداخت تا دانش و تجربه‌ی خود را به جامعه‌ی ژاپنی منتقل کند.

در میان برخی از نقش‌های فعال امید به‌عنوان مشاور در دنیای تجارت، تاسیس کسب و کار، او یک نیکوکار، کارآفرین و سخنران عمومی است که در مورد موضوعات مختلف در زمینه‌ی کارآفرینی، مد و آموزش، برای جوانان و گروه‌های ذی‌نفع/انجمن‌های مختلف، ورزشکاران و سازمان‌ها سخنرانی می‌کند.

گاه‌شمار زندگی نویسنده

توضیحات از چپ به راست:

افغانستان - ۳ کودتا و حمله‌ی شوروی - ۱۹۷۹

ایران، دوره‌ی انقلاب

جنگ ایران و عراق

کمپ پناهندگی- پاکستان

مهاجرت به کانادا

قدردانی

نوشتن و انتشار کتاب بسیار سخت‌تر از آن چیزی است که تصور می‌شود، و در عین حال بیشتر از آن چیزی که انتظارش را داشتم ارزشمند است. هیچ پروژه‌ای به تنهایی به سرانجام نمی‌رسد، و کتاب من نیز قطعاً از این بابت مستثنی نیست. در تهیه‌ی این کتاب تعدادی از محققان، منتقدان و دوستان به طرق مختلف به من کمک کرده‌اند.

چند سال طول کشید تا زمان و مکان مناسب برای کار روی این پروژه را پیدا کنم. از کمک‌های فکری، پیشنهادها و تشویق‌های بسیاری از دوستان و همکاران به‌ویژه، ترنس فارنس‌ورث، سم اوهتا، دکتر سیا ولی، هیوستون راس، آرزو وفا، رابرت مورگان، لارس گادزیک، هومن شیرازی، ادموند سم، امید صمیمی، رامین آریان، آرون کلیمن، ندیم میثاقیان، لیونل مارتین، لوکاس الیور فراست و دکتر کامیار سنایی سپاسگزارم و مراتب قدردانی خودرا نسبت به کمک‌ها و مشاوره‌های ارزشمندشان ابراز می‌کنم.

ورای همکاری‌های پژوهشی، تعدادزیادی از دوستان و اقوام در شکل دادن به‌زندگی من و در نهایت نگارش این کتاب نقش داشتند. انیشتن و اورنگ سالاری، سعید یزدان‌مهر، خانواده‌ی طراز نعمتیان، خانواده‌ی فرهوش، فرشید و فرشاد موسوی، فرید و علی اصحابی، ایمان/ بهنیا شریف‌پور، تورج حامد، خانواده‌ی ندیم میثاقیان، دکتر دونگ فام، لایمینگ راو، خانواده‌ی شاهین ادیب‌مهر، خانواده‌ی علی خورشیدپناه، رضا رشیدی، جان کوتسوپولوس و خیلی‌های دیگر که از همان ابتدای دوران پناهندگی در پاکستان و کانادا، مرا با آغوش باز پذیرفتند و چیزهای بسیاری به من آموختند. آنها با حمایت‌های بی‌دریغ‌شان انگیزه‌ی فراوانی در من ایجاد کردند.

از تمام افرادی که فرصت هدایت آنها را داشتم، یا تحت هدایتشان قرار گرفتم و یا از راه دور توانایی‌شان در هدایت و رهبری را دیدم تشکر می‌کنم که الهام‌بخش و منبع‌زندگی حرفه‌ای من بوده‌اند. و بدون شک مدیون بنیاد رانوی فور هُپ هستم که در تمام این سال‌ها بخش اصلی زندگی من بوده.

در نهایت، بیشترین سهم قدردانی‌ام را نثار پدر و مادری می‌کنم که به من زندگی و عشقی بی‌همتا بخشیدند، و در تمامی جوانب از من حمایت کردند تا فرزندی شایسته باشم. بدون تربیت حکیمانه و راهنمایی‌های تمام‌نشدنی‌شان، نمی‌توانستم در نقطه‌ی فعلی‌ام بایستم، قدردان ارزش‌های حقیقی و والای زندگی باشم و بخواهم تا جای ممکن به مبارزه ادامه دهم. باید از خواهر بسیار مهربان و عزیزم، آرزو، یاد کنم که از روزی که چشمانش را به روی این دنیا گشود، ما را غرق شادی ساخت. من به آنچه او در زندگی از سر گذرانده و به دست آورده است افتخار می‌کنم. اما مهم‌تر از هر چیزی، از آنها برای دعاهای بی‌پایان، شفقت، الهام‌بخشی و فداکاری‌هایشان سپاسگزارم. به خاطر تلاش‌ها و تشویق‌های آنهاست که میراثی برای انتقال به خانواده‌ام دارم، میراثی که بدون آنها هرگز به وجود نمی‌آمد.

مواقع نادری که شخص به دِین خود به دیگران می‌اندیشد، فروتنانه و در عین حال باارزش‌اند. چه نعمتی است که این همه انسان خوب احاطه‌تان کرده باشند! در واقع بدون حمایت و دوستی و عشق خالصانه و بی‌پایان آنها این سفر هرگز به مقصد نمی‌رسید. از صمیم قلبم از همه‌ی آنها تشکر می‌کنم و امیدوارم این کتاب را از من پذیرا باشند.

مقدمه‌ی مترجم

فرصت ترجمه‌ی کتاب دکتر امید وفا برایم بسیار مغتنم بود تا داستان پُررنج و در عین حال آموزنده و امیدبخش ایشان را برای مخاطبان فارسی‌زبان ترجمه کنم. در طول چند ماهی که به بازگردانی متن مشغول بودم، با این کتابْ زندگی کردم، اشک ریختم، آموختم، و بارها و بارها از آن پند گرفتم و در لحظات بسیاری از زندگی شخصی‌ام به یادش افتادم. بسیار مسرورم که اکنون این کتاب پیش روی مخاطبان بیشتری قرار خواهد گرفت تا از اندوخته‌های ارزنده‌ی جناب وفا استفاده نمایند.

برخلاف کتاب‌هایی که مترجم امکان مواجهه با مؤلف اثر را پیدا نمی‌کند، این شانس را داشتم تا به طور مستقیم و مستمر با امید وفای عزیز در طول این مدت همکلام شوم و ایشان را همانند سطر به سطر کتابشان اصیل، صادق و نوع‌دوست دیدم.

طی نزدیک به ده سال تجربه در زمینه‌ی ترجمه و انتشار چند کتاب و همکاری با ناشران و نویسندگان متعدد، این نخستین بار بود که خود را با متنی اینچنین همدل می‌دیدم، و در نتیجه کوشیدم که تا جای ممکن امانت‌دار نثر نویسنده‌ی کتاب باشم و در انتقال دقیق لحن و معانی خطایی سر نزند. امیدوارم ترجمه‌ی این کتاب رضایت شما خواننده‌ی گرامی را به همراه داشته باشد.

با احترام

سامان عطایی

تابستان ۱۴۰۲

فهرست مطالب

یادداشت عالیجناب دالایی لاما

درباره‌ی نویسنده

قدردانی

مقدمه ۱

پیشگفتار ۱۲

بخش اول: رؤیاهای بزرگ - ابتدا از نزدیک: بینش

فصل ۱. بینش فردا ۱۹

فصل ۲. کارگردان‌ها در زندگی ما ۳۱

فصل ۳. بینش تغییر ۴۳

فصل ۴. مقصد نهایی ۵۵

فعالیت فکری: ۶۴

بخش دوم: ارزش به خویشتن - قدر دانستن عزیزان: امید

فصل ۱. ارزش زندگی - غنیمت بدانید و از دستش ندهید ۶۹

فصل ۲. اهمیت خانواده - نزدیک‌ترین‌ها و عزیزترین‌ها ۸۳

فصل ۳. دوستی - پیوندهایی با انتخاب خویش ۹۵

فصل ۴. ارزش شادی - دنبال کنید و از دست ندهید ۱۰۷

فعالیت فکری: ۱۱۵

بخش سوم: تلاش و برخاستن: شجاعت
فصل ۱. تاب‌آوری و بلندپروازی ۱۱۹
فصل ۲. سفری پر خطر ۱۳۵
فصل ۳. مرحله‌ی گذار- رستاخیز ۱۴۷
فصل ۴. پناهنده و فراتر از آن - شروع زندگی از صفر ۱۵۷
فعالیت فکری ۱۶۶

بخش چهارم: مسیری به سوی آینده: نیکی به دیگران
فصل ۱. در جستجوی بینش ۱۷۱
فصل ۲. مسیری به سوی روشنگری ۱۹۳

مؤخره: دنیای امروز ما ۲۰۹
دنیای درون ۲۲۲
خودسازی ۲۲۲

مقدمه

کشف رنگ‌های زندگی رویکردی منحصربه‌فرد به ارزش‌های زندگی، خانواده و کارگردان‌های زندگی ما است، و کمک‌مان می‌کند زندگی خود را شکل دهیم. این کتابْ الهام‌بخش تغییرات خواهد بود، از طریق داستان‌هایی از زندگی نویسنده که بسیاری می‌توانند با آن ارتباط برقرار کنند. بینش، امید، شجاعت و نیکی به دیگران ۴ رکن مهمی هستند که در کتاب به آنها اشاره شده. آنها در کنار هم راهنمای درک بهتر ارزش‌های زندگی و پیش‌بُرد زندگی‌ای رنگارنگ‌تر هستند.

این کتاب با طرح یک پرسش اساسی، ساختار اندوهبار و پر تب و تاب جامعه را به چالش می‌کشد: «چگونه می‌توانیم زندگی رنگارنگی داشته باشیم؟» این پرسش در مورد هدایت جوانان به سمت داشتن آینده‌ای قوی‌تر و مهیاتر است که در آن از استعداد خود برای ایجاد دنیایی روشن‌تر استفاده کنند، همراه با به چالش کشیدن نسل کنونی برای تفکر ورای محدودیت‌ها و نگریستن به درون خود برای یافتن آن چیزهایی که جای‌شان خالی است. این پرسش شما را به چالش می‌کشد که نه تنها به درون، بلکه به دنیای بیرون نیز فکر کنید. به همه‌ی افراد زندگی‌تان، همسایه‌ها، خانواده‌تان، جامعه، غریبه‌هایی که هنوز ملاقات نکرده‌اید، بیندیشید و سپس سعی کنید همه‌ی آنها را یکی بدانید. بدون تفاوت‌گذاری، بدون تعصب یا قضاوت، درست مانند افرادی که سعی در ساختن زندگی‌ای رنگارنگ دارند. چگونه می‌توانیم وحدت رنگ ایجاد کنیم و لحظاتی را که در زندگی از دست داده‌ایم و سزاوار داشتن آنها بوده‌ایم بازگردانیم؟

این کتاب بین جایی که در زندگی قرار داریم و جایی که می‌خواهیم برویم گفتگو برقرار می‌کند. همانطور که همه‌ی رنگ‌ها متفاوت و زیبا هستند، ما نیز به عنوان افراد با یکدیگر متفاوت هستیم. با این حال، همه‌ی ما این فرصت را داریم که دور هم جمع شویم و فردیت خودرا به چیزی واقعاً خیره‌کننده تبدیل کنیم. به همین دلیل است که باید به یکدیگر کمک کنیم، همدلی بیشتری نشان دهیم، کنار هم باشیم و از منزوی کردن افراد به دلیل تفاوت‌هایشان دست برداریم. کشف رنگ‌های زندگی فقط یک اثر ادبی الهام‌بخش نیست که زندگی سخت و دشوار نویسنده را دنبال کند. این کتاب

روایت خالصانه و پیچیده‌ای است که به این قضیه می‌پردازد که چرا این رکن‌ها بخشی جدایی‌ناپذیر از زندگی هستند و چگونه می‌توان از بینش، امید، شجاعت و نیکی به دیگران برای ساختن زندگی مورد نظرمان، و نه زندگی‌ای که به آن تن داده‌ایم، استفاده کرد. امید وفا، نویسنده‌ی این کتاب، در خانواده‌ای بهایی بزرگ شد و پدرش در سال‌های آخر حکومت شاهنشاهیِ ایران دیپلمات بود. خانواده‌ی امید قبل از شروع ناآرامی‌ها و آشفتگی‌ها در افغانستان، مدتی در آنجا زندگی می‌کردند. امید و خانواده‌اش از ۴ کودتا، از جمله حمله‌ی شوروی، قبل از بازگشت به ایران، جان سالم به در بردند. زندگی امید از کودکی، مملو از تقلا، تغییر و آینده‌ای مبهم بوده. در افغانستان، او به این فکر می‌کرد که آیا فردا زنده می‌ماند و آینده‌ی روشن‌تری را می‌بیند؟ وقتی او به ایران بازگشت، زندگی چندان آسان‌تر نبود. ایران نیز به دلیل انقلابِ اخیر خود در وضعیت تغییر و هرج و مرج قرار داشت. امید در تمام سال‌های پیش از نوجوانی خود مجبور بود مدام در مورد اینکه در کجای جهان و جامعه‌ی ایران به عنوان یک فرد بهایی قرار دارد فکر کند. چه آینده‌ای برای او رقم خواهد خورد و چگونه می‌تواند زندگی خود را با وجود همه‌ی رنج‌هایی که در زندگی و اطرافش اتفاق می‌افتد، رنگارنگ کند؟

اگرچه ایران عمدتاً کشوری با جمعیت مسلمان بود، اما دیانت بهائی در ایران در سال ۱۸۶۳ میلادی، مطابق با ۱۲۴۲ شمسی، از طرف بهاءالله تأسیس شد. دیانت بهائی که بخشی از اقلیت‌های مذهبی ایران را شکل می‌دهد، همواره با آزار و اذیت روبرو بوده. صلح عمومی بر مبنای حکومتی جهانی، یگانگی اهل عالم، و مطابقت علم و دین تنها چند مورد از تعالیم و آموزه‌هایی است که دیانت بهایی بر مبنای آنها بنا شده. بیش از ۶ میلیون بهائی در جهان در بیش از ۱۸۰ کشور زندگی می‌کنند. این قضیه برای امید در تمام این سال‌ها هم مایه‌ی مشقت و هم مایه‌ی تسکین بوده است.

با این حال، مبارزه و رنج هیچ‌گاه امید را از داشتن بینش و تعقیب رؤیاهایش باز نداشت. امید همانطور که بزرگ می‌شد، در مورد اعتقاداتش و آعمال مخصوصی که انجام می‌داد کنجکاوی بیشتری به خرج می‌داد، و متعجب بود که چرا اصولی که آموخته بود با دنیایی که در آن زندگی می‌کرد تفاوت دارد. به دلیل تجربه‌ی جنگ ایران و عراق و آزار و اذیت بهائیان، امید چاره‌ای جز فرار برای ادامه‌ی زندگی‌اش نداشت، و وقتی ۱۵ ساله بود خانواده‌اش را ترک گفت. امید در ابتدای نوجوانی و سال‌های جوانی، مجبور بود به تنهایی با دنیای بزرگسالی روبرو شود و یاد بگیرد که چگونه به تنهایی زنده بماند. او همراه

با دیگرانی که برای نجات جان خود فرار کرده بودند، به مدت یک هفته بدون آب و غذا در صحراها و کوه‌ها پیاده‌روی کرد تا به کشور همسایه، پاکستان، برسد و به سایر پناهندگانی بپیوندد که آنها نیز برای نجات جان خود گریخته بودند.

دوره‌ی پناهندگی هم دست کمی از آن سفر خطرناک نداشت. او به مدت دو سال در کمپ ماند و از طریق رفع نیازهای اولیه، جان سالم به در برد و هر روز در انتظار فرصتی برای زندگی بهتر بود. پس از دو سال طولانی، سرانجام به امید اجازه‌ی ورود به کانادا داده شد و در آنجا این فرصت را یافت تا زندگی خودرا از سر بگیرد. با این حال، او هنوز بالغ نبود و باید به تنهایی در کشوری زندگی می‌کرد که چندان آن را نمی‌شناخت. امید تلاش کرد تا روی پاهای خود زندگی بهتر و پایدارتری بسازد. سیزده سال گذشت تا او دوباره بتواند خانواده‌اش را ببیند، اما زندگی‌ای که در طی این دوران ساخته بود، چیزی بود که برایش زحمت بسیار کشید و سخت تلاش کرد.

سفر نویسنده در زندگی، سفری پر از مبارزه و سختی بوده، اما امید امیدوار است با استفاده از آموخته‌هایش در زندگی، بر کسانی که با مشکلاتی روبرو هستند، تأثیر بگذارد. کشف رنگ‌های زندگی این داستان‌ها را دنبال می‌کند و به جزئیاتی واضح و شفاف درباره‌ی افکار نویسنده، محیط اطراف و نحوه‌ی مبارزه و تلاش او برای ساختن زندگی بهتر می‌پردازد.

بینش چیزی است که در درون همه‌ی ما می‌جوشد، چیزی که در سنین پایین پرورش می‌دهیم. بینش نیرویی است که به سوی آینده هدایت‌مان می‌کند و ما را در مسیر خود قرار می‌دهد. امید عاملی است که موجب می‌شود بینش ما به ثمر بنشیند. امید از سوی اطرافیانمان که مورد احترام ما هستند و به آنها اهمیت می‌دهیم القاء می‌شود. شجاعت زمانی در بالاترین جایگاه اقتدار خود قرار می‌گیرد که با امید همراه شود. وقتی با موانعی روبرو می‌شویم که معیشت، امید و بینش ما را تهدید می‌کند، به شجاعت نیاز داریم. شجاعت آن چیزی است که وقتی زمین می‌خوریم نیازمندش هستیم. در نهایت، پس از اینکه به نقطه‌ای در سفر خود رسیدیم که آماده هستیم تا به جامعه خدمت کنیم و به یاری‌اش بشتابیم، ضروری است که تجربه‌هایی را که پشت سر گذاشته‌اید و افرادی را که به شما کمک کرده‌اند به یاد بیاورید. نیکی به دیگران کلید مهمی در تکمیل چرخه‌ی زندگی و رنگارنگ کردن آن است.

کشف رنگ‌های زندگی به چهار قسمت تقسیم می‌شود که چهار عنصر زندگی رنگارنگ را دنبال می‌کند. هر بخش دارای فصل‌های مربوطه است که به ‌هوک عمیق‌تر از هر رکن می‌پردازد و خوانندگان را تشویق می‌کند تا این عناصر را در زندگی خود پیاده کنند. در پایان هر بخش، پرسش‌های تعاملی و محتوای خلاقانه‌ای قرار گرفته تا خوانندگان را هوگیر خود نگه دارند و در طول کتاب با انگیزه باقی بمانند. این فعالیت‌های تعاملی در پایان کتاب گسترش می‌یابد، جایی که فعالیت‌های فکری و هدفمند بیشتری در دسترس خوانندگان قرار می‌گیرد تا از آنها برای شروع سفر خود به زندگی‌ای رنگارنگ‌تر استفاده کنند.

بخش اول کشف رنگ‌های *زندگی* با عنوان «رؤیاهای بزرگ – ابتدا از نزدیک» نام دارد. این بخش بر عنصر «بینش» و اینکه چگونه بینش پایه و اساس رشد سایر عناصر است تمرکز می‌کند. بینش چیزی است که هر انسانی در سنین جوانی پرورش می‌دهد. این عنصر از پرسش‌گری در مورد دنیای اطراف ناشی می‌شود و با گسترش دانش‌تان رشد می‌کند. بینش در زندگی اختیاری نیست و ما نمی‌توانیم به استقبال آن برویم یا انکارش کنیم. بی‌هیچ چون و چرایی بینش وارد زندگی‌مان خواهد شد. این وظیفه‌ی ما است که بینشی را که در درون همه‌ی ما رشد می‌کند، پرورش دهیم و از آن استفاده کنیم.

در فصل اول این بخش، در مورد کودکیِ نویسنده صحبت می‌کنیم و این که چگونه پرسش‌های معصومانه‌ی او در مورد فقر و سختی‌های اطرافش، بینش او را در طول زمان گسترش داد. کودکیِ همراه با کنجکاوی نویسنده در لحظات بسیار تعیین‌کننده‌ای مرور می‌شود، کنجکاوی‌هایی که در تمام دوران بلوغ در نهادش باقی ماند. سؤالاتی که او می‌پرسید، با افزایش سن رشد کردند و عزم او برای انجام کاری در مورد بینشی که داشت از سوی «کارگردان‌ها»ی زندگی‌اش فزونی یافت.

در فصل دوم، درباره‌ی «کارگردان‌ها»ی زندگی صحبت می‌کنیم. این کارگردان‌ها افرادی در زندگی‌تان هستند که به شما انگیزه می‌دهند و تشویق‌تان می‌کنند تا رؤیاهای بزرگ داشته باشید و اهداف خود را دنبال کنید. سه کارگردان اصلی در زندگی وجود دارد: خانواده، دوستان و مربیان. آنها به طرق مختلف و با ظرفیت‌های گوناگون بر زندگی شما تأثیر می‌گذارند. گاهی اوقات این تأثیرات از طریق برخوردهای روزانه شکل می‌گیرند، و گاهی اوقات زمانی که در حال مطالعه یا تماشای شخصیت‌های مورد علاقه‌تان هستید. در این بخش، در مورد کارگردان‌هایی که در زندگی نویسنده سهم داشتند

صحبت می‌کنیم و به این نکته که چگونه از او حمایت کردند و به پرورش بینش او یاری رساندند، خواهیم پرداخت، هرچند سؤالاتی که او می‌پرسید آنقدر وسیع بودند که نمی‌شد پاسخی جامع به همه‌ی آنها داد.

البته همه‌ی کارگردان‌ها در زندگی خوب و کارساز نیستند. کسانی هم هستند که شما را وادار می‌کنند تا خودتان را سرزنش کنید و نسبت به بینش‌تان دچار تردید شوید. این کارگردان‌ها از ناامیدی و منفی‌بافی شما تغذیه می‌کنند، با این حال، این افراد و نظرات‌شان در مورد زندگی شما نبایستی موجب دلسردی‌تان شوند. نویسنده در مورد استفاده از نظرات منفی برای تقویت انگیزه و نیروی شما صحبت خواهد کرد. بهترین کاری را که می‌توانید انجام دهید تا به این افراد نشان دهید که در مورد شما و دیدگاه‌تان اشتباه کرده‌اند. تا زمانی که خودتان را باور داشته باشید و کارگردان‌های خوبی هم در اطراف‌تان حضور داشته باشند، می‌توانید به هر خواسته‌ای برسید.

حتی با داشتن بینش و وجود کارگردان‌هایی که از دیدگاه‌های شما حمایت می‌کنند، زندگی همیشه طبق برنامه پیش نمی‌رود. فصل سوم تغییراتی را که در بینش ما رخ می‌دهد، تشریح می‌کند. همانطور که ما به عنوان یک فرد رشد می‌کنیم و زندگی پیرامون‌مان تغییر می‌کند، رؤیاها و آرزوهای‌مان نیز دگرگون می‌شوند. چیزهایی در زندگی وجود دارد که هیچ‌کس نمی‌تواند برای آنها برنامه‌ریزی کند. چه با رنج و سختی روبرو شوید و یا زندگی به ناگهان مانعی سر راهتان بگذارد، این را بدانید که شکست خوردن اشکالی ندارد. حتی اگر هر روز بجنگید و برای رسیدن به بینش خود تلاش کنید، موقعیت‌هایی پیش می‌آیند که خارج از کنترل ما هستند و ما را از دستیابی به بینش‌مان باز می‌دارند.

بینشْ رؤیایی واحد نیست که تمام عمر خودرا به آن محدود کنیم. بهتر است رؤیاهای زیادی‌را پرورش و رشد دهیم تا وقتی یکی از آنها شکست خورد، بتوانیم رؤیاهای دیگری را پیش ببریم. حتی اگر شکست خورده باشیم، باز هم از کاری که انجام داده‌ایم و از اشتباهاتمان درس می‌گیریم. وقتی می‌توانیم از شکست خود به عنوان فرصتی برای شروع دوباره استفاده کنیم، فکر کردن در مورد آنچه می‌توانست باشد و بشود، فایده‌ای ندارد. همه چیز در زندگی معنایی دارد و دلیلی پشت آن نهفته است. موفقیت، شکست، عدم اطمینان، اینها فقط عناصری هستند که در چشم‌انداز گسترده‌ی زندگی ما نقش دارند. حتی نویسنده نیز پس از سال‌ها تلاش برای رسیدن به بینش خود، در تکمیل یکی از بزرگترین رؤیاهایش ناکام ماند. اگرچه ناامیدکننده و دلسردکننده بود، اما چیزهایی خارج

از کنترلش وجود داشت که مانع از دستیابی او به خواسته‌اش شدند و در نهایت رؤیایش به شکست منتهی شد. با این حال، نویسنده از شکست خود به عنوان پله‌ای برای بینشی روشن‌تر و بهتر استفاده کرد. اگرچه شکست خورد، اما توانست برخیزد و رو به جلو ادامه دهد

در فصل آخر، فصل چهارم، در مورد گام‌های مهمی که خواننده باید برای دستیابی به بینش خود بردارد صحبت می‌کنیم. اگرچه اشخاص متفاوت‌اند و هرکس رؤیای منحصربه‌فرد و فردی خودرا پرورش می‌دهد، اما نباید فراموش کنیم که بدون برنامه، عزم، حفظ ایمان و اقدام، سخت‌کوشی برای رسیدن به رؤیا و بینش کاری بیهوده است. در این فصل ما این چهار مرحله‌ی مهم را رصد می‌کنیم و به جزئیات بیشتری در مورد اینکه چرا مهم هستند و چه کاری می‌توانیم انجام دهیم تا مطمئن شویم این مراحل را دنبال می‌کنیم، خواهیم پرداخت. نحوه‌ی اجرای این چهار مرحله به اندازه‌ی انجام آنها مهم نیست. تازمانی که تمرکز کنیم، به خودمان ایمان داشته باشیم، و عزم خودرا برای تبدیل شدن به نسخه بهتری از خودمان جزم کنیم، دیگر چیزی جلودارمان نیست.

در پایان این بخش، همانطور که در سه قسمت بعدی خواهیم دید، یک پرسشنامه‌ی تعاملی دو صفحه‌ای وجود دارد که خوانندگان را از طریق برخی از نکات مهم مطرح شده در فصول مختلف راهنمایی می‌کند. این بخش به خوانندگان این امکان را می‌دهد که آنچه‌را که خوانده‌اند به درستی هضم کنند و با کتاب ارتباط بهتری برقرار کنند.

در بخش دوم، «برای خود ارزش قائل باشید - قدر عزیزان‌تان‌را بدانید» به دومین‌رکن کشف‌رنگ‌های‌زندگی می‌پردازیم: امید. این بخش رهنمودهای اصلی‌را برای ایجاد یک زندگی حمایت‌گرایانه‌ی قوی در اختیار خوانندگان قرار می‌دهد. دستورالعمل‌های زیادی برای خواننده وجود دارد که می‌تواند به آنها مراجعه کند. در هر فصل در این بخش اطلاعات بسیار آموزنده‌ای ارائه شده است.

در فصل اول، در مورد ارزش زندگی صحبت می‌کنیم و اینکه چقدر راحت افراد تمرکز خود را از دست می‌دهند. با پیشرفت جامعه، فناوری و فرهنگ‌ها، حواسمان از ارزش‌های اولیه و بنیادین زندگی که به زندگی‌مان رنگ می‌بخشند، پرت شده. افتادن در مسیر مادی‌گرایی راحت است، اما این مسیر به زندگی‌ای تمام و کمال منجر نمی‌شود. بخشندگی، به یاد عزیزان بودن، و قدردان بودن نسبت به لحظات کوچکِ شادی در

نیمه‌ی دوم فصل اول داستان متفاوتی را در مورد پناهنده‌ای به نام سلمان روایت می‌کند. نویسنده بعداً با این مرد در زندگی‌اش آشنا می‌شود و داستان دلخراش سلمان را ذکر می‌کند. در اینجا، قدرت و شجاعت لازم برای داشتن امید و ادامه‌ی زندگی را می‌بینیم، آن هم زمانی که دنیا همه چیز را از شما گرفته. در حالی که این داستانِ تکان‌دهنده چیزی نیست که بسیاری از خوانندگان بتوانند با آن ارتباط برقرار کنند، اما احساس درماندگی و شکست چیزی است که بسیاری از ما به خوبی آن را می‌شناسیم. نویسنده به ما یادآوری می‌کند که داشتن امید یا اتکا به شجاعت ما را در زندگی به جلو می‌برد. زمانی که این دو را با هم ترکیب کنیم، می‌توانیم فراتر رفته و زندگی رنگارنگ‌تری داشته باشیم.

فصل دوم به بازگوییِ خودمانیِ سفری پرخطر می‌پردازد، سفری که نویسنده مجبور بود برای پناهندگی آغاز کند. داستان این سفر، داستان چگونگی ایجاد امید و شجاعت در نویسنده است. امید در کنار شجاعت به آرامی و با احتیاط ساخته می‌شوند، اما در تاریک‌ترین دورانِ ماست که امید و شجاعت بیش از همه می‌درخشند. این فصل به خوانندگان یادآوری می‌کند که اشکالی ندارد که گاهی اوقات احساس درماندگی کنید. طبیعی است که احساس کنید سفر شما به سوی خوشبختی و آسایش سرانجامی ندارد. با این حال، با وجود مبارزه، باید به خودتان ایمان داشته باشید، به آینده‌ای روشن‌تر امیدوار بمانید و شجاعت ادامه دادن را داشته باشید.

در فصل سوم، نویسنده داستان‌های زندگی خود در زمان پناهنده بودن را بیان می‌کند. او برای خوانندگان توضیح می‌دهد که پناهنده بودن چه حسی دارد و چگونه با وجود همه‌ی چیزهایی که از سر گذرانده، هنوز امنیت او تضمین نشده بود. با این حال، می‌بینیم که چگونه دوستی نقش مهمی در سفر نویسنده دارد. اگرچه او بدون پدر و مادرش بود، اما دوستانی که در دوره‌ی پناهندگی پیدا کرد، بر مردی که به آن تبدیل شد تأثیر گذاشتند. آنها به او شجاعت و امید دادند، حتی زمانی که آینده مبهم و غیرقابل پیش‌بینی بود. از آنجایی که نویسنده شجاعت طی کردن سفر پرخطر خود را داشت، توانست با افراد شگفت‌انگیز بسیاری ملاقات کند که در رنج و شادی او سهیم بودند. انتقال بین دو جهان به‌زمان، صبر و شجاعت نیاز دارد.

برای ساختن آینده و زندگی‌ای رنگارنگ‌تر، نمی‌توانیم زیر ناشناخته‌ها دست و پا بزنیم. اگرچه آینده ممکن است نامشخص و ترسناک باشد، اما باید شهامت امیدواری به

فردای بهتر را داشته باشیم. فصل چهارم نشان می‌دهد که چگونه نویسنده توانسته در تاریک‌ترین روزهای خود بدرخشد. هیچ دگوگونی‌ای آسان نیست، و انتخاب ایجاد تغییر، زمانی که دنیای شما تیره و تاریک شده است، به زمان و تلاش نیاز دارد. فصل چهارم داستانِ پس از پناهندگی نویسنده را بیان می‌کند. نویسنده به کانادا نقل مکان کرد، جایی که همه چیز متفاوت، جدید و ترسناک بود.

این فصل آسیب‌پذیری‌های نویسنده را توضیح می‌دهد که همه‌ی خوانندگان می‌توانند با آن ارتباط برقرار کنند. وقتی همه چیز در زندگی تغییر می‌کند، همه‌ی ما نسبت به بینش، امید و شجاعت خود دچار تردید می‌شویم. گاهی در تاریکی فرو می‌افتیم که بیرون آمدن از آن دشوار است. با این حال، نویسنده داستان فراتر رفتن از تاریکی و شروع زندگی‌ای جدید به تنهایی در کانادا، در اوایل بیست سالگی را ذکر می‌کند. نه آسان بود و نه‌سریع؛ به‌زمان و تلاش نویسنده برای ایجاد تغییر نیاز داشت. در پایان، تلاش جدی او برای آینده‌ای روشن‌تر با دیدار و وصال دوباره با خانواده‌اش همراه شد. سیزده سال طول کشید تا نویسنده از هیچْ زندگی بسازد و در نهایت خوشبختی را پیدا کند. هیچ سفری آسان نیست، اما نویسنده به ما یادآوری می‌کند که باید به بینش خود ایمان داشته باشیم، امید را در دل‌هایمان روشن نگه داریم تا رؤیاهای خود را دنبال کنیم و شجاعتش را داشته باشیم که وقتی زمانش رسید، از آنها استفاده کنیم.

همانند بخش قبل، این بخش را با پرسش‌های تعاملی کوتاهی به پایان می‌رسانیم که به خوانندگان کمک می‌کنند با آنچه می‌خوانند درگیر شوند و زندگی خود را با تجربیات نویسنده پیوند دهند. در نهایت، بخش چهار: «نیکی به دیگران –ران‌وی فور هُپ[1]»، همانطور که عنوانش نشان می‌دهد، چهارمین رکنْ یعنی نیکی به دیگران است. این بخش به تأسیس ران‌وی فور هُپ می‌پردازد، پروژه‌ای که نویسنده در ژاپن آن‌را پایه‌گذاری کرد. او پس از دهه‌ها جابه‌جایی از کشوری به کشور دیگر، درد آوارگی و پناهندگی، حزن شروع زندگی به تنهایی، و بی‌قراری در تمام عمرش که چگونه جهان‌را به مکانی بهتر و رنگارنگ‌تر تبدیل کند، از ایجاد بنیادی که بر اساس نیکی به دیگران بنا شده صحبت می‌کند. موانع زیادی وجود داشت که نویسنده هنگام ایجاد بنیاد خود در کشوری خارجی با آن روبرو شد، اما افرادی که در این راه با آنها ملاقات کرد و تیمی که ساخت، به تحقق بینش او

---

[1] Runway for Hope

کمک کردند. با تلاش بسیار است که بینشی کوچک می‌تواند به بنیادی منحصربه‌فرد و تأثیرگذار تبدیل شود. رانوی فور هُپ، بنیاد نویسنده، به دنبال توانمندسازی جوانان و کمک به کسانی است که در زندگی با مصیبت و سختی مواجه شده‌اند. این مهم از طریق آگاهی دادن از معبر مُد امکان‌پذیر شد. این برنامه از زمان ایجاد آن، به مقاصد بسیار بیشتری دست یافته است.

رانوی فور هُپ با حامیان و پشتیبانانی متعهد، تیمی قوی، و افرادی که به کمک نیاز دارند، برنامه‌های تحصیل خارج از کشور ایجاد کرده که به بچه‌های محروم کمک می‌کند، همراه با نمایش رانوی‌ای از مُد، که مبارزه‌ی پناهندگان، آوارگان و بسیاری از افراد رنج‌کشیده را آشکار می‌کند. این بنیاد که کار خود را در مقیاسی کوچک آغاز کرد و در ابتدا از موانع مختلف عبور نمود، اکنون بنیاد مشهوری است که بر اساس مأموریتی انسانی ساخته شده است. رانوی فور هُپ با برنامه‌هایی مانند پلتفرم‌های آموزشی، تلاش برای کاهش مصائب پس از زلزله و فاجعه‌ی سونامی سال ۲۰۱۱ و سایر برنامه‌های در حال اجرا، رؤیای نویسنده برای نیکی به جهان و ترمیم شکاف بین فقیر و غنی را محقق کرده است. این اقدامات قدمی کوچک به سوی دنیایی بهتر است، اما اگر همه با هم گام برداریم، می‌توانیم بنیان فعلی جامعه را بلرزانیم و دنیای بهتری بسازیم.

پیشگفتار

پیش‌درآمدی بر زندگی‌ای رنگارنگ

ما هر روز زندگی‌مان را غرق در حقیقت تأثربرانگیز واقعیت می‌کنیم. حملات سایبری بزرگ‌تر و قوی‌تر می‌شوند، تعداد پناهندگان و آوارگان به ارقامی باورنکردنی می‌رسند، شبه‌نظامیان در کشورهای مختلف کودتا را آغاز می‌کنند، هزاران نفر از گرسنگی و فقر جان خودرا از دست می‌دهند. آرام‌آرام، واقعیتِ وحشتناکِ زندگی با نیرویی چشمگیر بر دوش ما سنگینی می‌کند: موردی از آزار و اذیت درشرکتی بزرگ به گوشمان می‌رسد، جنگی بین دو کشور فقیر درمی‌گیرد، گرمایش جهانی معیشت حیوانات آواره را تهدید می‌کند، کودکان همچون برده‌ها مجبور به کارهای مختلف می‌شوند. بارها و بارها بی‌عدالتیِ واقعیت به ما یادآوری می‌شود. چه در معرض این رویدادها باشیم و چه صرفاً نظاره‌گری هزاران کیلومتر دورتر، همیشه چیزی وجود دارد که انسانیت‌را ذره‌ذره از بین ببرد.

اینها ما را به پرسش وامی‌دارد: اگر جستجوی ما برای امید، زیبایی، الهام و شادی به نابودی می‌انجامد، پس انسان بودن به چه معناست؟ چه اتفاقی افتاده که جهان در برابر چنین وضعیتی تسلیم شده؟ آیا همیشه اینگونه بوده یا زمانی هم‌رنگ سعادت و آرامش‌را به خود دیده؟

زمانی در زندگی فرا می‌رسد که همه‌چیز تلخ و بی‌مزه است. وقتی رنگ آسمان دیگر آبی نیست و زمین به رنگ‌های قهوه‌ای و قرمز تیره شباهتی ندارد. در زندگی عجیب و پوچ خود به اطراف نگاه می‌کنیم و می‌کوشیم به دنیای پیرامون‌مان معنا ببخشیم. سؤالاتی وجود دارند که در ذهن‌مان شکل می‌گیرند و شروع به تفکر در مورد هستی خود می‌کنیم. نمی‌دانیم چرا هستیم یا چه کسی هستیم. نمی‌دانیم به کجا می‌رویم یا مقصدمان کجاست. اما این احساس در درون ما شکوفا می‌شود و از ما ملتمسانه می‌خواهد که همه‌ی اینها را درک کنیم.

شاید پاسخ ساده‌ای برای این سؤالاتی که می‌پرسیم وجود داشته باشد. شاید هرگز برای این که چرا در جهانْ بدی وجود دارد یا ما چه کاری می‌توانیم انجام دهیم تا دنیا را به مکانی بهتر تبدیل کنیم، پاسخی وجود نداشته باشد. با این حال، علیرغم همه‌ی بدی‌هایی که در دنیا اتفاق می‌افتد و تکه‌های شکسته‌ی انسانیت که از بین می‌رود، به ما موهبت واکنش و عمل داده شده است. ما مجبور نیستیم دست روی دست بگذاریم و منتظر باشیم تا این مشکلات از جانب شخصی دیگر حل شود. ما توانایی این‌را داریم که کاری انجام دهیم. و اصل قضیه هم همین است. به قول معروف زندگی یک موهبت و همچون سفری پر فراز و نشیب است، و حتی اگر همیشه آنقدر که ما می‌خواهیم زیبا و آرام نباشد، دلیلی برای تسلیم شدن و رها کردن وجود ندارد.

من آموخته‌ام که هر اتفاقی هم که بیفتد یا روزگارمان هر چقدر هم که بد به نظر برسد، زندگی ادامه دارد. فردا شروعی تازه است؛ زمانی برای حرکت رو به جلو و رویارویی با چالش‌های جدید. مشکلات دیروزْ دیگر با زمان مدفون شده‌اند و روزهای بدی که داشتیم چیزی جز گذشته نیست.

زندگی پر از میلیون‌ها رنگ است که برخی از آنها را نمی‌توانید ببینید، اما وجود دارند. همه چیز درزندگی به شمارنگ می‌دهد و هرکسی که با آنها تعامل دارید نوری به‌رنگ‌ها می‌تابانند که شاید در غیر این صورت نمی‌دانستید وجود دارند. زندگی همانقدر رنگارنگ است که شما آن را رنگارنگ می‌سازید. این قضیه کاملاً به شما بستگی دارد که اجازه دهید این رنگ‌ها وارد زندگی‌تان شوند. فقط به سایه‌های خاکستری‌ای که بر روی مسیرتان سایه می‌اندازند نظر نکنید، بلکه پرتو رنگین‌کمانی باشید که تاریکی را روشن می‌کند.

من آموخته‌ام که‌زندگی به شما فرصتی دوباره می‌دهد وزمانی که به شما فرصت داد، از آن استفاده کنید. با این حال، این کار را در حد اعتدال انجام دهید. وقتی فرصت‌هایی به وجود می‌آیند و دست‌های کمک‌کننده‌ای دراز می‌شوند، آنها را بپذیرید، اما با قاپیدن چیزهایی که به شما تعلق ندارد، زندگی را پیش نبرید. برای خلق چیزی با دستان‌تان باید سخت کار کنید. هر چقدر هم که سخت باشد، گاهی اوقات باید بتوانید باورهای سفت و سخت و ریشه‌دار خود را رها کنید تا چیزی در زندگی خود خلق کنید که واقعاً شگفت‌انگیز است. راحت بودن و مفید بودن دو موضوع کاملاً متفاوت است. بدانید که کدام مسیرها راحت هستند و کدام مسیرها شما را محدود می‌کنند.

درزندگی‌ام آموخته‌ام که اگر به دنبال خوشبختی باشید، شادی از شما دور خواهد شد، اما اگر بر روی چیزی که در مقابل شماست تمرکز کنید و برای بهبود زندگی کسانی که به آن نیاز دارند تلاش کنید، شادی راهش را به روی زندگی‌تان پیدا خواهد کرد. به علاوه، آموخته‌ام که هر وقت با قلبی گشوده تصمیمی می‌گیرم، معمولاً تصمیم درستی می‌گیرم، و اینکه هر روز باید دستی دراز کنی و دیگری‌را با محبت لمس کنی. ما به عنوان انسان به لمس و محبت دیگران نیاز داریم. دست در دست گرفتن، آغوشی گرم، یا صرفاً کشیدن دستی دوستانه بر پشت؛ عمل لمس قدرتمند است و می‌تواند یک روز بارانی‌را به یک روز آفتابی تبدیل کند. به یاد داشته باشید که مردم معمولاً آنچه‌را که می‌گویید فراموش می‌کنند، اما این کارها‌را به یاد خواهند آورد.

زندگی ما بسیار بیشتر از آن چیزی است که در سطح روزانه می‌بینیم. به راحتی پر از تاریکی می‌شود و بیشتر اوقاتْ شادی‌را در زندگی فراموش می‌کنیم. زندگی فراتر از آن چیزی است که فکرش‌را می‌کنیم. زندگی ورای خانه‌ای است که در آن‌زندگی می‌کنیم یا ساختمانی که در آن کار می‌کنیم. زندگی نسیم ساحل دریای خزر ایران است. تماشای نهنگ‌ها در شمال کانادا یا غذا دادن به فقرا در خیابان‌های پاکستان است.

بسیاری از ما معتقدیم که تفاوت‌هایمان مسئله‌ای است که ما را مهم جلوه می‌دهد و زندگی‌مان‌را جذاب می‌کند، اما زمانی که زیبایی‌ها‌را در اتفاقات عادی می‌یابیم، آن وقت است که حقیقتاً به زیبایی دست یافته‌ایم. انسانیت ما را به جستوجوی زیبایی در جهان و کاوش‌زیبایی در درون دیگران فرا می‌خواند. با وجود تفاوت‌ها، انسانیتِ مشترک ما از فردیت ما قدرتمندتر است.

همانطور که گفته شد، معمولاً تفاوت‌های ما و نیاز ما به استقلال از دیگران است که باعث بیشتر آشفتگی‌ها در جهان می‌شود. فراموش می‌کنیم که فردی با دیدگاهی متفاوت نسبت به ما نیز انسان است. فراموش می‌کنیم که از نظر دیگران، ما نیز متفاوت هستیم. آیا این فردیت ماست که اهمیت بیشتری دارد یا انسانیت ماست که بر آینده‌ی ما حاکم خواهد بود؟ این پرسش و مبارزه‌ای است که شکل و روح قرن حاضر و نسل‌های بعدی را مشخص خواهد کرد.

من خودم پناهندگی کشیده‌ام. شاهد بوده‌ام که کشورها و مردمان بر سر اختلافات با یکدیگر چه می‌کنند. من سه کودتا را پشت سر گذرانده‌ام، با تهاجم اتحاد جماهیر

شوروی مواجه شده‌ام، در طول جنگ ایران و عراق بزرگ شده‌ام و از آزار و اذیت گریخته‌ام. در طول زندگی‌ام با سختی‌های زیادی روبرو شده‌ام، اما در دوران کودکی‌ام بود که فهمیدم چقدر دنیا می‌تواند رنگارنگ باشد. دهه به دهه، زندگی من در معرض مبارزاتی در جهان بوده که کنترلی بر آنها نداشتم. در زندگی با مشکلات زیادی مواجه شدم که موجب می‌شدند نتوانم موفق شوم و به جلو بروم.

مدام با این سؤال که « چرا من؟» دست و پنجه نرم می‌کردم، در حالی که می‌کوشیدم آینده‌ام را بسازم. با وجود همه‌ی اینها، این فرصت را یافتم که زیر آبشار آنجل ونزوئلا قدم بزنم و به آبشار نیاگارا بروم. در راه آموزش و پرورش کودکان محروم در ژاپن و بسیاری از کشورهای دیگر در سراسر جهان سرمایه‌گذاری کردم. شور و شوق کمک به کودکان آواره‌ی جنگ در عراق و افغانستان را در خود داشتم. من عشق به زندگی را بارها و بارها احساس کردم.

دنیا فقط با رنج و بی‌عدالتی رنگ‌آمیزی نشده بود. افرادی که در سفرم در طول زندگی با آنها آشنا شدم، لحظات ارزشمندی زیبا و عشقی که در قلبم باقی نگه داشته‌ام، اینها رنگ‌هایی هستند که واقعاً دنیا و زندگی‌ام را ترسیم کردند. مهم نیست در کجای دنیا هستیم یا چه بیماری‌هایی ما را از کاری که می‌خواهیم انجام دهیم باز می‌دارد. همه‌ی ما می‌توانیم لحظه‌ای وقت بگذاریم تا خودمان، زندگی‌مان و امکان‌های آینده را دوست داشته باشیم.

قدر خانواده‌تان را بدانید و جرأت داشته باشید تا خودتان را به بلندی‌ها برسانید. به بالای یک کوه بروید و با تمام وجود فریاد بزنید: «دوستتان دارم. من از شما برای این زندگی، این زندگی رنگارنگ و موقعیت‌های گوناگون سپاسگزارم!» قدردان لحظه‌های خوش باشیم و در لحظات ناامیدی آنها را به خاطر بیاوریم.

ساختن یک زندگی پر از رنگ آسان نیست. موانعی وجود خواهند داشت، روزهایی از راه می‌رسند که احساس ناامیدی می‌کنید و شجاعت خود را از دست می‌دهید. تاریکی و روشنایی سایه می‌افکنند و مسائل هرگز آنطور که به نظر می‌رسند یا آنطور که ما انتظار داریم پیش نمی‌روند. ما دنیا و پیش‌آمدهایی را که نمی‌فهمیم، زیر سؤال می‌بریم. از این سؤالات به عنوان نیروی محرک برای زندگی رنگارنگ‌تر استفاده کنید. به دنبال پاسخ‌ها

بگردید، و حتی اگر آنها را نیافتید، در کنار کسانی که در طول راه با آنها روبرو می‌شوید آرامش خواهید یافت.

سلب مسئولیت: این کتاب حاوی داستان‌ها و اتفاقاتی است که نویسنده در طول زندگی خود از سر گذرانده و تجربه کرده است. برای حفظ حریم شخصی، اکثر نام‌های به کار رفته در این کتاب برای محافظت از هویت آنها تغییر کرده است. عکس‌های اضافه شده در کتاب ممکن است با اختلاف یک سال با آنچه ثبت شده‌اند متفاوت باشند.

نویسنده تمام تلاش خودرا برای اطمینان از صحت اطلاعات موجود در این کتاب در زمان نگارش انجام داده، و در حالی که این کتاب برای ارائه‌ی اطلاعات دقیق در مورد موضوعِ تحت پوشش طراحی شده، اما نویسنده هیچ مسئولیتی در قبال اشتباهات، تصاویر اشخاص، موارد نادرست، حذفیات یا هر تناقض دیگری ندارد، و بدینوسیله از هر گونه مسئولیتی در قبال هر شخص، برای هر ضرر و زیانی ناشی از خطا یا کوتاهی، خواه این خطاها یا حذفیات از روی سهل‌انگاری، تصادف یا هر علت دیگری باشد، سلب مسئولیت می‌کنم. این کتاب منبع اطلاعات ارزشمندی برای خواننده است، اما جایگزینی برای کمک مستقیمِ متخصص نیست. در صورت نیاز به چنین سطحی از کمک، باید به دنبال خدمات متخصصی واجدشرایط بود.

بخش اول

رؤیاهای بزرگ - ابتدا از نزدیک بینش

فصل ۱

بینش فردا

زمانی در زندگی هر کس فرا می‌رسد که شروع به زیر سؤال بردن دنیای اطراف خود می‌کند. چرا آسمان آبی است؟ چرا صورتی یا بنفش نیست؟ اگرچه ممکن است سؤالاتی که می‌پرسید متفاوت باشند، اما بدون شک از جایی به بعد پاسخ ساده‌ای برایش خواهید یافت: چون که باید. از این کنجکاوی‌های ساده، تفکرات جدی‌تری سرچشمه می‌گیرند که بسیاری از افراد در طول عمرشان به دنبال پاسخی برای آنها نمی‌گردند. چرا ما اصلاً به دنیا آمدیم؟ هدف ما در زندگی چیست؟ چه اتفاقی بعد از مرگ می‌افتد؟

چرا این سؤالات را بپرسیم در صورتی که ممکن است هرگز پاسخشان را پیدا نکنیم؟ چرا تسلیم نشویم وقتی که می‌دانیم این سؤالات فراتر از درک ما هستند؟

سؤالاتی که در درون‌مان به وجود می‌آیند همان چیزی است که به ما زندگانی می‌بخشند و نقشه‌ای برای آینده‌ی ما می‌سازد. این نقشه بینش ماست. حتی اگر ندانیم نقشه ما را به کجا خواهد برد، از آن پیروی می‌کنیم زیرا می‌خواهیم اهداف و مقاصد خود را به واقعیت تبدیل کنیم. جایی که ما را هدایت می‌کند و مسیری که ما را می‌برد، چیزی است که فقط باید باور کنیم که باید باشد.

به زبان ساده: بینش به معنای درک معنای انسان بودن است. از فردی به فرد دیگر تفاوت می‌کند، زیرا همه‌ی ما متفاوت هستیم. اما چون متفاوت هستیم مفهومش این نیست که بینشی از بینش دیگر بهتر است – همه‌ی آنها در نوع خود منحصربه‌فرد هستند و تلاش برای حذف بینشی خاص با کنار زدن آن بیهوده است.

بینش نیرویی سرچشمه‌گرفته از طبیعت است که به طور غیرمنتظره وارد زندگی‌تان می‌شود. به درون می‌آید و به بیرون گسترش می‌یابد.

وقتی در ایران بزرگ می‌شدم، بینش خاصی نداشتم. فقط شش سال داشتم و دنیای من مملو از آیین بهایی بود، آیینی که مادرم من و برادرم را بر اساس آن بزرگ کرد. به رغم عقاید و فلسفه‌های اسلامی که در اطراف من در ایران احاطه داشتند، با ترتیب بهایی راحت بودم و دنیای بیرون و حکومت ایران، تا جایی که کودکی شش ساله می‌توانست بفهمد، صلح‌آمیز به نظر می‌رسید.

زندگی من هیچ سؤال مبرمی برایم به وجود نمی‌آورد. باور داشتم که آسمان آبی است زیرا اینطور نگرش می‌کردم. سؤالاتی نظیر چرا به دنیا آمده‌ام، هدف من در زندگی چیست، و پس از مرگ چه اتفاقی می‌افتد، تهدیدی برای زندگی آرام و آسوده‌ی من نبودند. در طول زندگی‌ام در ایران، شادی و آرامش حکمفرما بود. اما نمی‌دانستم که زندگی هرگز آنطور که به نظر می‌رسد نیست. با گذشت زمان، زندگی تغییر می‌کند و ما باید بدن و ذهن‌مان را با محیط اطراف خود سازگار کنیم. آسایش و امنیتی که امروز داریم، ضمانتی برای فردا نیست.

من شش ساله بودم و برادرم نوید تنها یک سال داشت که خانواده‌ام به افغانستان نقل مکان کردند. ژوئن ۱۹۷۵ بود و پدرم که افسری نظامی در ایران بود، به عنوان دیپلمات به افغانستان منتقل شد. به خانه‌ی کوچک و محقرمان در ایران بدرود گفتیم و به کشور جدیدی نقل مکان کردیم که قرار بود طی چند سال آینده خانه‌ی ما باشد.

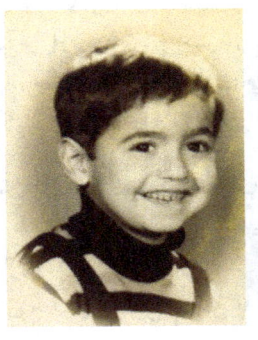

امید

نوید، برادرم

۹۰ درصد جمعیت افغانستان سنی و ۹۵ درصد جمعیت ایران شیعه بودند. اگرچه تفاوت‌هایی وجود داشت، اما تربیت یافتن با اعتقادات آیین بهایی باعث شده بود برای منِ شش ساله دو فرقه‌ی اصلی اسلام فرقی با هم نداشته باشند. تفاوت‌ها و مرزهای دنیا برای من نامرئی بود. همه مثل هم بودیم و مثل یک فرد بهایی فکر می‌کردم که اساس عالم انسانی یگانگی است.

ایران و افغانستان نه تنها همسایه، بلکه متحدان نزدیک هم بودند. ایران از نظر مواد معدنی و منابع طبیعی مانند نفت و گاز بسیار غنی است و در آن‌زمان طلب بزرگی به افغانستان داشت. به دلیل روابط دوستانه بین دو کشور، دیپلمات‌های ایرانی در افغانستان مورد استقبال و برخورد گرمی قرار می‌گرفتند. خانه‌ای که در اختیار ما گذاشته بودند به نظرم یک قلعه می‌آمد. ما چهار خدمتکار، یک آشپز، یک باغبان، و یک محافظ ۲۴ ساعته داشتیم که حواسش به من و برادرم بود، همراه با یک نگهبان که بیرون مستقر بود. ماشین شخصی و راننده‌ای در اختیارمان قرار داده بودند که هر روز مرا به مدرسه می‌برد و برمی‌گرداند. زندگی در افغانستان مثل رؤیا شروع شده بود. این نکته‌را هم اضافه کنم که ما آنجا دو سگ هم داشتیم.

در شش سالگی از دنیا بی‌خبر بودم، فقط از زندگی‌ای که پیش رویم بود آگاه بودم. دیدگاه‌های من نسبت به زندگی به اندازه‌ی خودم کوچک بودند. نمی‌دانستم چقدر می‌توانند تغییر کنند و چقدر این تغییر تحت تأثیر دنیای اطرافم خواهد بود. ساده‌ترین اتفاق یا بزرگترین اخلال این توانایی را دارد که مسیر آینده‌ی یک فرد را بازنویسی کند. مانند سنگی که به داخل دریاچه پرتاب می‌شود، هر موجی این شانس‌را دارد که سطح آب‌را تغییر دهد.

نقل مکان به پایتخت افغانستان، کابل، موجی در زندگی من بود که چرقه‌ی تغییری را ایجاد کرد و بینشی در من به وجود آورد.

اولین موج در زندگی‌ام اولین روز حضورم در مدرسه‌ای در افغانستان بود. به عنوان پسر بچه‌ای شش ساله، وقتی برای اولین بار قدم در کلاس گذاشتم، گیج شدم و دیدم همه در صف‌های منظم روی زمین نشسته‌اند. کلاس قبلاً تشکیل شده بود و فرصتی برای معرفی وجود نداشت. با توجه به رفتار بقیه‌ی کلاس، من هم همین کار را دنبال کردم و در میان دانش‌آموزان دیگر جای گرفتم. یک پایم را روی آن یکی گذاشتم و پای دیگرم

را خم کردم. درک قرار گرفتن در محیطی جدید و احاطه شدن از سوی فرهنگی جدید در سنین پایین دشوار بود. متوجه تفاوت‌های بین فرهنگ‌ها و سنت‌ها بودم، اگرچه نمی‌توانستم معنی این تفاوت‌ها را بفهمم.

یکی از بچه‌های کلاس کتابی را باز کرده بود. قرآن بود. از آنجایی که ایران نیز کشوری مسلمان بود، نام قرآن را شنیده بودم، اما چون با باور دیگری بزرگ شده بودم، هرگز فرصت درک واقعی قرآن را نداشتم. کودکی بودم با چشمان گشاد در کلاسی پر از افرادی که به نظر خیلی متفاوت از من بودند. جذب و درک فرهنگ و اعتقادات آنها برایم آسان نبود. من حتی معنی کلمه‌ی «متفاوت» را نمی‌دانستم.

وقتی کسی از روی قرآن خواند، دانش‌آموزان مشغول شیطنت شدند. آیا قرار بود من هم همین کار را بکنم؟ معنای حرکتی که دانش‌آموزان دیگر انجام می‌دادند چه بود؟ این سؤالات ذهنم را پر کردند، اما به جای تلاش برای یافتن پاسخ برای آنها یا فکر کردن از منظر بزرگترها، کاری را انجام دادم که هر کودک شش ساله‌ای انجام می‌داد و با بازیگوشی از بقیه‌ی کلاس تقلید کردم.

اعمال من به نظرم معصومانه بود. نمی‌دانستم در کلاس چه اتفاقی می‌افتد. نمی‌دانستم آنها چه می‌کنند و نمی‌دانستم من باید چه کار می‌کنم. فقط مشغول بازیگوشی بودم و وانمود می‌کردم که بخشی از فرهنگی هستم که درباره‌ی آن چیزی نمی‌دانم. با این حال، معلم به‌سرعت متوجه نادانی و حرکات تمسخرآمیز من شد. رفتار ناشایستی داشتم و با اینکه تازه‌وارد بودم، رفتارم غیرقابل بخشش بود.

معلمم جلوی همه‌ی کلاس سرم داد زد و رفتار بچه‌گانه‌ام را قبل از اینکه مرا از کلاس اخراج کند به شدت سرزنش کرد. دنبالم آمد تا بیشتر مرا سرزنش کند. او هر کاری را که اشتباه انجام داده بودم به من گوشزد کرد، اما من حتی یک کلمه از حرفایش را متوجه نشدم. گریه می‌کردم و متوجه نبودم که چرا رفتارم باعث چنین خشمی از سوی معلم شده. هیچ کس به من نگفته بود که چه اتفاقی دارد می‌افتد. همکلاسی‌هایم نمی‌دانستند من کی هستم یا چرا آنجا هستم. احساس تنهایی و شرمندگی می‌کردم.

بعد از اینکه معلم حسابی سرزنشم کرد، با چشمانی قرمز و پف‌کرده از گریه به کلاس برگشتم. می‌خواستم به خانه برگردم. به نظر می‌رسید که دنیا وارونه شده بود و من

نمی‌توانستم بفهمم چرا سازگاری با سایر دانش‌آموزان برایم سخت بود. فکر می‌کردم بدترین قسمت روز تمام شده. مطمئناً بدتر از این نمی‌شد.

در ادامه از معلم پرسیدم که آیا می‌توانم از دستشویی استفاده کنم؟ در کمال تأسف، معلم گفت نمی‌توانم، و من در نهایت شلوارم را کثیف کردم. حالا حتی بیشتر از زمان کلاس قرآن از خودم خجالت می‌کشیدم و مجبور بودم تا آخر روز با شلوار کثیفم بنشینم.

از اتفاقات رخ‌داده در مدرسه جریحه‌دار شده بودم. با وجود زندگی راحت در خانه، هر کاری که اینجا انجام دادم اشتباه بود. وقتی به خانه رسیدم، به پدر و مادرم درباره‌ی روز بدی که در مدرسه داشتم گفتم. پدرم که پسرش فرزند ارشد یک دیپلمات در افغانستان بود، از رفتاری که با من شده بود آزرده خاطر شد. او با آن اقتدار ذاتی خود عصر همان روز به مدرسه رفت تا از مدیر گلایه کند.

هرگز فراموش نمی‌کنم که پدرم را در لباس نظامی‌اش دیدم که مرا به مدرسه برد تا از من دفاع کند. بارها او را با آن اونیفرم در ایران دیده بودم، اما این اولین باری بود که قدرت او در اونیفرمش را احساس می‌کردم. در آن لحظه بود که می‌دانستم می‌خواهم فردی به عظمت پدرم باشم. او می‌دانست که چطور اوضاع را پیش ببرد. او از کاریزما و نفوذ برخوردار بود بود و همه را مجذوب خود می‌ساخت. او نه تنها در اونیفورم خود مقتدر به نظر می‌رسید، بلکه به روش خاصی که بسیار دلتنگش هستم، قدرتش را اِعمال می‌کرد. من می‌خواستم قدرت محافظت از دیگران را داشته باشم و در عین حال مثل او خوش‌تیپ و خوش‌لباس باشم. اگرچه پدرم آن روز پشت من ایستاد، اما دنیای من پیش از آن دستخوش تغییر شده بود.

آن روز تنها باری بود که من به مدرسه‌ای دولتی در افغانستان رفتم. پس از آن، والدینم به همراه سایر خانواده‌های دیپلمات دور هم جمع شدند تا به برنامه‌ای سازنده‌تر برای یادگیری کودکان دیپلمات فکر کنند. سیستم آموزشی با تهران، پایتخت ایران، متفاوت بود و هیچ مدرسه‌ی خصوصی و بین‌المللی در کابل وجود نداشت.

آقای دانشور، دانشجوی جوان پزشکی از ایران، برای تدریس به بچه‌های دیپلمات در محوطه‌ی سفارت استخدام شد. در حالی که من از شیوه‌ی تدریس آقای دانشور لذت می‌بردم و روش او چیزی بود که با آن راحت بودم، اما در مورد دنیای اطرافم شروع به

کنجکاوی کردم و به چیزهایی توجه کردم که قبلاً هرگز به آن توجه نکرده بودم. اگرچه دوباره به روال زندگی‌ای که عادت کرده بودم برگشتم، اما دیگر دنیا از نظر من متفاوت شده بود.

در آخر هفته‌ها و تعطیلات کوتاه، من و خانواده‌ام به شهرهای کوچک و روستاهای خارج از کابل سفر می‌کردیم. دیدن طبیعت زیبای افغانستان شگفت‌انگیز بود. کوه‌های بِژ، مزارع پر از گاز، رودخانه‌های پر پیچ و خم؛ زیبایی افغانستان حقیقتاً نفس‌گیر بود. تقریباً به اندازه‌ی مردمی که در طول مسیر با آنها ملاقات کردیم، دلچسب و خوش‌آیند بود. مهربانی و مهمان‌نوازی اهالی روستا در طول سفرهای ما کم‌نظیر بود.

به همراه والدین و برادر کوچکم در کابل، افغانستان – ۱۹۷۸

در عین حال که زیبایی‌های طبیعت کابل و مردم مهربان آنجا را مشاهده می‌کردم، اما وقتی در خیابان‌های پایتخت قدم می‌زدم، متوجه مشکلات فراوان در اطرافم می‌شدم. در بیشتر جاهایی که قدم می‌گذاشتم، فقر آشکار بود. شروع کردم به فکر کردن که آیا همیشه اینطور بوده؟ وقتی در بازار قدم می‌زدم، با بچه‌هایی برخورد می‌کردم، گاهی اوقات با قیم‌شان، که به ما نزدیک می‌شدند و درخواست پول یا کمک‌های دیگر می‌کردند. گرد و خاکْ لباس‌هایشان را کثیف کرده بود و روی صورت بچه‌ها رگه‌هایی به وجود آورده بود. زندگی من و زندگی آنها مثل فاصله‌ی شب و روز بود. تفاوت‌های فاحشی وجود داشت که بین خودم و سایر بچه‌های هم سن و سالم حس می‌کردم.

من برای درک تاریخ و سیاست منطقه خیلی کوچک بودم، اما متوجه شکاف بین ثروتمندان و فقرا می‌شدم. نمی‌فهمدیم که چرا باید چنین شکافی وجود داشته باشد. اما می‌خواستم بدانم چرا: چه فرقی بین ما بود؟ چگونه ممکن است چنین نابرابری‌ای در جامعه وجود داشته باشد؟ مشکل آنقدر آشکار به نظر می‌رسید که من مطمئن بودم که پاسخ به این مشکل نمی‌تواند آنقدر دور از دسترس باشد. چرا مردم فقیر زیاد بودند و چرا ثبات بیشتری وجود نداشت؟ آیا جایی برای زندگی شایسته‌تری برای آنها پیدا نمی‌شد؟ چه چیزی آنها را از داشتن چنین زندگی‌ای باز می‌داشت؟

سؤالات زیادی در مورد فقر و سختی‌های پس از مهاجرت به افغانستان به افکارم هجوم آورده بودند. هر روز به این فکر می‌کردم که در چه دنیایی زندگی می‌کنیم و چگونه به این نقطه رسیدیم که سختی بخشی عادی از زندگی شده. من جوابی برای این سؤالات نداشتم، فقط می‌دانستم که می‌خواهم شخصی شوم که بتواند تغییری ایجاد کند و جنبشی را برای حل این مشکلات رهبری کند.

علیرغم عدم شناخت یا درک وضعیت افغانستان، زندگی و بینش من تحت تأثیر تاریخ و سیاست این کشور قرار گرفت. اگرچه این موارد زمانی که برای اولین بار وارد زندگی مجلل خود به عنوان یک خانواده‌ی دیپلماتیک شدیم، مشخص نبود، اما سال‌های بعد ثابت کرد که این رخدادها شخصیت مرا شکل داده است.

در اوایل قرن هجدهم، احمد شاه درانی قبایل افغان را متحد کرد و آخرین امپراتوری افغانستان را تأسیس نمود. در سال ۱۹۷۳، رژیم ظاهر شاه، آخرین پادشاه افغانستان، به دست پسر عموی خود و نخست وزیر سابق، داوود خان سرنگون شد. داوود خان حکومت جمهوری ایجاد کرد و تا اوایل سال ۱۹۷۸ به عنوان رئیس جمهور افغانستان بر مسند قدرت باقی ماند. با این حال، افغانستان در وضعیتی پایدار باقی ماند.

زمانی که کودتایی خشونت‌آمیز یا «انقلاب»ی که داوود خان را سرنگون کرد و جمهوری‌ای کمونیستی ایجاد نمود، آرامش و ثبات افغانستان بر هم خورد. نورمحمد تره‌کی رهبر جمهوری کمونیستی بود که از سال ۱۹۷۸ تأسیس شده بود. این رویداد با دو کودتای خونین دیگر همراه بود، ابتدا کودتای حفیظ‌الله امین در اوایل سال ۱۹۷۹ و سپس حمله‌ی شوروی در اواخر سال ۱۹۷۹. در تهاجم بعدی، رئیس جمهور امین

کشته شد و ببرک کارمل جایگزین او شد. سه کودتا و اشغال شوروی در یک بازه‌ی زمانی کمتر از ۱۶ ماه رخ داد.

من و برادرم بالای تانک اتحاد جماهیر شوروی - چند روز پس از کودتای ۱۹۷۹

این تغییرات که در مدت زمان کوتاهی رخ دادند، اهمیت بینش را در وجود من نهادینه کردند و باقی گذاشتند. سؤالات من در مورد جهان با افزایش سن بیشتر شد و نور درخشنده‌ای را بر تفاوت‌های جهان و مرزهای موجود تاباند. وقتی وضعیت سیاسی در افغانستان تغییر کرد، ترس در وجود من نیز بیشتر و بیشتر شد.

سال‌های آخر زندگی‌ام در افغانستان با رنگ‌های هواپیماهای جنگنده که هر روز و شب در آسمان چرخ می‌زدند، بمباران برخی نقاط پایتخت و حضور تانک‌ها یا سایر ماشین‌های جنگیِ سنگین در خیابان‌های کابل رنگ‌آمیزی شد. هدف کودتا جایگزین کردن دولت به بهای گزاف کشتار و تخریب پایتخت بود. زمان خطرناکی بود و پدرم پنجره‌ها را چسبانده بود تا فشار هواپیمای جنگنده‌ی در حال پرواز آنها را خرد نکنند.

اگرچه زمانی که وضعیت سیاسی در افغانستان تغییر کرد ۸ ساله بودم، اما هنوز نمی‌دانستم که چگونه اختلافات ما انسان‌ها می‌تواند چنین خشونت و هرج و مرجی ایجاد کند. چرا این اتفاقات می‌افتاد؟ دنیا به کجا رسیده بود؟ چه چیزی ارزشش را داشت که یک شهر و غیرنظامیانش در تیراندازی‌های متقابل گرفتار شدند؟

علیرغم ترسی که زندگی‌ام را فرا گرفت، لحظات کوچکی از روشنایی وجود داشت که تاریکی را همچون آتش‌بازی در برابر آسمان شب روشن می‌کرد. دنیای من در هیجانِ مواجه شدن با واقعیتم و فهمیدن این که زندگی کوتاه و ساده است گرفتار شده بود. اما به ما ابزار و فرصت‌هایی داده شد تا آینده‌ی خودرا تسخیر کرده و بسازیم. با وجود سختی‌ها و آشفتگی‌ها، خوش‌شانس بودم که زندگی کردم و نفس کشیدم. همه اینقدر خوش‌شانس نبودند. این موضوع را بعداً فهمیدم.

هر کودتا فقط چند روز طول می‌کشید، اما در آن روزهای طولانی، با نگرانی داخل خانه منتظر بودیم. در طول کودتا نمی‌توانستیم بیرون برویم و هر روز می‌ترسیدیم که بمب‌ها منفجر شوند و روی خانه‌مان فرود بیایند. وحشتناک بود، اما وقتی بالاخره توانستیم بیرون برویم و هوای تازه استشمام کنیم، فهمیدم زنده بودن به چه معناست و در آن لحظه می‌دانستم که چقدر خوش‌شانس هستم.

قدم‌زدن در بازارها پس از کودتا مانند قدم‌زدن در شهر ارواح بود. سرانجامِ چند روز کودتا تکان‌دهنده بود. افرادی‌را که روزانه در مسیر همیشگی خود می‌دیدید، ممکن بود برای همیشه از دست داده باشید. روز و روزگاری در بازار بودند و اجناس خود را می‌فروختند و حالا چند روز پس از کودتا، دیگر آنجا نبودند.

یاد گرفتم قدر زندگی خودم و اطرافیانم را بدانم. با این حال، اهمیت زندگی مرا آزار می‌داد. زندگی چه اهمیتی دارد اگر مردمانی دیگر در رنج و محنت هستند و با شوربختی زندگی می‌کنند، در حالی که برخی دیگر به راحتی روال عادی زندگی را پی می‌گیرند؟ اگر افرادی هستند که تمام تلاش خودرا برای زنده ماندن به کار می‌برند، اما در تیررس دو گروه متخاصم گرفتار می‌شوند، آن وقت زندگی چه اهمیتی دارد؟ با خودم فکر کردم که زندگی باید معنای وسیع‌تر و اثربخش‌تری داشته باشد. فقط سیاه و سفید نیست - نمی‌تواند باشد. می‌خواستم رنگ‌های زندگی را کشف کنم و همه‌ی چیزهایی را که زندگی در اختیار می‌گذاشت ببینم.

همین مسئله هم شروع تغییر در زندگی من بود. دوران حضورم در افغانستان برای همیشه دیدگاه مرا نسبت به جهان تغییر داده بود: سؤالاتی که از خودم می‌پرسیدم، اهمیت زندگی، بینشی که به تدریج پروراندم تا به این سؤالات برسم و به آنها پاسخ دهم؛ دنیای کوچک من به هزاران قطعه تقسیم شده بود.

با خودم فکر می‌کردم که ما در چه دنیایی زندگی می‌کنیم. اگر به خود و یکدیگر ظلم می‌کنیم، چرا به مطالعه‌ی ایمان و گوناگونی نوع بشر می‌پردازیم؟ بشر با مطالعه‌ی ایمان در صدد رسیدن به چه چیزی است؟ ایمان قرار است مردم را به کجا رهنمون سازد؟ هدف اساسی همه‌ی اینها چیست؟ دری به روی ذهن شش ساله‌ام باز شده بود. ما چرا اینجاییم؟ به کجا می‌رویم؟ غایت نهایی‌مان چیست؟

وقتی بزرگتر شدم، بیشتر به خودِ زمین فکر کردم. چرا چنین ویرانی و فجایعی در جهان وجود دارد؟ چرا فقر و محنت پایانی ندارد؟ بشر چگونه تحت تأثیر تاریخ و افکار هزاران سال پیش قرار گرفته؟ ایمان و مذهب چگونه مورد استفاده‌ی جامعه و سوءاستفاده‌ی برخی از رهبران قرار گرفته و چگونه مورد پذیرش مردم واقع شده؟

بشریت حقیقتاً برای رسیدن به چه چیزی تلاش می‌کند؟ انسان بودن به چه معناست؟

فقط یک روز در مدرسه‌ی دولتی و قدم‌زدن در خیابانی در افغانستان زمان برد تا دنیای من گشوده شود. انبوهی از سؤالاتی که هرگز نمی‌دانستم در من وجود دارند شکوفا شدند و تمام دنیای من تغییر کرد. واقعیت من خود را به رنگ‌های مختلف ترسیم می‌کرد و افکارم در مورد جهان، اینکه کیستم، و ایمان برایم به چه معنا است، درهای روشنی به سوی آینده‌ام گشودند. بیش از پیش متوجه دنیا شدم.

به آسمان شب چشم می‌دوختم و در وسعت آن خودم را غرق می‌کردم؛ کُره‌ی رنگ پریده‌ی ماه، عدم امکان انعکاس نور خورشید از سطح ماه و تابش درخششی ملایم به سیاره‌ای که به دور آن می‌چرخد. چرا تاریک‌ترین شب‌ها درخشان‌ترین ستاره‌ها را دارند؟ چگونه است که رنگ اقیانوس انعکاسی از آسمان است؟ چرا ابرهای بارانی خاکستری و قطرات باران روشن هستند؟

ما در این جهانِ وسیع بسیار کوچک هستیم. هر روز هزاران معجزه‌ی کوچک اتفاق می‌افتد. ناممکن بودنِ زندگی بی‌پایان به نظر می‌رسد، اما من می‌خواهم چه کار کنم تا تأثیر بگذارم؟ برای هدفمند ساختنِ زندگی‌ام چه باید بکنم؟

بینش من از این سؤالات سرچشمه می‌گرفت که در دوران کودکی‌ام به وجود آمد. با خودم تصور می‌کردم: آیا می‌توانم صدایی در جهان باشم که دیگران را به هوک اینکه آنها

بسیار بزرگتر از آن چیزی که فکر می‌کنند هستند هدایت کند؟ بینش من شروع به شکل‌گیری کرد و به اهدافی که در زندگی می‌خواستم داشته باشم پی بردم.

> بینش چیزی نیست که بنشینید و منتظرش باشید. چیزی نیست که بتوانید خودتان را مجبور به دریافت آن کنید. بینش در درون شکل می‌گیرد و به بیرون گسترش می‌یابد.

بینش قویاً به اینکه کجا زندگی می‌کنید، چه چیزهایی احاطه‌تان کرده، و نحوه‌ی زندگی‌تان ربط پیدا می‌کند. بینش من با بینش شما متفاوت است. سؤالاتی که شما را به ایجاد بینش شخصی‌تان سوق می‌دهد، ممکن است با من در تضاد باشد. آنها ممکن است بحث‌برانگیز باشند و جامعه‌ای را که در آن زندگی می‌کنید زیر سؤال ببرند. هر سؤالی ممکن است به بینش شما سر و شکل ببخشد، اما بدانید: بینش شما متعلق به خودتان است که از جانب پیرامون و محیط شما ساخته و تقویت شده است.

هر انسانی نیازمند روشنگری آن است؛ قدرت و انرژی‌ای که در ما جریان دارد. تنها کاری که باید انجام دهیم این است که آن‌را توسعه و پرورش دهیم. بینش‌را به عنوان توانایی‌ای که باید بپرورانیم یا ماهیچه‌ای که باید تقویت کنیم در نظر بگیرید. به تنهایی، پیشرفت ما کند و دردناک خواهد بود، اما با کمک، قوی‌تر خواهیم شد. آرزوهایمان برای آینده‌را نمی‌توان تنها با سختکوشی به دست آورد، مهم این است که چگونه تلاش می‌کنیم. مسئله این نیست که‌سریع به اهداف خود برسیم؛ مسئله این است که چگونه به اهداف خود برسیم.

باید بیاموزیم و بینشی از فردا بسازیم، زیرا فردا هرگز تضمین‌شده نیست. موانع و مبارزات زیادی در مسیر بینش خود با آن روبرو خواهید شد. تا زمانی که در مورد دنیا کنجکاو بمانیم و چیزهایی را که نمی‌فهمیم زیر سؤال ببریم، می‌توانیم آینده‌ی خود را رنگارنگ و درخشان کنیم. اگر امروز می‌توانید رؤیاپردازی کنید. این کار به فردا دستاویزی برای مبارزه می‌دهد.

فصل ۲

کارگردان‌ها در زندگی ما

زندگی ما شبیه یک فیلم است. ما به فیلمنامه‌ای نیاز داریم که دنبالش کنیم، بازیگرانی که فیلمنامه را زنده کنند و کارگردانی که مطمئن شود بینشی که در فیلمنامه‌ی خود می‌بینیم به درستی به نمایش در می‌آید. اولین چیزی که مطرح می‌شود، بینش یا فیلمنامه‌ی ماست. با این حال، فیلمنامه به تنهایی نمی‌تواند مخاطب را شگفت‌زده کند. بدون بازیگرانی که بخواهند به فیلمنامه جان بدهند، فیلمنامه چیزی بیش از یک تکه کاغذ و چند کلمه نیست. شما بازیگرید و فیلمنامه‌ی شما بینش شماست. با این حال، نحوه‌ی کارگردانی فیلم است که تعیین می‌کند که آیا در نمایش عمومی موفق خواهد شد یا خیر. در زندگی، کارگردان فقط یک نفر نیست، بلکه افرادی‌اند که شما را احاطه کرده‌اند و کسانی که رفتارشان را دنبال می‌کنید. والدین شما، معلمان، دوستان و الگوهای شما، همه‌ی این افراد نقش مهمی در نحوه‌ی عملکرد بینش شما دارند.

سه کارگردان کلیدی در زندگی شما وجود دارد: الف) والدین/ افرادی در جایگاه والدین، ب) معلمان و مربیان شما، و در آخر، ج) دوستان و همسالان شما. چه خواسته و چه ناخواسته، این افراد نقش زیادی در تحقق رؤیاهای شما دارند. آنها به شما کمک می‌کنند بینش خود را شکل دهید و آن را درک نمایید تا بتوانید فیلمنامه‌تان را بدون درنگ و شکست اجرا کنید.

پس از نقل مکان به افغانستان، جایی که دنیای من گشوده شد و بینشم بیرون آمد، برای راهنمایی به پدر و مادرم مراجعه می‌کردم. من از آنها سؤالات زیادی را که در مورد زندگی داشتم نپرسیدم یا آنها را فاش نکردم، بلکه فقط به نحوه‌ی رفتار آنها در زندگی نگاه کردم. در کنارشان پرورش یافتم و تمام آنچه را که به من یاد می‌دادند و می‌بخشیدند پذیرفتم.

از نعمت مادری دوست‌داشتنی و دلسوز بهره‌مند بودم که بیش از همه، من و خواهر و برادرم را غرق در محبت ساخت. او زندگی‌ام را با مهم‌ترین صفات رنگ‌آمیزی کرد: بردباری، توجه، زیبایی، عشق، و بسیاری موارد دیگر که درونم حک شده. او مرا بزرگ کرد و ادراکات معنوی‌ام را دست‌نخورده نگه داشت. او خانواده‌ی ما را پر از ایمان کرد و اهمیت حفظ آن را به من آموخت. اگرچه شروع کردم به زیر سؤال بردن معنای ایمان، جامعه و جهان، اما مادرم به من کمک کرد تا راهی برای زندگی‌ای که در آن توانایی ایجاد تغییر در جهان را داشته باشم، پیدا کنم. او دلیلی بود که من یاد گرفتم چگونه قدردان زندگی باشم و از دیگران حمایت کنم.

اگرچه دوران کودکی من پر از سؤالاتی در مورد فقر و شکاف میان سختی و آسایش بود، اما مادرم به من جرأت داد تا علیرغم همه‌ی چیزهایی که در اطرافم اتفاق می‌افتاد، رؤیای خودم را دنبال کنم. من اعتبار زندگی و اهمیت آن را زیر سؤال بردم، زیرا افغانستان دستخوش خشونت و آشفتگی شده بود، اما این اطمینان مادرم بود که به من آرامش داد و مرا به این باور رساند که ممکن است تغییراتی رخ دهد. او سرشار از زندگی و انعطاف بود و به من آموخت که هرگز تسلیم تاریکی نشم.

پدر و مادر - ۱۹۷۶/۷۷   مادر

پدرم نیز به اندازه‌ی مادرم در شکل دادن به بینش من مهم بود. او همیشه آراسته لباس می‌پوشید و خوش‌صحبت بود. من مفتون قدرت و جذابیت او می‌شدم. نحوه‌ی ابراز محبت و محافظت او از خانواده از مواردی بودند که من همیشه آرزوی دستیابی‌شان را داشتم. او دانش و فهم مرا بالا می‌برد و در جوانی به من کتاب می‌داد. پدرم کنجکاوی‌ام را با نوشته‌های لئو تولستوی، ژول ورن، ویکتور هوگو و داستان‌های تام سایر، مارکو پولو و تن‌تن برمی‌انگیخت - ماجراجویان بزرگی که زندگی را غنیمت شمردند و با ماجراجویی‌ها و اکتشافات‌شان تلاش کردند بینش خودرا بیابند.

پدرم، یکی از کارگردانان برجسته‌ی زندگی من، برایم همچون یک قهرمان بود. در مواقعی که ضعیف و هراسان بودم، او به من نشان داد که قوی بودن در عین برخورداری از فردیت و حرمت به چه معناست. او به من نشان داد که چگونه باید نظم و انضباط داشته باشم، اما نه آنقدر که دنیای من هوگیرشان شود. او به من آموخت که چگونه فراتر از چشم‌انداز روبرویم نگاه کنم، از خودم محافظت کنم و در عین حال به دنبال فرصت‌هایی برای بهبود خودم و زندگی‌ام باشم.

این اصول و ارزش‌ها بینشی پایدار و مسیری روشن‌تر در زندگی به من بخشیدند. عشق و محبت بی‌حدوحصری که پدر و مادرم به من ارزانی داشتند دلیلی بود که با وجود تمام سؤالات و آشفتگی‌هایی که وارد زندگی‌ام شد، توانستم با اطمینانْ آینده‌ای برای خودم بسازم. پدر و مادرم کسانی بودند که به من کمک کردند تا به خودم و بینشم ایمان بیاورم و با بزرگتر شدن، توانستم عزمم‌را در مسیر حرفه‌ای‌ام بیشتر جزم کنم و با رؤیاهایم به زندگی‌ام ادامه دهم.

در حالی که پدر و مادرم در خلق فیلمنامه‌ی من نقش مهمی داشتند، ممکن است زندگی شما تحت تأثیر کارگردان‌های مختلف قرار بگیرد. فیلمنامه‌ی هر کسی، بسته به موقعیت خودش، منحصربه‌فرد است و کارگردان‌های زندگی شما نیز به همین ترتیب منحصربه‌فرد هستند و به روابطی که دارید گره خورده‌اند. همه‌ی ما آنقدر خوش‌شانس نیستیم که پدر و مادری داشته باشیم که از ما حمایت کنند و به ما عشق بورزند. علاوه بر این، عشق و حمایت نیز ممکن است در خانواده‌های مختلفْ متفاوت به نظر برسد. سؤال واقعی این نیست که کارگردان‌های من شبیه کارگردان‌های شما هستند یا نه. سؤال این است که چگونه کارگردان‌های زندگی شما بینش‌تان را تغذیه می‌کنند. والدین تنها

کارگردان‌های اصلی‌ای نیستند که از بینش فرد حمایت می‌کنند، همسالان و دوستان هم هستند.

شانزده ساله بودم که از خانواده‌ام جدا شدم. در سال ۱۳۶۴، در جریان جنگ ایران و عراق، از آزار و اذیت‌ها گریختم و خانواده‌ام را ترک گفتم. تنها ماندن در دنیا بدون اینکه بدانی چه زمانی دوباره خانواده‌ات را خواهی دید، سخت است. هراسان، خام و تنها در کمپ پناهندگان، به این فکر می‌کردم که آیا هرگز دوباره پدر و مادر و خواهر و برادرم را خواهم دید؟ هر روز به این فکر می‌کردم که آیا روزی کمپ را ترک می‌کنم و زندگی جدیدی را در جای دیگری شروع می‌کنم؟

در این دوران بود که دوستان و همسالان نقش مهمی در شکل دادن به بینش من داشتند. پس از سال‌ها پرسش از دنیا و مواجهه با سختی‌ها، ناگهان خانواده‌ام را در کنارم نداشتم تا برای تسلی یافتن به آنها پناه ببرم. در طول مدتی که پناهنده بودم، خانواده‌ام نبود که مرا حمایت کند و به من بینش واضح‌تر و قوی‌تر اعطا کند، اما دوستانم بودند.

دو سال به عنوان پناهنده در پاکستان زندگی کردم. اگرچه آغاز اقامت من نامشخص و دشوار بود، اما به زودی دوستان زیادی پیدا کردم که در درد و رنج من شریک بودند. آنها از من حمایت کردند و نور امید در زندگی‌ام دمیدند. با توجه به شرایطی که در آن قرار داشتیم، همه‌ی همسالان من تا آخر با من باقی نماندند، اما همه‌ی آنها تأثیر زیادی در بینش و نگرش من نسبت به جهان داشتند.

در اردوگاه پناهندگان، دوستانم خانواده‌ی دوم من شدند و نقش قابل‌توجهی در زندگی من ایفا کردند که مرا به آنچه امروز هستم، تبدیل کرد. من بیشتر از آن چیزی که آنها فکرش را بکنند مدیون‌شان هستم. بسیاری از یادگیری‌ها، افکار، ارزش‌ها، انتخاب‌های شغلی، تحصیلات و مهارت‌های من به دلیل راهنمایی دوستانم است. اگر آنها نبودند، من این مردی که امروز هستم نبودم.

جوانی زمان انعطاف‌پذیری است که در آن چیزهایی که یاد می‌گیریم و دوستانی که پیدا می‌کنیم، برای شکل دادن به آینده‌ی ما مهم هستند. البته، دوستان در تمام مراحل زندگی مهم هستند. آنها خانواده‌ای هستند که شما انتخاب می‌کنید، و نه خانواده‌ای که در آن متولد می‌شوید. در حالی که والدین کارگردان‌های هدایتگر در تبدیل فیلمنامه‌تان

به واقعیت هستند، دوستان نیروی محرکه‌ی شکل‌گیری فیلم شما به شمار می‌روند. دوستان بینش و فیلمنامه‌تان را به چالش می‌کشند. آنها حمایت‌تان می‌کنند و به شما جرأت می‌دهند که رؤیاهای بزرگتری داشته باشید.

درست مانند دوستانی که دانش خود را به شما منتقل می‌کنند، معلمان و مربیان نیز از کارگردان‌های اصلی زندگی شما هستند. آنها کسانی‌اند که مستقیماً مسیرهایی را به سوی آینده‌ی شما باز می‌کنند. آنها الهام‌بخش بینش‌تان برای رشد و ترقی هستند. ما به معلمان و مربیان زندگی خود احترام می‌گذاریم، زیرا آنها به بینش ما امید می‌دهند.

معلمانْ زندگی شما را رنگ‌آمیزی می‌کنند؛ از آموزگاران تحصیلات مقدماتی گرفته تا تحصیلات عالی، از معلمان آموزش‌های فوق‌برنامه‌ی درسی گرفته تا سرگرمی‌های پرشور و مربیان دوره‌های آموزشی، از افراد باتجربه در محیط کارتان گرفته تا راهنمایان زندگی، همگی قابل احترامند. این الگوها به شکل متفاوتی بر زندگی شما تأثیر می‌گذارند، اما بدون شک همه‌ی آنها نوعی خرد را به شما منتقل می‌کنند. این که آیا دانشی که به شما می‌دهند را بپذیرید یا نه به شما بستگی دارد، اما

مربیان و معلمانی که واقعاً بر زندگی‌تان تأثیر می‌گذارند، آموزه‌هایی هستند که خود را در ذهن شما جاسازی می‌کنند و به شما قدرت می‌دهند تا رو به جلو ادامه دهید.

افراد زیادی بودند که وقتی در حال بزرگ شدن بودم، به آنها متوسل شدم. آقای دانشور یکی از اولین کارگردان‌های زندگی من بود. او معلمی بود که پس از حادثه‌ی تحصیل در مدرسه‌ی دولتیْ به افغانستان آمده بود. معلم فلسفه‌ی من در دبیرستان یکی دیگر از مربیانی بود که از او بسیار آموختم. سومین مورد به‌یادماندنی، استاد دانشگاه من بود که هم فناوری و هم معنویت‌گرایی را آموزش می‌داد. همه‌ی این معلمان مرا راهنمایی کردند و به من طرز فکری جدید در مورد جهان و مردمانش بخشیدند.

اگرچه آقای دانشور از سنین پایین وارد زندگی من شد، اما معلمی است که هرگز فراموشش نمی‌کنم. او مجموعه‌ای از دانش‌ها را به من آموخت، از زبان پایه گرفته تا ریاضی تا بسیاری از دروس دیگر که بخش‌های جدایی‌ناپذیر مدرسه‌ی ابتدایی بودند. من به ایشان بسیار احترام می‌گذاشتم. او یک جنتلمنِ بسیار دلسوز و خوش‌صحبت

بود و از ابتدای راه بر زندگی من تأثیر گذاشت. جدا از اینکه دانش مقدماتی را به ما می‌آموخت، ما را تشویق می‌کرد که قوی باشیم و در این راه کمک‌مان می‌کرد.

در طول زندگی پر فراز و نشیبی که بسیاری از ما در آن زمان در کابل تجربه می‌کردیم، او صخره‌ی محکمی بود که ما را خارج از زندگی‌مان در خانهٔ ثابت و استوار نگه می‌داشت. او با تعریف کردن داستان‌های زندگی و سختی‌هایی که در جوانی پشت سر گذاشته بود، با ما ارتباط برقرار می‌کرد. او با بیان نحوه‌ی مبارزه‌هایش در زمان سختی برای رسیدن به رؤیاهای خود، به ما درس شجاعت می‌داد تا برای رؤیاهایمان بجنگیم.

با این حال، این فقط معلمانم نبودند که به عنوان مربیان و الگوهای خود در نظر داشتم، بلکه داستان‌های مختلفی که می‌خواندم و می‌شنیدم نیز نقش مهمی داشتند. پدرم رمان‌هایی را در اختیارم می‌گذاشت که برای خوانندگانی فراتر از سن من بودند، اما من این داستان‌ها را با تمام وجود می‌بلعیدم. دانشی که در کتاب‌ها یافتم، مرا تشویق کرد و باعث شد باور کنم که می‌توانم به دستاوردهای بزرگی برسم.

به عنوان پسری که در سراسر افغانستان، هند، پاکستان و ایران در دوران سختی، آشفتگی و خونریزی زندگی کرده بودم، آنقدر خوش‌شانس بودم که در سویه‌ی مجلل‌تر زندگی رشد کنم. من مجذوب اُدیسه‌های تن‌تن همراه با زندگی خارق‌العاده‌ی گاندی و مارکو پولو شدم، که همگی الهام‌بخش من برای رسیدن به بینشی بودند که خلق کرده بودم. اشعار حماسی فردوسی، و همچنین اشعار مولانا و سعدی نیز در شکل دادن به زندگی من نقش داشتند و مرا به رؤیاهای بزرگ‌تر، روشن‌تر و رنگارنگ‌تر سوق دادند.

من از همه‌ی این الگوها، متفکران بزرگ، کاوشگران و شخصیت‌های داستانی الهام گرفتم که در سفر من برای دستیابی به بینشْ نقش کارگردان را ایفا کردند. اگرچه من شخصاً نمی‌شناختم‌شان و آنها به معنای کلاسیک کلمه، به من آموزش نمی‌دادند، اما اندوخته‌های فراوانی از داستان‌ها و زندگی‌شان برداشت کردم.

معلمان و مربیان در زمان‌ها، شکل‌ها، اندازه‌ها و حالت‌های مختلف وجود دارند. در مفهومی مدرن‌تر، کودکان امروزه به شخصیت‌های موجود در دنیای انیمیشن دل می‌بندند. از ابرقدرت‌ها گرفته تا ناجیان دنیا. برای مثال در دنیای ملوان زبل و سوپرمن، الگوهای خیالی زیادی وجود دارد که کودکان را تحت تأثیر قرار می‌دهند. هری پاتر، زن

شگفت‌انگیز، شخصیت‌های دیزنی و غیره این پتانسیل را دارند که کمک‌های آموزشی عالی‌ای برای کودکانی باشند که به کارگردان‌های مهم در زندگی‌شان نیاز دارند.

همه از نعمت داشتن خانواده‌ی خوب و دوستانی تأثیرگذار برخوردار نیستند. با وجود خیالی بودن این شخصیت‌ها و داستان‌ها، اما ضروری است که کودکان کارگردان‌هایی در زندگی خود داشته باشند تا به پروراندن رؤیاها و بینشی که سعی در خلق آن دارند کمک کنند.

داشتن بینش همیشه هم آسان نیست. هر چیزی که باعث شود دنیا را زیر سؤال ببرید و به شما کمک کند بینش خود را بسازید، ممکن است ناشی از گذارهای سخت، تجربیات وحشتناک، دگرگونی‌های گیج‌کننده و سایر موقعیت‌های جانکاه در دوران کودکی باشد. با این حال، پشتیبانی و حمایتی که از کارگردان‌ها در زندگی‌مان (خانواده، دوستان، مربیان، الگوها) دریافت می‌کنیم، به ما امکان می‌دهند خودمان را باور کنیم.

> افرادی که شما را با محبت احاطه کرده‌اند، از شما حمایت می‌کنند و به شما آرامش می‌دهند، پادشاهان و ملکه‌های زندگی شما هستند. قهرمانانی واقعی که به شما کمک می‌کنند به پایان خوشِ خود برسید. در میان همه‌ی آشفتگی‌های دنیا، آنها هستند که هر اتفاقی بیفتد با آغوش باز از شما استقبال می‌کنند و عشق‌شان را نثارتان می‌کنند.

بینش به تنهایی به دست نمی‌آید. همانطور که یک گل نیاز به تغذیه از خورشید و باران دارد، ما نیز به دیگران نیاز داریم تا ما را قوی سازند و به بالا بکشانند. بدون کارگردان‌های خوب برای کمک به بازیگر و حمایت از فیلمنامه، احتمال سقوط و شکست زیاد است. هر کسی در زندگی شما نمی‌تواند کارگردان خوبی باشد و وقتی با افرادی نادرست روبرو می‌شویم، تازه متوجه می‌شویم که چقدر خوش‌شانس هستیم که کسانی را پیدا کرده‌ایم که در هنگام تلاش‌هایمان از ما حمایت می‌کنند.

اولین باری که کسی رؤیاهای شما را مسخره کرد به یاد دارید؟ از چه زمانی احساس کردید که رؤیاهایتان بی‌اهمیت هستند یا هرگز نمی‌توانید به آنها برسید؟ اینها افکار شما بود یا اطرافیان؟

شک نسبت به خود امری غیرعادی نیست، به خصوص هنگامی که به بزرگسالی می‌رسید یا در زندگی خود دچار تحولات بزرگی می‌شوید. هر روز نیروهایی علیه شما قیام می‌کنند تا شما را نسبت به صحت تصمیم‌تان دچار تردید کنند. گاهی اوقات این عوامل کارگردان‌های بد زندگی‌تان هستند که به شما می‌گویند نمی‌توانید موفق شوید. با این حال، سؤالات و منفی‌بافی آنها نسبت به رؤیاهای شما به این دلیل نیست که به توانایی شما در ساختن چیزی از خودتان اعتقاد ندارند، بلکه عدم اعتماد به نفس آنها و ترس‌شان از آنچه می‌توانید به دست آورید است که باعث می‌شود شما را هدف قرار دهند و با افکار منفی ناامیدتان سازند.

این افراد از شکست‌ها و تردیدهای شما تغذیه می‌کنند و آنها را به شما القاء می‌کنند. آنها بر این باورند که اگر شما کوچک باشید، شانس بیشتری برای موفقیت در زندگی با بینش شخصی‌شان به آنها می‌دهید. اما بینش چیزی نیست که بتوانید به تنهایی به دست بیاورید، و همچنین چیزی نیست که بتوانید با ممانعت از دیگرانی که در تلاش برای رسیدن به اهدافشان هستند به آن نائل شوید. هر وقت کسی شما را ناامید کرد و وادارتان ساخت اعتبار فیلمنامه‌تان را زیر سؤال ببرید، هوشیار باشید و فراموش نکنید که شما گرداننده‌ی زندگی خود هستید.

شما خالق فیلمنامه‌تان هستید. شما بازیگری هستید که فیلمنامه‌تان را زنده خواهید کرد. شما باید تصمیم بگیرید که چه کسانی در زندگی‌تان کارگردان هستند. آیا به کارگردان‌های بدی که به شما انرژی‌های منفی می‌دهند گوش می‌دهید یا در کنار کسانی می‌ایستید که در زمان سختی‌ها امیدوارتان نگه می‌دارند؟

در کودکی با افراد زیادی روبرو می‌شوید که از شما بزرگتر هستند و عاقل‌تر به نظر می‌رسند. این بزرگسالان به شما توصیه‌هایی می‌کنند و می‌کوشند خِرد خود را به شما تزریق کنند. اجتناب‌ناپذیر است که این کلمات را بپذیرید و آنها را به عنوان حقیقت باور کنید. چه به دلیل فشاری که از جانب والدین خود احساس می‌کنید و چه به دلیل سنت‌ها، این حرف‌ها را با احترام می‌پذیرید و دانشی را که به دست آورده‌اید زیر سؤال نمی‌برید.

از سوی دیگر، در کنار همسالان خود مواجه خواهید شد که آیا رؤیاهای شما را کوچک جلوه می‌دهند، یا به شما شجاعت ادامه دادن به جلو را می‌بخشند. خواه دلسردی و

خواه تشویق، گاهی اوقات به نظر می‌رسد که منفی بودن بر مثبت بودن می‌چربد. با این حال، به جای اینکه تحت فشار افکار منفی باشید، آنها را به منبعی از نور تبدیل کنید که موجب پیشرفت‌تان شود. بگذارید کسانی که همیشه نسبت به اهداف شما منفی هستند منفی باشند. اگر آنها تحقیرتان می‌کنند، هرگز باورتان نمی‌کنند یا شما را به سخره می‌گیرند، به حال خودشان رهاشان کنید. رؤیاهایتان را جدی بگیرید و اجازه ندهید افراد دلسردکننده تصمیمات‌تان را تحت تأثیر قرار دهند.

وقت ارزشمند خود را هدر ندهید و به این فکر نکنید که چرا آنها اینگونه فکر می‌کنند یا چگونه باید کاری کنید که افکارشان نسبت به شما تغییر کنند. شما از قبل هم می‌دانید که ممکن است به شما چه بگویند، بنابراین سعی نکنید بفهمید که چرا چنین چیزهایی می‌گویند. نکته‌ی کلیدی این نیست که آنها چه کسانی هستند و از شما چه می‌خواهند. نکته‌ی کلیدی این است که بفهمید خودتان واقعاً چه کسی هستید. پذیرش کلمات آزاردهنده‌ی آنها فقط اعتمادتان را در مورد رؤیاهایتان از بین می‌برد.

سخنان آنها را مروارید حکمت در نظر بگیرید. از تک تک نظرات منفی برای تقویت قدرت خود استفاده کنید و خود را محکم‌تر در مسیرتان قرار دهید.

داشتن افکار و نظرات منفی در زندگی ضروری است، زیرا با آنها می‌توانید بینش سازنده‌تری ایجاد کنید و اراده‌ای برای تحقق آن بیابید. علیرغم اینکه کرگردان‌ها در زندگی شما منبع تغذیه‌تان هستند، شخصاً نیز باید قوی باشید و به دستورات کسانی که با عشق و حمایت با شما صحبت می‌کنند گوش دهید. گاهی اوقات ممکن است این کار سخت به نظر برسد، زیرا شک و تردید به خود نیروی قوی‌ای است که باعث چشم‌پوشی از بینش‌مان می‌شود. هر زمان که ما چشم‌پوشی می‌کنیم، صدای کرگردان‌های بدمان به گوش می‌رسند و ما را به تسلیم شدن ترغیب می‌کنند.

به یاد داشته باشید که تردید نسبت به خود همچون منتقدی است که فیلم ما را قبل از اکرانْ شکسته‌خورده ارزیابی می‌کند.

کارگردان‌های دنیای درون و دنیای بیرون

روی خودتان تمرکز کنید و ببینید با آنچه که به شما داده شده چه کاری می‌توانید انجام دهید. با کلمات نفرت‌انگیز چه می‌توان کرد؟ با سؤالاتی که می‌پرسید و بینشی که ایجاد می‌کنید چه کاری می‌توانید انجام دهید؟ چگونه می‌توانید از دانشِ به دست آمده از طریق کارگردان‌های زندگی‌تان استفاده کنید؟ رؤیاهایی که برای فردا داریم در درون ما ساخته شده‌اند. این چیزی است که هنوز ملموس نیست و با این وجود، می‌توانیم ببینیم که اگر زندگی به خوبی پیش برود، آینده‌ی ما چگونه رقم خواهد خورد. ما سالیان سال را صرف رسیدن به رؤیاها می‌کنیم تا قبل از اینکه دنیای درونْ دنیای بیرون را بسازد، آنها را تحقق بخشیم.

کارگردان‌های زندگی‌مان کسانی هستند که از بینش ما حمایت می‌کنند. آنها به ما فرصت‌هایی می‌دهند تا رؤیاهایمان را به دنیای بیرون بیاوریم. با این حال، قبل از اینکه بتوانیم بینش خودرا به چیزی ملموس مبدل سازیم، ضروری است که ابتدا دنیای درون را درک کنیم: رؤیاها و بینش خود را. وقتی دنیای درون را درک کردیم، می‌توانیم از آن برای مانور دادن در دنیای بیرون استفاده کنیم.

اگر به تمام افرادی فکر کنید که دنیا را تغییر داده‌اند، چه خوب و چه بد، همه‌ی آنها دنیای درون را درک کرده و از آن برای کنترل دنیای بیرون استفاده کرده‌اند. «من با این همه قوانین عجیب و غریب و سفت و سخت که باعث می‌شوند احساس کنم محصور شده‌ام زندگی نمی‌کنم. من فقط احساسم را باور دارم و این مرا بسیار رها می‌سازد». آدولف هیتلر مردی نیست که خیلی‌ها بخواهند شبیه او باشند. ویرانی و آسیبی که او به دنیا وارد آورد برای همیشه در تاریخ به جا خواهد ماند، با این حال بینش او چیزی بود که در درون و بیرون گسترش یافت.

جهانِ درونْ علت ما است و جهان بیرونْ معلول. درون همیشه بر بیرون حاکم است و بیرون بازتابی از درون. درست به همین ترتیب، شرایط بیرونی آینه‌ی آگاهی درونی است. این دو جهان جدا از هم نیستند، بلکه دو سطح متفاوت از یک جهان‌را تشکیل می‌دهند.

«نباید ایمان خودرا به انسانیت از دست بدهید. بشریت یک اقیانوس است. اگر چند قطره از اقیانوس کثیف باشد، اقیانوس کثیف نمی‌شود». گاندی مرد دیگری بود که دنیا را تغییر داد. هرچند او به جای ایجاد ترس مانند هیتلر، الهام‌بخش جهان بود و آن‌را منور ساخت. بینش او بینشی بود که به درون آمد و به بیرون گسترش یافت.

گاندی مرد بزرگی بود که بینش خودرا باور کرده بود و سعی داشت بینش دیگران‌را نیز روشن کند. برخلاف کرگردان‌های بد زندگی، گاندی یکی از معدود کسانی بود که هدایاتش فراتر از زمان و مکان بود و علیرغم عدم حضورش در میان ما، همچنان بر جهان تأثیر می‌گذارد.

> «جهان در وجود ما منعکس می‌شود. تمام تمایلات موجود در دنیای بیرون باید که در دنیای بدن ما یافت شود. اگر می‌توانستیم خودمان را تغییر دهیم، روند دنیا نیز تغییر می‌کرد. همانطور که انسان ماهیت خودرا تغییر می‌دهد، نگرش جهان نیز نسبت به او تغییر می‌کند. این راز بزرگ الهی است. مورد شگفت‌انگیزی است و منبع خوشبختی ما است. نباید منتظر بمانیم تا ببینیم دیگران چه می‌کنند.»
>
> **-مهاتما گاندی**

تغییر واقعی زمانی اتفاق می‌افتد که به درون بنگریم و تحولی درونی‌را آغاز کنیم. خودرا آشکارا، صادقانه، خالصانه بررسی کنیم و هر نوع نشانه‌ی خودخواهی، بداخلاقی یا ناامنی‌را از بین ببریم. تنها در این صورت است که قادر خواهیم بود دنیای درون‌را به طور واقعی درک کنیم و دنیای بیرون خودرا کنترل نماییم.

گاندی به اصلی اشاره می‌کرد که بسیاری از آموزه‌های «معنوی» امروزی، منطق خود را از آن استخراج می‌کنند. او ما را عمیق‌تر راهنمایی کرد تا کارهای درونی‌ای را انجام دهیم که اغلب از آن دوری می‌کنیم؛ تغییر درونی فراتر از آرزو کردن یا تجسم ساده.

وقتی به زندگی او نگاه می‌کنید، حتی در ضعف‌ها و اشتباهاتش، به دنبال این بود که خودرا از خواسته‌های خودخواهانه‌رها سازد و ظرفیت خودرا جهت استفاده به عنوان ابزاری در خدمت به همنوعانش توسعه دهد. مفهوم «عدم خشونت»، آنطور که به طور عمومی تعبیر می‌شود، حول محور توجه به‌رفاه موجودات دیگر می‌گردد. هر چه بیشتر درگیر امور خود باشیم، فضای کمتری برای دیگران، برای حقیقت، برای خداوند یا برای هر کسی یا هر چیزی که به آن اعتقاد داریم، به وجود خواهد آمد.

بینش بخشی منحصربه‌فرد از زندگی هر کسی است که از سوی اطرافیان و افرادی که بخشی جدایی‌ناپذیر اززندگی هستند، ساخته می‌شود. خوب یا بد، درست یا غلط، بینش مرزی بی حدوحصر است که در آشکال و اندازه‌های مختلفی وجود دارد. این کاری است که شما با بینش خود انجام می‌دهید، و اینکه چگونه از حمایتی که از طرف کارگردان‌های زندگی‌تان می‌شود استفاده می‌کنید. اگر نقش‌آفرینی در فیلم زندگی شما ناکارآمد است، آن وقت این مسئله که رؤیاهای شما مهم هستند یا تشویق کارگردان‌های شما چقدر شگفت‌انگیز است فایده‌ی چندانی ندارد. پس در نهایت، این به شما بستگی دارد که زندگی خودرا بارنگ‌رنگ‌آمیزی کنید. قلم‌موی سرنوشت‌را در دست بگیر و هرضربه‌ای را با معنا و نیت بر بوم وارد کن. شما گرداننده‌ی اراده‌ی خود هستید.

فصل ۳

بینش تغییر

دیروز من باهوش بودم، می‌خواستم جهان را تغییر دهم

امروز من عاقل هستم، خودم را تغییر می‌دهم

- جلال‌الدین محمد بلخی - مولانا

فقط خردمندان می‌دانند که باید همان تغییری باشند که می‌خواهند در دنیا به وجود آورند.

بسیاری از ما، چه از سنین پایین و چه از سنین بالا، معتقدیم که می‌توانیم مشکلات و نارضایتی‌هایی را که هر روز شاهد آن هستیم از میان برداریم و تغییر به وجود آوریم. در آن دورانی که در افغانستان، پاکستان و هند زندگی می‌کردم، از بچگی رؤیای تغییر جهان را در سر می‌پروراندم.

در طول اقامتمان در افغانستان، جایی که پدرم بین سال‌های ۱۹۷۵ تا ۱۹۸۰ مستقر بود، اغلب به کشورهای دیگر سفر می‌کردیم، چه برای تعطیلات و چه برای دیدار پدرم که یک ماه یا بیشتر، در حین خدمت، از ما دور می‌شد. به ویژه باید از کشوری نام ببرم که به تغییر دیدگاه من نسبت به جهان کمک کرد: هند.

با وجود اینکه هند اغلب به خاطر تاج محل شهرت دارد، اما حقیقتاً یکی از خارق‌العاده‌ترین کشورهای روی کره‌ی زمین است. این شهر سرچشمه‌ی یکی از قدیمی‌ترین تمدن‌های بشر به شمار می‌آید و گستره‌ای از تجربیات چندفرهنگی است.

این کشور دارای میراثی غنی همراه با هزاران دین و عقیده است. هند بی‌شک مکانی شگفت‌انگیز برای بازدید است.

به همراه مادر و برادر کوچکترم در تاج محل، هند - ۱۹۷۸

با این حال، علی‌رغم تمام شگفتی‌هایی که هند پیش رو می‌گذارد، من به وضوح فقر و جمعیت زیادی را که در خیابان‌ها در همان کودکی دیدم، به یاد می‌آورم. من و برادرم، نوید، بسیار خوش‌شانس بودیم که از هند دیدن کردیم و چیزهای زیادی در موردش یاد گرفتیم، و با وجود اینکه زمانی که آنجا بودیم از بازی با هم لذت می‌بردیم، اما فقری که شاهدش بودیم برایمان حیرت‌آور بود.

در حالی که افغانستان مسائل خاص خود را داشت و سختی‌هایی که در آنجا دیدم دیدگاه جدیدی را در من ایجاد کرده بود، سفرهای هند بود که واقعاً تمایل برای تغییر جهان را در من برانگیخت. از اینکه می‌دیدم چه تعداد زیادی از مردم با تنگدستی و محنت روبه‌رو هستند، متحیر بودم. افغانستان یکی از توسعه‌نیافته‌ترین کشورهای جهان به حساب می‌آمد، بنابراین فقر و تنگدستی که در آنجا می‌دیدم قابل‌فهم بود. اما هند مملو از زندگی و فرهنگ بود، و چشم‌اندازهای هند به شدت با جمعیت فقرزده‌ای که به نظر می‌رسید در خیابان‌های کشور سرازیر شده‌اند، در تضاد قرار داشت.

من به تعداد زیادی بچه‌ی هم سن و سال خودم برخوردم که در خیابان گدایی می‌کردند و چیزی جز سختیِ زندگی کردن هرروزه نمی‌دانستند. غیرعادی بودن وضعیت برایم

بسیار دردناک بود. حتی تا به امروز، دهه‌ها پس از دیدارهای دوران کودکی‌ام از آنجا، تصویر فقر و کودکان یتیمی که با سوءتغذیه مواجه بودند، انگیزه‌بخش من برای انجام کاری معنادار در دنیا است.

در آن زمان مدام از پدر و مادرم می‌پرسیدم: «چرا فقیرها فقیرند؟ چرا کسی را ندارند که از آنها مراقبت کنند یا کمکشان کنند؟» این سؤالات که از بینش ابتدایی من که در افغانستان یافتم سرچشمه می‌گرفت، باعث شد تا بفهمم که چقدر خوش‌شانس بودم که والدینی دارم که مرا دوست دارند و از من مراقبت می‌کنند. خوش‌شانس بودم که سقفی بالای‌سرم و غذایی گرم برای خوردن دارم.

بهائی هاوس دهلی، هند - ۱۹۷۸

این احساس میل به تغییر جهان در دوران کودکی در من شکل گرفت و باعث شد به دنبال راه‌حلی برای رفع مشکلاتی که می‌دیدم بگردم. اگرچه برای ایجاد تغییری بزرگ خیلی کوچک بودم، اما آنقدر بالغ بودم که می‌توانستم دانشی را که دنیا به من ارائه می‌داد، یاد بگیرم و جذب کنم. من خودم را وقف این کردم که بدانم و واقعاً بفهمم که چرا نابرابریِ گسترده‌ای در جهان وجود دارد و چگونه شروع شده. برخی از سؤالاتی که به دنبال حل آنها بودم، پاسخ‌های بی‌پایانی داشتند که بر اساس قرن‌ها اختلاف ایجاد شده بود.

این که چقدر این مشکلاتْ عظیم و پیچیده بودند و چه تاریخچه‌ای پشت آنها بود، تنها به ایجاد سؤالات بسیارِ دیگری منجر شد. من با کسانی که زجر می‌کشیدند صحبت کردم. احساس فقیر بودن و رنج کشیدن را به خودم هم القاء کردم. هرچند زندگی من پر از فراز و نشیب بود و از اینکه در دوران جوانی هر دو سویه‌ی دنیا را دیدم مشعوف و شاکرم.

با این وجود، حفظ بینشم برای ایجاد تفاوت کار دشواری بود، چون کودکی بیش نبودم. در آن مقطع از زندگی‌ام، کارهای زیادی نمی‌توانستم انجام دهم. علاوه بر توانایی محدود من برای اقدامی مؤثر، شرایط دیگری مانند جنگ، آشوب، انقلاب و عدم ثبات هم وجود داشتند که سر راهم قرار گرفتند. من هم مثل خیلی از بچه‌ها می‌خواستم کاری فراتر از توانایی‌هایم انجام دهم. من باور داشتم که می‌توانم دنیا را تغییر دهم. حتی به فکر ساختن یک پرورشگاه برای کمک به کودکان فقیر بودم. رؤیاهای من برای تغییرْ بزرگ بود، اما خودم کوچک بودم. موانع زیادی بر سر راه رؤیاها و بینش‌های دوران کودکی من قرار گرفته بودند. انقلاب در ایران، جنگ ایران و عراق و بسیاری از حوادث دیگر بینش مرا دگرگون کرد. من نتوانستم مسیری را که در مورد آن خیال‌پردازی کرده بودم دنبال کنم. با این حال، شکست پایان کار نیست، فرصتی برای شروعی تازه است.

حتی با وجود همه‌ی این عوامل که ممکن است بر علیه بینش شما نقش بازی کنند، تمرکز خود را از دست ندهید. ایمان را حفظ کنید و همه چیز را حول محور آن بنا کنید.

وقتی برای دستیابی به بینش خود تلاش می‌کنید، همیشه همه چیز آنطور که انتظار دارید پیش نمی‌رود. دست‌اندازهای مسیر برای تضعیف شما و جلوگیری از حرکت به جلو قرار نگرفته‌اند، بلکه برای تقویت شما هستند. آنها شما را در مسیر خود ایمن‌تر و در آینده محتاط‌تر می‌کنند.

تعداد معینی بینش ایجاد کنید. اجازه ندهید فقط یکی از آنها مظهر زندگی‌تان باشد. بینش‌های زیادی را که می‌توانید به وجود آورید پرورش دهید. دنبال‌شان کنید و بهترین کار را برای رسیدن به آنها انجام دهید. هیچ اطمینانی در زندگی وجود ندارد که به شما

تضمین بدهد به هر یک از بینش‌هایی که ایجاد می‌کنید خواهید رسید - و اشکالی هم ندارد. اگر بتوانید یکی از آنها را دنبال کنید، پس در چیزی موفق شده‌اید که دیگران برای رسیدن به آن به تلاش خود ادامه می‌دهند. اگر به طور تصادفی توانستید به تمام بینش‌هایی که خلق کرده‌اید دست یابید، یکی از خوش‌شانس‌ترین افراد جهان هستید و باید به تلاش و کوشش خود افتخار کنید. اما شکست بینش شما و نرسیدن به هیچ یک از آنها هرگز نباید امری بد یا منفی تلقی شود. شجاع بودن، مصمم بودن و تلاش برای رسیدن به بینشْ موفقیتی بزرگ است. شکست فقط به این معنی است که می‌توانید از نو شروع کنید.

زندگی‌ام در کودکی مرا از جایی به جایی دیگر برد. من از ایران به افغانستان رفتم، چندین بار از پاکستان و هند دیدن کردم، به ایران برگشتم و به کمپ پناهندگان در پاکستان رفتم و در آنجا ماندم تا اینکه توانستم زندگی جدیدی را در کانادا شروع کنم. همه‌ی این تغییرات در زندگی من روی رؤیاها و اهدافی که داشتم تأثیر گذاشتند. با وجود اینکه بینش‌هایی داشتم که شیفته‌شان بودم و می‌خواستم آنها را دنبال کنم، اما زمان می‌گذرد و اولویت شما با بزرگتر شدن تغییر می‌کند.

وقتی جوان‌تر بودم، می‌خواستم یک بازیکن حرفه‌ای فوتبال بشوم، اما چیزهای زیادی وجود داشت که مانع از رسیدن من به این بینش شد. عشق من به فوتبال از زمانی که دانش‌آموز دبستانی بودم در من وجود داشت. بچه‌های فامیل و هم‌محله‌ای‌هایم را در حال بازی می‌دیدم و آرزو داشتم به آنها ملحق شوم. متأسفانه، این بینشی بود که والدینم با آن مخالف بودند. آنها نمی‌خواستند که فوتبال بازی کنم، زیرا نگران سلامتی و آسیب‌هایی بودند که ممکن بود متحمل شوم و در عین حال از تحصیل هم باز می‌ماندم.

با وجود اینکه والدینم مخالف این بینش بودند، اما فوتبال چیزی بود که من به آن علاقه داشتم و رؤیایی بود که می‌خواستم بدون توجه به هزینه‌هایش برای رسیدن به آن تلاش کنم. بنابراین، هر وقت می‌توانستم فوتبال بازی می‌کردم، حقیقت را از والدینم پنهان می‌ساختم، یا از فرصت بازی در زنگ ورزش مدرسه استفاده می‌کردم.

هر وقت می‌دیدم همسالانم فوتبال بازی می‌کنند، حسادت می‌کردم و عصبانی می‌شدم. من از شرکت در بازی منع شده بودم و این مسئله که می‌دیدم دیگران اینقدر آزادانه

بازی می‌کنند ناراحتم می‌کرد. این احساسات به تمایل من برای انجام کاری در مورد موقعیتی که در آن بودم دامن زد. از آنجایی که نمی‌توانستم کاری را که دوست داشتم بدون مخالفت آشکار با والدینم انجام دهم، آرزوی درونی برای تبدیل شدن به یک بازیکن فوتبال حرفه‌ای تا حد زیادی توسعه یافت. آرزوهایم را کنار نگذاشتم، به این امید که روزی بتوانم بینشی را که پرورش داده بودم محقق کنم.

در سال ۱۳۶۴ در سن شانزده سالگی مجبور به ترک خانواده‌ام و فرار از ایران به پاکستان شدم. دو سال را به عنوان پناهنده با هزاران پناهنده‌ی دیگر گذراندم. اگرچه دوری از خانواده و محاصره شدن در میان افرادی که نمی‌شناختم بسیار سخت بود، اما احساس آزادی‌ای می‌کردم که هرگز در کنار والدینم تجربه‌اش نکرده بودم. احساس می‌کردم بالاخره آزادم تا هر کاری که دلم می‌خواست انجام دهم.

زندگی به عنوان یک پناهنده بسیار دشوار بود، و با وجود اینکه دوستان زیادی در آنجا پیدا کردم، دورانی پر از سردرگمی بود و همه مشتاق بودند تا از آن وضعیت خارج شوند. با این حال، بزرگترین لذتی که در آن مدت در زندگی‌ام یافتم، آزادی بازی فوتبال با دیگر پناهندگان و افراد محلی بود. اکثر آنها خیلی از من بزرگتر بودند و به دلیل فاصله‌ی سنی و عدم تجربه‌ام، خیلی وقت‌ها به من اجازه‌ی بازی نمی‌دادند.

مسابقات سازماندهی‌شده از سوی پناهندگان – ۱۹۸۷

دوره‌ی پناهندگی در سال‌های ۱۹۸۶-۸۷

داشتن اشتیاق زیاد برای چیزی سخت بود، اما اجازه نداشتن برای دنبال کردن آن سخت‌تر. حتی در مواقعی که در بین دوستانم بازی می‌کردم، به دلیل جثه‌ی بدنی کوچک‌تر، برای حضور در تیم انتخاب نشدم. کنار گذاشته شدن دردناک است. من

سال‌ها این ورزش را مطالعه کرده بودم و می‌دانستم اعتماد به نفسی دارم تا بهتر از همسالانم باشم.

باید چند سال دیگر صبر می‌کردم تا بتوانم بینش خودرا برای تبدیل شدن به یک بازیکن حرفه‌ای فوتبال وسعت ببخشم. در هفده سالگی از اردوگاه پناهندگان خارج شدم و به کانادا رفتم. وقتی زندگی جدیدم را شروع کردم، مشتاق بودم بالاخره رؤیاهایم را محقق کنم. توانستم آنطور که می‌خواهم در جایی که هیچ‌کس به من نمی‌گوید که به اندازه‌ی کافی خوب نیستم، با آزادی فوتبال بازی کنم. توانستم از نظمی که در درونم یافتم بهره ببرم و آن‌را به دنیای بیرونی‌ام بیاورم.

من تمام دنیا، زندگی و آزادی‌ام را در مقابلم داشتم که ساختن‌شان بر عهده‌ی خودم بود. خیلی امید داشتم و رؤیاهایم ملموس بودند. در مدت زمانی بسیار کوتاه، تا جایی که توانستم فوتبال تمرین کردم و به مطالعه پرداختم. برای بازی در تیم دانشگاهی در دانشگاهم انتخاب شدم و سپس برای لیگ مونترال بازی کردم. بالاخره داشتم به سمت هدفی که از بچگی آن‌را در وجودم باقی نگه داشته باشم و برایش برنامه‌ریزی کرده بودم قدم برمی‌داشتم. بازی در دانشگاه برای تیم دانشگاهم دریچه‌ای بود که فرصتی را پیش رویم گذاشت تا در سطحی بالاتر و در لیگی حرفه‌ای بازی کنم.

من کاپیتان تیم فوتسال دانشگاهم بودم و ۳ سال پیاپی در مونترال کانادا قهرمان شدیم. ضمناً به اردوی تابستانی تیم ملی فوتبال مردان کانادا دعوت شدم، اما به دلیل اختلافات داخلی در لیست نهایی قرار نگرفتم. چند سال بعد، پس از ریکاوری طولانی مدت از مصدومیت، فرصت دیگری برای رسیدن به هدفم یافتم. برای تکمیل دکترای خود به انگلستان نقل مکان کرده بودم و به عنوان عضوی از تیم اول دانشکده‌ی خود در کمبریج انتخاب شدم. در آن زمان سی و یک ساله بودم و یکی از مسن‌ترین بازیکنان تیم به شمار می‌رفتم. علی‌رغم اینکه چیزهای زیادی علیه من در جریان بودند، اما همچنان برای رؤیاهایم تلاش می‌کردم که البته با بزرگ‌تر شدن دورتر و دورتر می‌شدند.

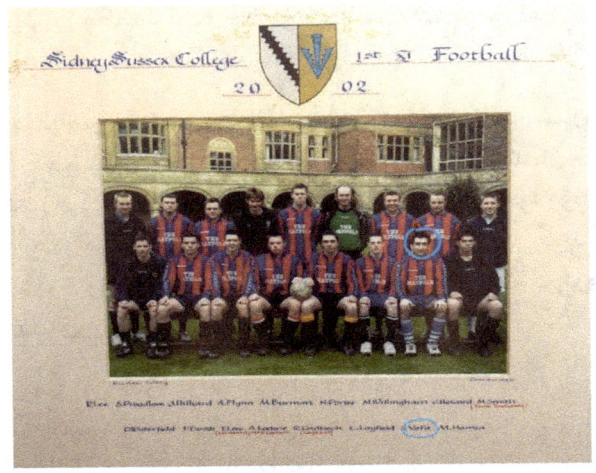

دانشکده‌ی سیدنی ساسکس، دانشگاه کمبریج - ۲۰۰۲

اکنون که به گذشته نگاه می‌اندازم، آرزو می‌کنم که ای کاش تشویق و فشار لازم برای ادامه‌ی رؤیایم را از کلگردان‌های زندگی‌ام می‌داشتم. بدون کلگردان‌هایی که به پرورش رؤیاهایتان کمک کنند و مشوق شما برای رسیدن به اهدافتان باشند، دستیابی به آنها دشوار است. اگرچه افرادی را داشتم که از من حمایت می‌کردند، اما فوتبالیست حرفه‌ای بودن یکی از بزرگترین آرزوهای من و بینشی بود که به صمیمی‌ترین کلگردان‌ها نیاز داشت. در تمام سال‌های اقامتم در کانادا و زمانی که برای ادامه‌ی تحصیل به خارج از کشور رفتم، هنوز والدینم را ندیده بودم. زمانی که در انگلیس بودم و برای عضویت در تیم فوتبال انتخاب شدم، از آخرین باری که آنها را دیده بودم بیش از ده سال می‌گذشت. من بیشتر از هر کس دیگری در زندگی‌ام به آنها نیاز داشتم، اما به دلیل اتفاقات و مصائب زندگی، فرصتی برای ارتباط مجدد با خانواده‌ام پیدا نکرده بودم.

حتی اگر رؤیای بزرگی دارید و از فرصت‌ها برای رسیدن به رؤیای خود استفاده می‌کنید، به پایه‌هایی برای بینش خود نیاز دارید. ای کاش در زندگی‌ام تشویق و پرورش درست کلگردان‌ها را داشتم. ای کاش آنها شور و اشتیاق را، که می‌دانستم در وجودم هست، در من می‌دیدند، متوجه پتانسیل‌هایم می‌شدند و به من کمک می‌کردند تا تمرین کنم. با

این حال، افسوس خوردن برای آنچه که می‌توانست باشد فقط مرا عقب می‌اندازد. علیرغم شکست رؤیاهایم برای تبدیل شدن به فوتبالیستی حرفه‌ای، از شکست‌هایم چیزهای زیادی یاد گرفتم و از آنها برای ایجاد مسیرهای جدید برای آینده‌ام استفاده کردم.

با این وجود، خانواده یا دوستانم را به خاطر عدم حمایت‌شان از این بینش سرزنش نمی‌کنم. آن‌ها در جنبه‌های مختلف زندگی‌ام چیزهای زیادی به من داده بودند و به دلیل محیطی که در آن زندگی می‌کردند، نبود امنیت، آشفتگی و خشونتی که در اطرافشان وجود داشت، قادر به پرورش همه‌ی جنبه‌های بینش من نبودند. پدر و مادرم تمام تلاش خودرا کردند تا فرزندان خودرا به گونه‌ای تربیت کنند که شایسته‌ی تبدیل جهان به مکانی بهتر باشند. علیرغم موانعی که در دوران کودکی‌ام وجود داشت، آنها تربیتی‌را نثار ما می‌کردند که در حد توانشان بود.

اما از طرفی، تجربه‌ی این رویدادهای ناگوار، طرد شدن و عدم حمایت از سوی بسیاری از افراد پیرامونم، همگی به من قدرت می‌دادند. می‌خواستم به آنها ثابت کنم اشتباه می‌کنند و دلم می‌خواست بهتر از آنچه که از من انتظار داشتند یا نمی‌توانستند ببینند باشم. توانستم خودم‌را در این بینش جای دهم و به طور کامل روی انجام کاری که به آن علاقه و اعتقاد داشتم تمرکز کنم.

با وجود اینکه سخت تلاش کردم و برای رسیدن به این هدف مصمم بودم، باز هم شکست خوردم. چیزی که اوضاع‌را بدتر کرد این بود که انتظاراتی که از خودم داشتم با شکست مواجه شدند. نتوانستم آنطور که تصور می‌کردم و برنامه‌ریزی کرده بودم به اوج برسم و درک اینکه شکست خورده‌ام بسیار ناامیدم کرد. اما ناامیدی باعث نشد افکار تاریک بر زندگی‌ام چیره شوند. هر چقدر هم که پذیرفتن شکستم تلخ بود، می‌دانستم که باید ناامیدی‌را بپذیرم و به جای اینکه زیر بار آن زندگی کنم، باید راهی برای زندگی با آن پیدا کنم.

شکست، ناامیدی، ترس و عدم اطمینان بخشی از سفری هستند که در زندگی‌مان طی می‌کنیم، و با پذیرش آنها

می‌آموزیم که انعطاف‌پذیر و مصمم باشیم و تبدیل به فردی کوشاتر و شجاع‌تر شویم.

گاهی اوقات دلایلی وجود دارد که شکست می‌خورید و بینش شما آنطور که برنامه‌ریزی کرده بودید و امیدوار بودید که پیش برود شکل نمی‌گیرد. به دلیل عوامل طبیعی، سبک زندگی، تغییرات در زندگی، دخالت خانواده و بسیاری موارد دیگر، بینش شما همیشه هم تحت اختیارتان نیست. عواملی در زندگی شما هستند که خارج از کنترل‌تان هستند. یک گُل را تصور کنید. برای رشد به باران و آفتاب نیاز دارد، اما در عین حال که باران و آفتاب گل را پرورش می‌دهند، می‌توانند دلیل فرسودگی و پوسیدگی برگ‌ها یا گلبرگ‌ها نیز باشند. طوفانی سهمگین ممکن است به ظاهر گل آسیب برساند، اما گل انعطاف‌پذیر است و با گذشت زمان بهبود می‌یابد. حتی اگر زمان‌بندی رؤیایتان شما را از دستیابی به آنها باز دارد، یا عوامل دیگری در زندگی شما وجود دارند که به بینش‌تان آسیب می‌رسانند، نترسید، چون انعطاف‌پذیر و متمرکز هستید.

ما همیشه نمی‌توانیم برای آینده برنامه‌ریزی کنیم. این جاده همیشه در حال تغییر است و پیچ‌وخم‌های بسیاری دارد. کسانی که شما را در زندگی هدایت کرده‌اند نیز ممکن است کسانی باشند که شما را از رؤیاهایتان باز بدارند یا موجی برای تغییرات بزرگ ایجاد کنند. باید مراقب تغییراتی باشید که ممکن است اتفاق بیفتند.

از انعطاف‌پذیری به عنوان عاملی برای رسیدن رویاهای خود استفاده کنید و نه فقط مسیری که بعد از شکست باید طی نمایید.

رؤیاها تنها متعلق به شما نیستند که به تنهایی آنها را پیش ببرید. در حالی که شما بر اراده‌ی خود و هر دستاوردی که به دست می‌آورید، مسلط هستید، هیچ دستاورد منفردانه یا کوچکی در زندگی وجود ندارد که به تنهایی ایجاد شده باشد. همیشه عوامل و افراد دیگری در زندگی‌تان وجود دارند که در رؤیای شما نقش داشته‌اند و در این راه کمک‌تان کرده باشند. کوچکترین تعامل می‌تواند دلیل بزرگ‌ترین تغییرات در زندگی باشد.

هر کاری که در زندگی انجام می‌دهیم، دلیل و نیرویی پشت آن قرار دارد. این امر پدیده‌ای طبیعی است و هیچ‌کس نمی‌تواند آن را انکار کند. خواه آموزه‌ای از گذشته باشد، یا انتقامِ قضیه‌ای که پیش آمده، تعصبی که در طول زمان ایجاد شده، یا بسیاری از نیروهای خودآگاهانه‌ی دیگر، همیشه عاملی بیرونی بر تصمیمات شما تأثیر می‌گذارد. عمل منفردانه وجود ندارد.

ما انسان‌ها به شدت به هم وابسته‌ایم و مکمل یکدیگریم. افرادی ممکن است باور داشته باشند و ادعا کنند که همه‌ی کارها را خودشان انجام داده‌اند، و با تلاش خودشان آن چه را که هستند ایجاد کرده‌اند، اما این کار عملاً غیرممکن است. بدون هیچ عامل خارجی یا ثانویه‌ای برای به دست آوردن چیزی که آرزوی انجامش را داشته‌اید، اتفاق شکل نمی‌گیرد. حتی رؤیاهایی که در سر می‌پرورانید، از سؤالاتی که در مورد دنیای اطرافتان پرسیده‌اید به وجود آمده‌اند. سپس این پرسش‌ها به مشاهده‌ای دقیق در مورد دنیایی تبدیل می‌شوند که شما را به انجام کاری در زندگی سوق می‌دهند. نیروهایی هستند که بر شما تأثیر می‌گذارند، همانطور که شما با ایجاد بینش بر آنها اثر می‌گذارید.

با در نظر گرفتن این موضوع، حتی اگر بینش خودرا پرورش دادید و در نهایت شکست خوردید یا بینش خودرا تا آخر پیش نبردید، باید به اینکه چقدر پیشرفت کرده‌اید افتخار کنید. زمانی که صرف مطالعه، برنامه‌ریزی، و تغییر زندگی خود برای تکمیل بینش خود کردید، بیهوده نبوده. اگرچه چیز مهمی را در زندگی خود از دست داده‌اید، اما به یاد داشته باشید که حتماً سهمی از آن را به دست آورده‌اید. گیریم که راز هستی در این قضیه نهفته نباشد، اما دانستنش به غنای زندگی کمک می‌کند.

اگر زندگی تاریک به نظر می‌رسد و آسمان در تاریکی فرو می‌رود، به یاد داشته باشید که فردا روز دیگری است. خورشید دوباره طلوع خواهد کرد و آسمانِ تاریک دیروز چیزی جز خاطره نخواهد بود - درسی برای آینده‌ی شما. تاریکی پایان کار نیست، بلکه فصل جدیدی در زندگی‌تان خواهد بود. وقتی شکست خوردید دوباره شروع کنید. وقتی بینش شما از بین رفت، آنچه را که پرورش داده‌اید دوباره بسازید و آن را به موردی بزرگ‌تر و بهتر تبدیل کنید. اگر شجاعتش را داشته باشید و به فراسوها نگاه کنید، طلوعِ کاملاً جدیدی را خواهید دید که در آن فرصت‌ها و علایق جدید شکوفا می‌شوند. هرگز بینش خود را کنار نگذارید یا آن را رها نکنید؛ بیندیشید و بینش جدیدی بیافرینید. کتاب را نبندید، فصل بعدی در انتظار شما است.

فصل ۴

مقصد نهایی

هنگامی که شروع به ساختن بینش و رؤیای خود کردید، قدم‌هایی را باید بردارید تا سرعت خود را حفظ کنید و تمرکز خود را از دست ندهید.

> «زیرا که دیروز یک رؤیاست و فردا یک بینش. اما خوب زندگی کردنِ امروز، هر دیروز را به رؤیای خوشبختی تبدیل می‌کند و فردا را به بینشی از امید.»
>
> -ناشناس، ادبیات کهن بودایی

شما رؤیاهای خود را با پرسش در مورد جهان پرورش می‌دهید. جرأت داشته باشید و در مورد جامعه، ساختار زندگی و دنیای اطراف خود کنجکاو باشید. وقتی نوبت به رؤیاپردازی می‌شود دریغ نکنید؛ دنیا همان چیزی است که شما آن را می‌سازید و وظیفه‌ی شماست تا آن را درک کنید. اگرچه شما باید بینش خود را ایجاد کنید، اما این امر چیزی نیست که به تنهایی برای رسیدن به آن تلاش کنید. افراد زیادی در زندگی وجود دارند که از شما حمایت می‌کنند و مسیرتان را به سمت دستیابی به بینش روشن می‌سازند. کسانی را دنبال کنید که شما را به سمت عظمت هدایت می‌کنند، نه کسانی که تلاش می‌کنند تا تمام زحمات‌تان را از بین ببرند. از شک و تردیدی که با آن مواجه خواهید شد به عنوان ابزاری برای ارتقاء و دستیابی به داشته‌های بیشتر استفاده کنید.

در حالی که داشتن بینش ممکن است کاری دلهره‌آور به نظر برسد، ولی از احتمالات آینده‌ی خود فرار نکنید. افراد زیادی هستند که جرأت رؤیاپردازی را داشته‌اند اما شهامت ادامه‌ی سفر را نه. کسی باشید که راه را برای آینده‌ای روشن‌تر برای کسانی که

دنبال‌تان خواهند کرد هموار می‌سازد. دنیا به روی شما گشوده خواهد شد، اگر که فقط تلاش کنید.

شکست ممکن است اجتناب‌ناپذیر باشد، اما انعطاف‌پذیری را در افق حفظ کنید و بر روی موقعیت‌هایی که با آن مواجه می‌شوید تمرکز کنید. فقط یک رؤیا را پرورش ندهید، بلکه تا آنجایی که علایق شما اجازه می‌دهند، بینش‌های زیادی بکارید. اگر دری بسته شد، به این معنی نیست که درهای دیگری وجود ندارند که بتوانید واردشان شوید. از دانشی که با دنبال کردن یک رؤیا به دست آورده‌اید استفاده کنید تا پایه و اساس رؤیایی جدید باشد.

برای رؤیاپردازی ورای داشته‌های امروز، دو مورد وجود دارد که باید به خاطر بسپارید. اولاً باید تمرکز داشته باشید. رهسپار شدن به سوی یک بینش، سفری مادام‌العمر است که باید در طول مسیر آن را پرورش دهید. ثانیاً، هیچ وقت برای رسیدن به رؤیاهای بزرگ دیر نیست. تعلل نکنید، زیرا هرگز نمی‌دانید که آینده چه خواهد شد.

«من به تنهایی نمی‌توانم دنیا را تغییر دهم، اما می‌توانم سنگی درون
آب بیندازم تا موج‌های زیادی ایجاد کنم.»

-مادر ترزا

زندگی همچون پرتاب سنگی از انتخاب‌هایی است که انجام می‌دهید و این امواج بر دیگران در طول زندگی‌شان نیز اثر می‌گذارند. همانطور که قبلاً گفتیم، هر کسی بینش خود را دارد، و فیلمنامه‌ی خود را پیش می‌برد. شما به همان اندازه که برای فیلمنامه‌ی خود نقش‌آفرین هستید، به عنوان کارگردان در فیلمنامه‌ی دیگران نیز نقش دارید.

عزم، برنامه‌ریزی، حفظ ایمان و اقدام، عوامل مهمی هستند که باید هنگام پیش‌برد بینش خود و ایجاد آینده‌تان در نظر داشته باشید.

عزم

عزم راسخ کلید بزرگی برای دستیابی به اهداف شماست. در مورد رؤیاهایتان مصمم باشید، تا روزی به واقعیت تبدیل شوند. به عبارت دیگر، هر رؤیایی که تصورش را

دارید، چه بزرگ و چه کوچک، در ابتدا اطمینان حاصل کنید که مصمم هستید تمام آنچه را که دارید برای تحقق آن مصرف کنید. در غیر این صورت، رؤیایتان شما را به جایی نمی‌رسانند. صرفاً فکر سنگینی خواهند بود که باید با خود حمل کنید.

اشتیاق و ولعِ شما اصول موفقیت‌تان در دستیابی به رؤیاهایتان هستند. آنها آتش را در درون‌تان روشن نگه می‌دارند و موجب می‌شوند تمرکز خودرا از دست ندهید. افرادی که بدون توجه به فشاری که با آن روبه‌رو هستند تسلیم نمی‌شوند، کسانی‌اند که از مزیت ذهن قوی‌تر و اراده‌ای پولادین برخوردارند. حتی اگر عزم تزلزل‌ناپذیری داشته باشید و نتوانید به هدف خود برسید، بدون شک به آینده‌ای دست خواهید یافت که سطح قدرت ذهنی شما را نشان می‌دهد.

هر انسانی از توانایی‌ای برخوردار است؛ مثلاً در زمینه‌های هنر، ورزش، علم، قدرت بدنی، پشتکار و غیره. با این حال، رها کردن پتانسیلی که در درون همه‌ی ما وجود دارد، بستگی به این دارد که چگونه استعداد ویژه‌ی درون‌را هوک کرده، از آن استفاده کنیم و آن‌را به بیرون هدایت نماییم. همیشه فرصت‌هایی وجود خواهند داشت که سر راهتان قرار بگیرند. اگر به اندازه‌ی کافی به بینش خود علاقه ندارید، احتمال از دست دادن فرصت‌ها بسیار زیاد است.

اگرچه شکست در راه رسیدن به بینش‌تان صرفاً به فرصت‌هایی که به شما خوش‌آمد می‌گویند بستگی ندارد، اما آنها نقطه‌هایی محوری در دستیابی به رؤیاهایتان هستند. شما هرگز نمی‌دانید که چه فرصتی در راه است تا بیشتر در بینش خود کاوش کنید. بدون تصمیم‌گیری مناسب، تلاشی که صرف رسیدن به بینش می‌شود می‌تواند دشوارتر یا زمان‌بر باشد. آماده بودن برای فرصت‌ها و داشتن شجاعت برای پیش رفتن و به دست آوردن آنها می‌تواند بزرگترین تفاوت بین شکست و موفقیت باشد.

برنامه

در حالی که عزم بسیار مهم است، اما برای هدایت بینش شما به سمت موفقیت کافی نیست. داشتن برنامه همیشه ایده‌ی مفیدی است و البته منظور برنامه‌ی خوب است. با این حال، توجه به این نکته ضروری است که این مرحله برای هر بینشی متفاوت

است و از فردی به فرد دیگر فرق می‌کند. یک «برنامه‌ی خوب» برای من ممکن است با برنامه‌ی خوب شما متفاوت باشد. همانطور که بینش شما به محیطی که در آن بزرگ می‌شوید، خانواده‌ای که دارید، افرادی که پیرامون‌تان هستند و ذهنیت جامعه و فرهنگ شما بستگی دارد، برنامه‌ی شما نیز تحت تأثیر همین موضوعات قرار می‌گیرد. فردی که در خاورمیانه و آفریقا به دنیا آمده و بزرگ شده، برنامه را متفاوت از افرادی از آلمان یا ژاپن می‌بینند. آن عده که با تحمل سختی و دیدن خونریزی‌ها بزرگ شده‌اند، ممکن است بیشتر نگران چگونگی زندگی هر روزه باشند تا برنامه‌ریزی برای آینده. آنها ممکن است به روشی نه چندان سیستماتیک و سنتی برنامه‌ریزی کنند، اما همچنان می‌توانند به اهداف خود برسند و در نهایت به موفقیت و نتایج دلخواه دست یابند.

در واقع، در طول قرن گذشته، افراد شناخته‌شده‌ی زیادی در سطح جهانی وجود داشته‌اند که به آرزوهای بزرگ دست یافته‌اند، افرادی که از مکان‌هایی آمده‌اند که سختی‌ها در آنجا اجتناب‌ناپذیر بوده، یا در مقطعی از زندگی خود ناعدالتی‌های زندگی را تجربه کرده‌اند. این افراد همچون آنهایی که در جوامع مترقی و آسوده زندگی می‌کنند و با در اختیار داشتن تمام امکانات زندگی شکوفا می‌شوند، در مقابل دشواری‌ها ایستادند و با هر آنچه داشتند برای رؤیاهای خود جنگیدند.

فردی که در رفاه بزرگ شده و به امکانات زندگی دسترسی داشته و از حمایت کامل سرپرستان و همسالان خود برخوردار بوده، احتمالاً به روشی متفاوت و ساختارمندتر برنامه‌ریزی می‌کند. این فکرها که فردا زنده خواهم ماند؟ یا چقدر باید برای رسیدن به رؤیاهایم ریسک کنم؟ ممکن است به ذهن کسی که در آسایش و امنیت زندگی می‌کند خطور نکند.

وقتی زندگیِ یک پدر فلسطینی، یک مادر افغان یا یک بچه‌ی سوری را که از بدو تولدشان تلاش کرده‌اند و هیچ روزی آرامش و زندگی عادی ندیده‌اند گذرانده باشید، برنامه‌ریزی روزانه را درک نخواهید کرد. نحوه‌ی زیست و بینش آنها نسبت به زندگی به طور مشخص با افرادی که در کشورهای صنعتی و توسعه‌یافته زندگی می‌کنند متفاوت است. اگرچه بسیاری از این افراد آموزش مستقیمی دریافت نکرده‌اند، اما بینشی عالی دارند که نباید با برنامه‌ی ساده‌شان قضاوت شوند. این اشتیاق و استقامت‌شان در گذشته است که آنها را قوی و اراده‌شان را نفوذناپذیر می‌کند.

با این وجود، هیچ برنامه‌ی کاملی وجود ندارد. چه از یک زندگی راحت برخوردار باشید و چه در زندگیْ سختی متحمل شوید، از غرایز طبیعی و اعتماد به نفس خود پیروی کنید و بگذارید عزم شما نیروی محرکه‌ی بینش شما باشد. میلیون‌ها انسان موفق و کارآمد بر روی این سیاره وجود دارند که در محیط‌های نه چندان مساعد بزرگ شده‌اند. مهم نیست در کجای جهان زندگی می‌کنید، بدانید که تنها نیستید. فقط به این دلیل که ممکن است برنامه‌ی شما با برنامه‌ی دیگری متفاوت به نظر برسد، به این معنا نیست که ارزش شانس شما برای موفقیت متفاوت است.

حفظ ایمان

«زمان و سرنوشت ضعیف‌شان ساختند، اما اراده‌ای قوی داشتند تا تلاش کنند، به جستجو بپردازند، بیابند و تسلیم نشوند».

اولیس- آلفرد لُرد تنیسون

با حفظ ایمان نسبت به تصمیم و برنامه‌ی خود، حرکت رو به جلو به سمت هدف‌تان آسان‌تر خواهد بود. امید خودرا از دست ندهید و تسلیم نشوید. زمان‌هایی می‌آیند که زمین می‌خورید و بهبودی پس از سقوط ممکن است سخت باشد، اما بخشی از سفر شما به سمت بینش‌تان را تشکیل می‌دهد. حتی اگر برنامه‌هایتان آن چیزی نباشد که انتظارش‌را داشتید یا اطرافیان‌تان به طور غیرمنتظره‌ای شمارا سرخورده کردند، امیدی برای آینده وجود دارد.

دنیای شما فقط به این دلیل که نقشه‌تان شکست خورده به پایان نمی‌رسد. گاهی اوقات باید رها کنید و فصل جدیدی را با اشتیاق و اراده‌ی بیشتر آغاز کنید. در زندگی چیزهای بیشتری از آنچه امروز ممکن است ببینیم وجود دارد.

از اینکه فراتر از انتظارات خود بروید و به غریزه‌ی خود ایمان داشته باشید نترسید. باور کنید که تنها نیستید و به یاد داشته باشید که هر طوفانی لزوماً یک رنگین‌کمان به وجود نمی‌آورد، اما بعد از هر طوفانی آسمان آبی خواهد شد.

هرچه بیشتر زمین بخورید، بهتر خواهید شد. از شکست‌های خود درس بگیرید و ایمان خود را در برابر موانعی که می‌خواهند شما را به عقب برگردانند از دست ندهید. با تمرین، هم از نظر روحی و هم از نظر جسمی، قوی‌تر می‌شوید. اگر دستیابی به بینش آسان بود، همه با خوشحالی زندگی می‌کردند و از منظر خودشان موفق بودند. به مسیرتان اعتماد کنید و بدانید که پس از یک روز بارانی، خورشید خواهد درخشید.

اقدام

اقدام و رفتاری که در هنگام مواجهه با تاریکی انجام می‌دهید، بینش شما را زنده می‌کند. برای یک هنرمند، رؤیا چیزی است که آن‌را فراتر از خلق یک اثر هنری تصور می‌کنید. برای یک سرآشپز، رؤیا از جوانه‌های خوش طعمی سرچشمه می‌گیرد که مشتاق خلق دستور پختی هستند که مصرف‌کننده‌را به دنیایی دیگر ببرند. شاید برای یک مهندس، رؤیا با ساختن ماشینی برخلاف هر چیزی که تا به حال ساخته شده تعریف شود. یک اخترفیزیکدان آرزو دارد فراتر از سیاره‌ی خودمان برود تا در جای دیگری در کیهان به جستجوی حیات بپردازد. خلاقیت بی‌حدوحصر، کلید گشودن بینش ماست، تنها کاری که باید انجام دهیم این است که آن‌را به چنگ آوریم.

همه نمی‌توانند هنرمندی بزرگ شوند، اما هنرمندان بزرگ می‌توانند از هر جایی آمده باشند.

اقدام برای موفقیتِ بینش شما بسیار حیاتی است، زیرا مسیر و سفری را که در طول زندگی خود طی کرده‌اید کامل می‌کند. بدون اقدام، هر کاری بی‌فایده است و هیچ ثمری در ادامه دادن وجود ندارد. به این ترتیب، بینش شما برای آینده‌تان چیزی بیش از یک

شکست بدون شروعی جدید نیست. مهم نیست که چقدر سخت است به جلو حرکت کنید، اقدام بخشی ضروری از بینش شما است.

هر یک از ما رؤیای منحصربه‌فردی داریم، اما ایجاد بینش هدفی مشترک بین همه‌ی ما است. وقتی بتوانیم بینش خود را حفظ کنیم، برای آن برنامه‌ریزی کنیم، عزم خود را جزم کنیم و ایمان خودرا از دست ندهیم، عبور از پلِ موفقیت مانند نفسی تازه است. به کسی مبدل می‌شوید که موفق شده، و سخت تلاش کرده تا چیزی‌را از بر اساس یک رؤیا خلق کند.

دست به کار شوید و اجازه ندهید که نگرانی‌ها بر مسیری که در آن هستید تأثیر بگذارند. محتاط بودن شرط عقل است، اما درست هم نیست که اجازه دهید ترسْ شما را از اقدام بازدارد. مهم نیست چقدر مصمم هستید، چقدر برنامه‌ریزی می‌کنید، یا چقدر کم به بینش خود پایبند هستید، اگر اقدامی نکنید، هیچ اتفاقی نمی‌افتد. دنیایی را در درون خود پرورش دهید که به رؤیاها و بینش شما اجازه می‌دهد شکوفا شوند، اما دنیای بیرون‌را نادیده نگیرید.

هر قدم به سمت بینش یک خطر است. بسته به موقعیت شما، صِرف داشتن بینش و رؤیا می‌تواند یک خطر باشد. تجربه‌ی هر کس متفاوت است و اقداماتی که هر فرد برای تحقق رؤیاهای خود باید انجام دهد تفاوت می‌کند، اما بدون شک اقدامْ برنامه‌ای مصمم است که برای بینش خود پیش می‌برید، با ایمان کامل به اینکه خواهید توانست، و موفق خواهید شد.

وضعیتی که در آن قرار دارید اهمیتی ندارد. مهم نیست که چقدر بینش یا برنامه‌ی شما در مقایسه با دیگران متفاوت است. مهم نیست چقدر دنیا تاریک است یا چند صدا به شما می‌گویند که موفقیت امکان‌پذیر نیست. با وجود همه‌ی این موارد موفقیت ممکن خواهد شد. تنها کاری که باید انجام دهید این است که اقدام کنید.

بازیکن بزرگ فوتبال، پله، را به عنوان نمونه‌ای از اقدام و بینش خوب در نظر بگیرید. پله در سال‌های فعالیتش «پادشاه فوتبال» نامیده می‌شد، اگرچه در شروع اصلاً این گونه نبود. او یک چهره‌ی ورزشی افسانه‌ای بود که خیلی‌ها به او نظر می‌افکندند، نه فقط به خاطر مهارت‌های شگفت‌انگیز فوتبالی‌اش، بلکه به خاطر شباهتی که از نظر پیشینه و سفر با خیلی‌ها داشت.

دوران کودکی پله که در فقر گذشته بود، با مشاغل عجیب و غریبِ مختلفی گره خورده بود؛ هر کاری که برای کسب درآمد اضافی لازم بود انجام می‌داد. در آغاز راه، او حتی توانایی خرید یک توپ فوتبال مناسب را نداشت، اما این امر مانع از آن نشد که از رؤیاهایش دست بکشد. جورابی را برمی‌داشت، درونش را با روزنامه پر می‌کرد و اطرافش را با نخ یا پوست گریپ فروت می‌بست.

یکی از کارگردان‌های اصلی زندگی پله پدرش بود که به او فوتبال یاد داده بود. پله سپس در دوران جوانی خود برای تیم‌های آماتور مختلفی بازی کرد. آغاز راه او با مشکلات و مشقات بسیاری همراه بود رؤیاهای او بزرگ بودند، اما عزم او نیز چنین بود. همه آنقدر خوش‌شانس نیستند که به رؤیاهای خود به اندازه‌ی پله برسند، اما او همچون نوری است در تونلی تاریک. امیدبخش است.

عزم و تلاش پله فرصت‌های زیادی را برای او ایجاد کرد. او به تیم ملی برزیل پیوست و به آنها کمک کرد تا در جام جهانی ۱۹۵۸، ۱۹۶۲ و ۱۹۷۰ قهرمان شوند -رکوردی در میان بسیاری رکوردهای دیگر که تا به امروز هیچ‌کسِ دیگری به آن نرسیده است. در میان جوایز و نامزدی‌های افتخاری فراوان، او در سال ۱۹۹۲ به عنوان سفیر سازمان ملل در زمینه‌ی محیط‌زیست، سفیر حسن نیت یونسکو در سال ۱۹۹۵ و فوتبالیست و «ورزشکار قرن» از سوی کمیته‌ی بین‌المللی المپیک در سال ۱۹۹۹ معرفی شد.

این فوتبالیستِ سرشناس رؤیاهایش را باور کرده بود و نه تنها آنها را برآورده کرد، بلکه خود ستاره‌ای شد و درخشید. زندگی موفقیت‌آمیز و فوق‌العاده‌ی او نمی‌توانست برایش آسان به دست بیاید. هر تصمیمی که برای رسیدن به هدف خود می‌گیرید، خطراتی به همراه دارد. گاهی اوقات این خطرات ارزش عواقبش را ندارند، اما گاهی اوقات به روش‌هایی بیشتر از آنچه تصور کنید نتیجه می‌دهند.

همه نمی‌توانند به رؤیاهای خود برسند. مهم نیست چقدر برای آنها تلاش می‌کنید، همیشه احتمال شکست وجود خواهد داشت، که دلیلش هم سرسختی‌های زندگی است. با این حال، آینده غیرقابل پیش‌بینی است و آنچه امروز ممکن است نادرست به نظر برسد، فردا می‌تواند حقیقت قلمداد شود. نگذارید از اینکه اقدام نکردید پشیمان شوید. تلاش کردن و شکست خوردن بهتر از این است که اصلاً تلاش نکنید.

مهم نیست اهل کجا هستید، زندگی شما چقدر بی‌رحمانه یا آسوده است یا نیست. اگر بینشی بسازید و کاملاً مصمم باشید و آماده شوید تا برای آینده‌ی خود بدون از دست دادن امید بجنگید، به بینش خود نزدیک می‌شوید و به چیزهایی در زندگی خواهید رسید که هرگز تصورش را نمی‌کردید.

داشتن بینشْ زندگی شما را رنگارنگ‌تر می‌کند. آن را با فرصت‌های امید و رؤیاها می‌آراید و قسمت‌های خالی زندگی‌تان را با رنگ‌هایی فراتر از تصورتان رنگ‌آمیزی می‌کند. جهان دارای تعداد بی‌پایانی از رنگ‌ها است و داشتن بینش تنها یک راه برای تبدیل رنگ‌های خاکستری زندگی‌ای نامطمئن به چیزی بامعنا و هدفمند است. بینش به زندگی‌تان رنگ می‌بخشد، اما اهمیت زندگی بر این واقعیت‌ها متمرکز است که کجا به دنیا آمده‌ایم، چگونه زندگی می‌کنیم و در چه وضعیتی از این دنیا می‌رویم. اینها اصلی‌ترین عوامل در زیست و رفاه ما هستند. اما مهم‌تر از هر چیزی این است که کاری کنیم تا به عنوان انسانی شایسته از ما یاد شود، بتوانیم به دیگران نیکی کنیم و در مجموع فردی خوب شناخته شویم. فراموش نکنید که چه کسی هستید و چه کارگردان‌هایی در زندگی شما نقش داشته‌اند. آنها را به عنوان گنج زندگی در نظر بگیرید و هر دست‌اندازی که در مسیرتان قرار گرفت، از آن به عنوان تجربه‌ای ارزشمند یاد کنید.

فعالیت فکری

نکات کلیدی‌ای که از قسمت اول برداشت کردید یادداشت کنید.

۱. رؤیاهای من چه چیزهایی هستند؟

۲. برای ساختن رؤیاهایم چه کاری می‌توانم انجام دهم، تا در نتیجه ارزش جنگیدن برایشان را داشته باشند؟

۳. کارگردان‌های کلیدی زندگی من چه کسانی هستند؟

۴. چه چیزهایی و چه کسانی رؤیا/بینش من را کم‌رنگ می‌کنند؟ چگونه باید نظرات آنها را پیاده کنم تا به جای اینکه رؤیاهایم را از بین ببرند، توانمندشان کنند؟

۵. چگونه در راه رسیدن به رؤیای خود مصمم بمانم؟

۶. چه برنامه‌هایی برای رسیدن به بینش خود دارم؟

۷. اگر ایمان به رؤیای خود را از دست بدهم چه خواهم کرد؟ روزنه‌ی امید من چیست؟

۸. چگونه می‌توانم رؤیاهای خود را شکل دهم و سپس آن‌ها را عملی کنم؟

بینش به درون می‌آید و به بیرون گسترش می‌یابد- زندگی خود را مدام و مدام رنگ‌آمیزی کنید! جرأت داشته باشید تا در مورد دنیای اطرافتان سؤال بپرسید، موفقیت‌هایتان را

به خاطر داشته باشید و از شکست نهراسید. زندگی همان چیزی است که شما آن را می‌سازید. هر آنچه که می‌توانید امروز انجام دهید، زیرا تلاش‌های دیروز پایه‌های سازنده‌ی فردا هستند.

بخش دوم

ارزش به خویشتن - قدر دانستن عزیزان

امید

فصل ۱

ارزش زندگی – غنیمت بدانید و از دستش ندهید

نوسانات جهان همانند رنگین‌کمانِ پس از طوفان، یا باغ گلی است که به فراسوهای افق می‌رسد. هر ملتی رنگ متفاوتی به زیباییِ کلیِ این جهان می‌دهد. اقوام، مذاهب، نژادها، زبان‌ها، سنت‌ها، فرهنگ‌ها، اینها تنها بخشی از مواردی‌اند که زندگی را زیباتر می‌سازند. تفاوت‌هایی که در جهان وجود دارد و با عبور از مرزها یا اقیانوس‌ها تغییر می‌کند، چیزی است که جهان را به شکل مجموعه‌ای از رنگ‌ها مبدل می‌سازد.

اگر جهان چیزی جز سیاهی یا سفیدی نبود چه اتفاقی می‌افتاد؟ آیا اگر رنگین‌کمان فقط از یک رنگ تشکیل شده بود، همچنان زیبا به نظر می‌رسید؟ اگر در یک باغ گل چیزی جز علف‌های هرز نروید، آیا همچنان همان عظمتش را حفظ می‌کند؟

ما همان چیزی هستیم که زندگی و دنیای اطراف‌مان را رنگ می‌کند. هر چیزی را که لمس می‌کنیم، هر کاری که انجام می‌دهیم، نقشی در تبدیل جهان به رنگین‌کمان یا باغ گل دارد. ما همه رنگ‌های زندگی هستیم و در کنار هم زندگی می‌کنیم تا این جهان را زیباتر کنیم. همانطور که در زندگی گل‌گردان‌هایی داریم که بینش ما را هدایت می‌کنند، ما هم رنگ‌هایی هستیم که به اطرافیانمان امید می‌بخشیم، و بالعکس، رنگ‌هایی که دیگران در درون خود دارند به ما امید می‌دهند، امیدی که برای حرکت رو به جلو به آن نیاز داریم.

«امید یعنی توانایی مشاهده‌ی نور، به‌رغم همه‌ی تاریکی‌ها».

- دزموند توتو

هر انسان نوری است که دیگران در انتهای تونلی تاریک می‌یابند. ما هرگز نمی‌توانیم قاطعانه بدانیم که به چند نفر در سفر خود در زندگی کمک کرده‌ایم و اثربخش بوده‌ایم.

افرادی هستند که ممکن است فقط به خاطر حضورتانْ قدردانتان باشند. گاهی باصِرف حضور، می‌توانید روشنایی را به زندگی دیگران بیاورید. شاید هنوز متوجهش نشده باشید، اما چنین چیزی وجود دارد.

زندگی نباید فقط حرکت در سیر وقایع روزانه باشد که بخواهید مشتاقانه منتظر آخر هفته بمانید. زندگی باید هر روز هیجان‌انگیز و الهام‌بخش باشد. برای هر لحظه‌ای که زنده هستید سپاسگزار باشید و قدر زمانی را که در اختیار دارید بدانید و به یاد کسانی باشید که دیگر در زندگی شما نیستند. کسانی را به یاد بیاورید که به خاطر چیزی که به آنها گفتید یا کاری که باید انجام می‌دادید و ندادید افسوس می‌خورید. اغلب به افرادی که در زندگیتان دلتنگشان هستید فکر کنید و در دل آرزو کنید که در کنار شما باشند، رشد شما را تماشا کنند، شاهد دستاوردهای شما باشند و درد و اندوهتان را تسکین دهند. عشقی را که تجربه کردید و لحظاتی را که با این افرادی گذراندید به یاد بیاورید.

اولین باری که اهمیت زندگی را درک کردم به وضوح به یاد می‌آورم. چقدر زندگی زود می‌گذرد. آن موقع فقط ۸ سال داشتم.

دوران کودکی من تماماً در آسودگی نگذشت، و اگرچه در این میان راحتی و خوشی نیز وجود داشت، اما هر چه بزرگ‌تر می‌شدم، جهان اطرافم تاریک‌تر می‌شد. در جریان کودتای اول، نمی‌فهمیدم چه اتفاقی در حال رخ دادن است. هواپیماهایی که بر فراز سرمان عبور می‌کردند و جهانی که رو به متلاشی شدن گام برمی‌داشت، تحمل‌ناپذیر بود. در عرض چند روز متوجه شدم که کودتا چه بر جای گذاشته بود: مرگ، ویرانی، و هرج و مرج. زندگی برای میلیون‌ها نفر در افغانستان دگرگون شد. دنیای ما از دنیایی شادی و امن به دنیایی ترسناک و بی‌ثبات تغییر کرد.

اگرچه خانواده‌ی من به دلیل موقعیت پدرم به عنوان یک دیپلمات از برخی مزایا برخوردار بود، اما همچنان این ترس وجود داشت که هر لحظه ممکن است این وضعیت شکننده از بین برود. ترک خانه و گذراندن وقت در خارج از محوطه‌ی سفارت سخت‌ترین کار ممکن بود. هیچ ثباتی وجود نداشت. افغانستان دیگر جمهوری امنی نبود و مبارزه‌ای گسترده برای بقا آغاز شده بود. همه‌ی مردم در بلاتکلیفی فردای خود به سر می‌بردند.

والدینم سعی می‌کردند اطلاعاتی که به من و برادرم می‌دهند، گزینشی باشند. آنها می‌دانستند که دانستن شدت وضعیتی که در آن قرار داریم، برای کودکی ۹ ساله و کودکی نوپا تا چه حد ویرانگر است. با وجود تلاش آنها، من با چشمانی باز دنیای اطراف را می‌دیدم. اگرچه برای درک دلیل و سیاست پشت کودتا خیلی کوچک بودم، اما می‌توانستم آینده‌ی خطرناکی را که هر روز با آن روبرو خواهیم شد، پیش‌بینی کنم.

در این مدت پدرم چند بار خانه را ترک کرد تا به سفارت برود. اگرچه هر دو مکان نسبتاً امن بودند، اما مسیر غیرقابل پیش‌بینی بود. هر بار که پدر می‌رفت، نگران سلامتی‌اش می‌شدم. تصور می‌کردم که هر «خداحافظی» می‌تواند خداحافظی آخر باشد.

خیابان‌ها مملو از پلیس‌های مخفی و سربازانی بود که طرفدار دولت جدید بودند. به آنها اجازه داده شده بود تا هر کسی را که مشکوک به انگیزه‌های ضددولتی هستند، از پا در آورند. هیچ دادگاهی وجود نداشت. هر چه خودشان فکر می‌کردند درست است یا غلط، همان بود. وضعیتی آشفته و خشونت‌بار حکمفرما شده بود. هیچ کدامشان نیازی به داشتن دلیل برای توجیه اقدامات دولت جدید نداشتند.

داستان‌هایی را به یاد می‌آورم که پدرم پس از بازگشت از سفر به محل کار خود، یا بعد از ملاقات مردم در بازار، برایمان تعریف می‌کرد. آن داستان‌ها ما را تا سر حد مرگ می‌ترساندند.

او همه چیز را پس از بمباران‌هایی که چندین روز متوالی اتفاق افتاده بود، بازگو می‌کرد. خانه‌هایی که ویران شده بودند، سوراخ‌های بزرگی که در خیابان‌های شهر ایجاد شده بودند، سفارت‌خانه‌های دیگری که قربانی این بمب‌ها شده بودند. همه چیز غیرواقعی به نظر می‌رسید. نمی‌توانستم دنیایی را که او بیان می‌کرد تصور کنم، تا اینکه بیرون رفتم و تخریب پیرامونمان را با چشم خودم دیدم. یادم می‌آید بارها و بارها فکر می‌کردم که به همین راحتی خانواده‌ام ممکن بود زیر همه‌ی این آوارها باشد. ممکن بود خانه‌مان بمباران شود، یا اینکه سفارت پدرم هدف بعدی شد - عدم اطمینان از آینده در ذهنم سنگینی کرد.

اگر حتی از زندگی در آن وضعیت نمی‌ترسیدم، باز هم باورنکردنی به نظر می‌رسید که چگونه زندگی می‌تواند یک روز تا این حد عادی باشد و روزی دیگر به منطقه‌ای جنگی تبدیل شود. ای کاش نگرانی‌های کودکی‌ام با تقلا در مدرسه‌ی دولتی در افغانستان به

پایان می‌رسید. اما خب، من خوش‌شانس نبودم که دوران کودکی امن و مطمئنی داشته باشم. درون آشفتگی‌ای تمام عیار گیر افتاده بودم. نمی‌دانستم که آیا زندگی من تازه شروع شده یا رو به پایان است.

آیا می‌توانستم به همسایگان و دوستانم بگویم: «به زودی می‌بینمت» و «بیایید هفته‌ی آینده با هم صحبت کنیم»؟ آیا گفتن چنین چیزهایی امید واهی بود یا واقعاً می‌توانستم دوباره آنها را ببینم. من هیچ کنترلی بر زندگی‌ام نداشتم. حتی نمی دانستم فردا را می‌بینیم یا نه. غیرقابل پیش‌بینی بودن آینده مرا می‌ترساند، و متوجه شدم که زندگی را نباید بدیهی انگاشت. اگر امروز آخرین روز عمرتان باشد، چه کاری انجام می‌دهید تا آن را ارزشمند کنید؟

این اولین حادثه در میان بسیاری حوادث دیگر بود که تجربه کردم، و باعث شد به دشواری زندگی پی ببرم. پس از اولین کودتا، دو کودتای دیگر در دوران حضورم در افغانستان رخ دادند. زمانی که خانواده‌ام به ایران بازگشتند، از آشفتگی انقلاب ایران و جنگ ایران و عراق هم جان سالم به در بردم. مابین بمباران شدن به دست هواپیماهای جنگنده‌ی عراق در تهران و زندگی در اردوگاه پناهندگان به دلیل ترس از پیگرد قانونی، به این فکر می‌کردم که عمرم کِی به سر می‌رسد.

اکنون که به گذشته نگاه می‌کنم، باورم نمی‌شود که جان سالم به در برده‌ام. امیدی که به فردایی روشن‌تر داشتم، هر روز مرا به جلو پیش می‌برد. در نهایت مسیر زندگی‌ام را طی کردم و در جای امن‌تری ساکن شدم. حالا هر شب که چشمانم را می‌بندم، می دانم فردا خورشید با روشنایی می‌دمد.

سفر من در زندگی و چالش‌هایی که باید با آنها روبرو می‌شدم، آن هم در حالی که در لحظه وحشتناک به نظر می‌رسیدند، موانعی بودند که مرا به جایی که امروز هستم رساندند. سعی کردم سرم را بالا نگه دارم و به آینده‌ای روشن‌تر امیدوار باشم، زیرا زندگی پر از امکان‌های مختلف است. اگرچه گاهی اوقات ممکن است وضعیت نامشخص باشند، اما فردا بدون افرادی که آن را بسازند وجود نخواهد داشت. آنچه با آن روبرو می‌شوید پایان کار نیست؛ آغازی برای آینده‌ای مملو از تلاش و امید است.

زندگی پر از مشکلات و بی‌عدالتی‌ها است. مهم نیست که چه کاری انجام می‌دهید یا کجا هستید، امید همچون نورِ آگاهی‌بخشی است که

شما را مستحکم باقی نگه می‌دارد و برای مبارزه‌ای در نبرد بعدی به جلو سوق می‌دهد.

جالب است که ما در چنین نبردهایی چه با خود و چه با دنیا می‌جنگیم. سعی می‌کنیم ارزش زندگی‌مان را هر طور که هست حفظ کنیم، به این امید که آینده‌ای روشن‌تر در انتظارمان باشد، اما چه اتفاقی می‌افتد که قامت‌مان تحت فشار جنگیدن برای فردا خم می‌شوند؟

حفظ استحکام در جوانی کار ساده‌ای به نظر می‌رسد. در کودکی و حتی با وجود سختی‌ها و مشکلاتی که با آن روبرو هستیم، آکنده از رنگیم. رؤیاها و امیدهایمان را در قلب‌مان زنده نگه می‌داریم. در زندگی‌مان همیشه جایی برای تخیل و ترسیم تصویری از آینده‌ای روشن وجود دارد. مهم نیست که چه پیشینه‌ای داشته باشیم یا در دوران کودکی در چه موقعیتی بوده‌ایم. بدون شک لحظه‌ای در کودکی‌تان وجود داشته که آینده‌ی شما با نوید یک رؤیا رنگ‌آمیزی شده است.

وقتی بزرگ‌تر شدی می‌خواهی چه کاره شوی؟ این سؤالی است که اکثر ما در دوران کودکی با آن مواجه می‌شویم. خواه این سؤالی باشد که خودمان به آن فکر می‌کنیم یا از سوی بزرگسالان مطرح شده باشد، اما موضوع بسیار مهمی است.

به عنوان یک کودک، شما می‌توانید هر چیزی و هر کسی باشید، هیچ نسخه‌ای از خودتان وجود ندارد که نتوانید تصور کنید. تنها با بالا رفتن سن است که رنگ‌های زندگی‌تان محو و تیره می‌شوند. درست مانند بینش، شاید سختی‌های زندگی و اطرافتان رنگ‌ها را کمرنگ کنند یا برخی از آن‌ها را به کلی از بین ببرند. شاید آینده‌ای که آرزویش را داشتید پایمال شود و ناامیدی‌ها رنگ‌های زندگی‌تان را نابود کنند. دلیلش هر چه که باشد، رنگ‌ها در طول زندگی تغییر می‌کنند.

«زندگی آن چیزی است که وقتی مشغول انجام کارهای دیگری هستید اتفاق می‌افتد».

- جان لنون

در نهایت، زندگی چیزی است که شما آن را می‌سازید. با افزایش سن، باید مشخص کنید که چه رنگ‌هایی در زندگی‌تان وجود دارد و چگونه می‌خواهید زندگی را رنگ‌آمیزی کنید.

هیچ چیز تغییر نخواهد کرد مگر اینکه شما آن تغییر را ایجاد کنید. اگر افرادی که با آنها معاشرت می‌کنید زندگی متفاوتی با زندگی شما دارند و رنگ‌های زندگی‌تان را کدر می‌کنند، تغییر را اعمال کنید. اطراف خود را با افرادی احاطه کنید که سبک زندگی شما را تحسین می‌کنند و رنگ مورد نظرتان را در زندگی به نمایش می‌گذارند.

در میان گروه دوستان خود، کسی باشید که در بین آنها قیام می‌کند و مسئولیت را بر عهده می‌گیرد. کاری را انجام دهید که به آن علاقه دارید و در عین حال ابتکار عمل داشته باشید و دوستان خود را به اقدام هدایت کنید. با پیشنهاداتتان به آنها الهام ببخشید و بر اساس آنچه که فکر می‌کنید بهترین اقدام است، به آنها ایده بدهید. ما به عنوان اعضای یک جامعه، در جایگاه و موقعیتمان بسیار راحت‌طلب شده‌ایم. از رویارویی و شکست می‌ترسیم، اما اگر راکد باشیم نمی‌توانیم به زندگی مورد نظر خود برسیم. مسئولیت زندگی‌تان را بر عهده بگیرید: اینکه چه افرادی در زندگی‌تان حضور داشته باشند و می‌خواهید چه فردی در جامعه‌ی خود باشید.

گذشته را به حال خود رها کنید. جایی برای آن دوران تاریک و سخت در آینده‌ی شما وجود ندارد. نور و انرژی لازم را به خود تزریق کنید و من به شما قول می‌دهم که دیگران درخشش شما را ببینند. کسانی که در جستوجوی شادی و تغییر در زندگی خود هستند، با درخشش‌تان فریفته می‌شوند. کسانی هم هستند که در همان روال مبهم و تاریک زندگی می‌کنند. می‌خواهند تغییر کنند اما بیش از حد از آن می‌ترسند. با در پیش گرفتن مسیری متفاوت بر مبنای نور و اشتیاق، سکان زندگی‌تان را در دست خواهید گرفت.

افراد زیادی در دنیا وجود دارند که به دنبال خوشبختی از طریق سود مادی هستند و به جستوجوی اندوخته‌هایی برای ارضای خود می‌گردند. خواه پولِ بیشتر باشد، یا رفاه، یا زیاده‌روی در خوردن غذاهای خوشمزه، یا هوس‌رانی. اما غرق شدنِ بیش از حد در دنیای مادی خطرناک است. در حالی که امور مادی هم می‌توانند بخشی از پایه‌های رنگ‌آمیزی زندگی باشند، اما مرز باریکی بین تعادل و گم شدن در خواسته‌ها وجود دارد.

بسیاری بر این باورند که از طریق آنچه می‌بخشیم و دریافت می‌کنیم، می‌توانیم به خوشبختی نائل شویم. ما آنقدر روی دنیای بیرونی متمرکز هستیم که بر اساس همان الگوی همیشگی و دائمی زندگی می‌کنیم و دچار کژفهمی می‌شویم. اگرچه اعمال ما ممکن

است متفاوت باشد، اما عادت‌ها است که اشکال متفاوتی دارند. ما به عنوان انسان، در مجموع درباره‌ی چگونگی زندگی و چگونگی کمک به دیگران از طریق رنگ‌ها و ارزش‌های واقعی در جهان، دچار فقدان آگاهی هستیم. جامعه به گونه‌ای تکامل یافته که اهمیت بیشتری به دنیای مادی داده است. بسیاری از روابطی که به آنها می‌پردازیم سطحی‌اند، بنابراین به‌راحتی می‌توان معنای داشتن یک زندگی رنگارنگ و کمک به دیگران را برای حفظ رنگ‌ها در زندگی خود اشتباه تفسیر کرد.

مسیر زندگی رنگارنگ عاملی کلیدی است که اکثر ما متوجهش نیستیم. در جستجوهامان در طول زندگی، گاه صرفاً روز را شب می‌کنیم و بر نارضایتی و نگرانی‌هایمان می‌افزاییم. ما با این ایده‌ی مخرب که ممکن است علیرغم هر گونه منافع اندوخته‌ی مادی برای جامعه مفید نباشیم، سرخورده می‌شویم. این ایده‌ها و نگرانی‌ها ما را به سمت زندگی‌ای بی‌رنگ و پر از تردید و نامطمئن سوق می‌دهند.

اما باید به خاطر داشته باشیم که تکه‌ای از حقیقت در زیربنای نگرانی‌هایمان وجود دارد. نگرانی‌ها هیچ اهمیتی ندارد تا زمانی که خود را در خدمت دیگران قرار دهیم. اگر آگاهانه برای بخشی جدایی‌ناپذیر از زندگی دیگران تلاش نکنیم، نمی‌توانیم به آرامش ذهنی دست یابیم. از خود گذشتگی و نیاز به کمک در درون همه‌ی ما نهفته است. طبیعی است که بخواهیم به کسانی که به خدمات نیاز دارند کمک کنیم. تأثیر کوچک‌ترین کمک‌ها را نه تنها کسانی که به آنها کمک می‌کنیم درک می‌کنند، بلکه اثرش را در درون خودمان نیز دریافت می‌کنیم.

تفکر اشتباهی که در جامعه به چشم می‌خورد این است که خدمت به دیگران باید کاملاً عاری از نفس‌گرایی باشد. یعنی اگر احساس رضایت یا شهرت کنید، خدماتی که انجام داده‌اید یا ارائه کرده‌اید باطل می‌شود. این تفکر صحیح نیست و بی‌اعتبار کردن اقدامات دیگران به خودی خود شرم‌آور است.

ما نمی‌توانیم لذتی را که در هنگام کمک به شخص دیگری احساس می‌کنیم انکار کنیم. وقتی می‌بینیم که لبخند رضایت بر لبان شخصی نقش می‌بندد، از اقدامات خود خوشنود می‌شویم. گسترش اقدامات، که مهم هم نیست چقدر بزرگ یا کوچک باشد، یا نسبت به کدام دسته صورت پذیرد - بیماران، سالمندان، فقرا، کودکان یا حیوانات - بهترین راه ممکن برای رنگ‌آمیزی زندگی است.

از ستایشی که به خاطر کمک به دیگران دریافت می‌کنید، سرمست نشوید، بلکه از لذتی که به خاطر دانستن اینکه کار خوبی برای دیگری انجام داده‌اید، مسرور شوید.

زندگی با خدماتی که به دیگران ارائه می‌دهید رنگ‌آمیزی می‌شود، و هر چه بیشتر ببخشید، زندگی‌تان رنگ بیشتری می‌گیرد.

چگونه زندگی کنیم

سه مورد است که زندگی را تشکیل می‌دهد:

الف) قبل از هر چیز بدانید که چه کسی هستید،

ب) کسی باشید که لایق زندگی‌ای است که به او اعطا شده (یا تأثیری بر دنیا داشته باشید)،

ج) و به یاد داشته باشید که تنها نیستید.

در روال زندگی، خود را غرق در برنامه‌های شلوغ و محلصره‌ی مسائل غیرضروری زیادی می‌بینیم که بر دوش ما سنگینی می‌کنند. زمانی که تحت تأثیر شرایطی هستیم که در اطراف‌مان رخ می‌دهد و توجه ما را به خود جلب می‌کند، تمرکز دقیق بر چگونگی زندگی کردن دشوار می‌شود. بر دنیای مادی تمرکز می‌کنیم و به دنبال انباشت دستاوردهایمان هستیم. با این حال، با در پیش گرفتن چنین روندی، معنای زندگی کردن را از یاد می‌بریم و به این ترتیب، پتانسیل‌ها و ارزش‌های خود را نادیده می‌گیریم.

در نهایت، همین میل انسانی است که نابودمان می‌کند. ما خودمان را می‌سازیم، رؤیاها و آینده را پرورش می‌دهیم، اما در نهایت این ما هستیم که سر راه خود ایستاده‌ایم. اهمیت زندگی در مراقبت از یکدیگر است. باید شروع کنیم به صحبت کردن و درک آنهایی که با ما متفاوت هستند، یا کسانی که به کمک نیاز دارند. زندگی صرفاً حول شما نمی‌چرخد و فکر کردن در این مورد مضر است. دیگران نباید به دستور شما هنجارهای

خود را قربانی کنند. میل به یافتن راه‌هایی برای سوءاستفاده، استثمار و انتظار انجام کارهایی از سوی دیگران برای ما در درون همه وجود دارد.

شما می‌توانید بهترین فرد دنیا باشید، سخاوتمندانه بخشش کنید و همیشه در راه درست قدم بردارید، اما میل انسانی انتخابی نیست. شما نمی‌توانید انتخاب کنید که مثل آبِ خوردن میل انسانی نداشته باشید. این میل هرچقدر هم که کوچک باشد، در درون همه‌ی ما وجود دارد. با این حال، امید کوچک این مسئله از بین نخواهد رفت. همانطور که در تمام طول زندگی به سمت بینش پیش می‌رویم، در عین حال باید در جهت دور نگه داشتن امیال انسانی خود تلاش کنیم. بر حذف تکبر از نحوه‌ی برخورد خود با دیگران تمرکز کنید. ببخشید و نیکی کنید. با برداشتن این گام‌ها، به سوی داشتن زندگی‌ای بهتر پیش خواهیم رفت.

در ژاپن، فرهنگ کار بسیار شدید است. من همسالانی دارم که تسلیم کار بی‌وقفه و تعقیب سود مادی شده‌اند. چه آنها برای شرکتی کار کنند و چه برای خودشان، رنگ را از زندگی خود حذف کرده‌اند: ساعات کار طولانی، حتی در تعطیلات آخر هفته، و همچنین اضافه کاری زیاد؛ این افراد با این ایده کار می‌کنند که پول برای داشتن خانواده‌ای سالم و حمایت از عزیزان ضروری است.

اگرچه ممکن است کار کردن و حمایت از عزیزان از طریق آسایشی که پول فراهم می‌کند عاقلانه به نظر برسد، اما در زندگی‌شان کمبودی وجود دارد. آنها مدام در حال کار کردن هستند و لحظات کوچک زندگی‌شان را از دست می‌دهند تا تغییراتی بزرگ در زندگی‌شان به وجود آورند.

با پول نمی‌توان همه چیز را خرید و در حالی که می‌توان استدلال کرد که پول یکی از بزرگترین عواملی است که بر زندگی ما تأثیر می‌گذارد، اما همیشه هم تأثیر آن مثبت نیست. علیرغم اینکه می‌توان از پول در مسیرهای صحیحی مانند سلامتی، آموزش و حتی غذایی که مصرف می‌کنید استفاده کرد، اما اغلب اوقات در صورت استفاده‌ی بیش از حد یا بی‌احتیاطی احتمال تخریب زندگی شما وجود دارد. پول همیشه یکی از خواسته‌های بزرگ انسان بوده و اگرچه پول می‌تواند فقر، گرسنگی و بسیاری مسائل بزرگ دیگر را از بین ببرد، اما می‌تواند مانع رسیدگی درست به خانواده و عزیزان شود.

در این صورت با این سؤال روبرو می‌شویم که اگر ارزش زندگی رنگ بخشیدن به آن از طرق مختلف است و بخشش از اقدامات ارزشمند انسانی است، چگونه از مسیر منحرف نشویم؟ چگونه می‌توانیم زندگی خود را رنگارنگ کنم؟

وقتی جوان هستید، زندگی بسیار ساده و روشن به نظر می‌رسد. دارایی زیادی ندارید و چیزهایی هم که دارید در اختیار والدین و یا سرپرستان شماست. بخشش آسان‌تر است، و نگاه جامعه بر شما سنگینی نمی‌کند و ایجاد یک زندگی رنگارنگ آسان به نظر می‌رسد. جوان، سالم، سرشار از نشاط و برنامه برای آینده هستید.

با این حال، با گذشت زمان، مسائل ساده‌ی زندگی را پیچیده می‌کنیم. حقیقت ماجرا این است: زندگی هنوز به همان سادگیِ دوران کودکیِ ما بود. زندگی تغییر نکرده؛ این شما هستید که تغییر کرده‌اید. این جامعه است که شما را به این باور رسانده که دستیابی به یک زندگی خوب دشوار است. زندگی باید نفسی برآمده از هوای تازه باشد، یا همچون شکوفه‌های نورس پس از زمستانی طولانی.

وقتی به بزرگسالی می‌رسیم، شروع به مانع‌تراشی و مهار خود می‌کنیم و رنگ‌های زندگی خود را با اینها رقیق می‌سازیم. با تلاش برای قرار گرفتن در چارچوب قراردادها و محدودیت‌ها، رنگ‌ها را کدر می‌کنیم، اما قضیه چیست؟ ما که در کودکی سرشار از شور زندگی، شادی، نشاط و خنده بودیم. به این فکر نمی‌کردیم که چه بخوریم، چه بپوشیم، چه ساعتی به رختخواب برویم، و از انجام هر کاری که ما را خوشحال می‌کرد راضی بودیم.

چگونه می‌توانیم به آن زندگی سعادتمندانه برگردیم؟ چگونه نگرانی‌هایی را که روی پیشانی ما حک شده و موهایمان را سفید کرده پاک کنیم؟

نکاتی که می‌توانیم در زندگی روزمره‌ی خود پیاده‌سازی کنیم تا راحت‌تر و لذت‌بخش‌تر عمرمان را بگذرانیم:

- به دیگران سلام کنید؛ هنگام ورود به مغازه، کافه یا رستوران با دیگران احوال‌پرسی کنید.

➤ یک حرکت ساده می‌تواند بیشترین تأثیر را هم بر شما و هم بر دیگران داشته باشد. افرادْ شادی‌ای را که به آنها بخشیده‌اید فراموش نخواهند کرد، و

خودتان هم با مهربانی احساس سبکی خواهید کرد. مهربانی به زندگی همه رنگ می‌بخشد!

- بدون نگرانی از واقعیت سفر کنید. سفر به جایی دور یا نزدیک. فرقی ندارد. افق‌های خود را گسترش دهید.

➢ افرادی که ملاقات می‌کنید و فرهنگ‌هایی که با آنها روبرو می‌شوید مطمئناً رنگ‌ها و الگوهای متفاوتی خواهند داشت که به زندگی شما اندوخته‌های بیشتری می‌افزایند.

- مؤدب، خوش‌اخلاق و نسبت به دیگران باملاحظه باشید.

➢ به روابطی که واقعاً برایتان مهم هستند توجه ویژه‌ای معطوف کنید و مراقب کارگردان‌های زندگی خود باشید (عزیزان، معلمان، همسالان).

- به مراقبه بپردازید و به خود یادآوری کنید که هدف شما در زندگی چیست و اینکه چقدر خوش‌شانس هستید که زنده‌اید.

➢ دیروز را همچون دم استنشاق کنید و امروز را همچون بازدم بدمید. گذشته را رها کنید و چشمانت را نسبت به چشم‌اندازهای آینده بگشایید.

- در یک حباب مادی زندگی نکنید.

➢ تمرکز بر سبک زندگی مادی مانند یک ویروس است. به تمامی مصرف‌کننده است. با توجه و هشیاریْ خود، دیگران و سیاره‌ی زمین را نجات دهید.

- صریح و بدون مکث و تعلل صحبت کنید.

➢ اگر احساسات خود را بیان نکنید، درک شما برای دیگران سخت خواهد بود.

- خودتان را بیش از حد به زحمت نیندازید. خوابیدن، غذا خوردن و ورزش کردن از کارهای حیاتی در زندگی هستند.

‹ ممکن است سخت کار کنید و جیب خود را پر از پول کنید، اما به قیمت جنگیدن با دیگر موارد ضروری در زندگی تمام می‌شود. زندگی کنید و لحظات زندگی خود را از دست ندهید.

- تظاهر نکنید و از مقایسه‌ی خود با دیگران دست بردارید. حسادت به تدریج شما را نابود خواهد کرد.

‹ تفاوت‌ها عاملی است که ما را به بخشی منحصر به فرد از جامعه تبدیل می‌کند. هر کسی می‌تواند مظهر نوع بشر باشد. علیرغم تفاوت‌هایمان، می‌توانیم از طریق ارزش‌های فرهنگی، و احساسات و آرزوهایمان با یکدیگر ارتباط برقرار کنیم.

- با افرادی که از نظر روحی به شما نزدیک‌اند و مکمل شما هستند روابطتان را حفظ کنید.

‹ با این کار می‌توانید چیزهای جدید و مفیدی از آنها بیاموزید و افق بینش خود را گسترش دهید.

- اینترنت را کنار بگذارید و زمانی را برای اطرافیان خود در نظر بگیرید.

‹ دنیای دیجیتال به بخشی جدایی‌ناپذیر از زندگی روزمره تبدیل شده. وقتی به دنیایی چسبیده‌اید که به راحتی همه چیز را در اختیارتان می‌گذارد، فراموش کردن دیگر ارزش‌های مهم در زندگی اجتناب‌ناپذیر است. وقتی والدین، فرزندان و عزیزانتان در اطراف هستند، از ابزارهای دیجیتالی و الکترونیکی خود استفاده نکنید. وقت ارزشمندتان را با آنها بدون استفاده از این ابزارها

صرف کنید. چنین لحظاتی هیچ‌وقت برنمی‌گردند. قدر آنها را با دل و جان بدانید.

- در مورد نحوه و مکان استفاده از ابزارهای خود هوشمندانه عمل کنید.
➢ فناوری مدرن برای آسان‌تر کردن زندگی طراحی شده، اما مراقب عواقبی باشید که ممکن است با آن مواجه شوید.

- روابط سالم و صحیح با عزیزانتان را حفظ کنید.
➢ تماس و ارتباطِ منظم بسیار مهم است. از بیان احساسات خود و تعامل‌های صادقانه نترسید.

- در نهایت، لذت بردن از لحظه لحظه‌ی زندگی و رسیدن به شادی و سرور، به ایجاد یک شخصیت رنگارنگ منجر می‌شود.
➢ همانطور که رنگین‌کمان از رنگ‌های متعددی تشکیل شده، زندگی نیز مملو از رنگ‌هاست. زندگی خود را همچون رنگین‌کمان کنید.

برنشین ای عزم و منشین ای امید   کز رسولانش پیاپی شد نوید

- مولانا

زندگی پر از امکان‌های مختلف است. باید خود را به چالش بکشید تا به زندگی مورد نظرتان برسید. برای ایجاد تفاوت ابتدا باید اقدام کنید. زندگی شما مال خودتان است، همانطور که بینش شما به خودتان تعلق دارد. هیچ کس نه می‌تواند راه شما را برایتان طی کند، و نه می‌تواند بینش شما را محقق سازد . اگر از برداشتن اولین قدم خیلی می‌ترسید، به این فکر کنید که در زندگی‌تان چه امکان‌هایی در اختیار دارید. آیا بینش

وجود ندارد؟ شادی نیست؟ امیدی در کار نیست؟ چگونه می‌توانید بر ترس خود غلبه کنید و از فرصت‌های پیش رو استفاده کنید؟

مشکلات بسیار کوچک و بزرگی در زندگی وجود دارند که باید حل شوند. صرفاً به این دلیل که خواسته‌ای دشوار است به این معنا نیست که ارزش تلاش کردن را ندارد. هر کس در حال مبارزه با نبردهای شخصیِ خودش است، بنابراین شما نمی‌توانید منتظر بمانید تا شخص دیگری برای شما بجنگد. امروز شروع به کسب پیروزی‌های کوچکی کنید؛ چه کسی می‌داند فردا چه چیزی در انتظار شما خواهد بود؟ اولین قدم همیشه سخت‌ترین است، اما وقتی آن را برداشتید، متوجه خواهید شد که رسیدن به بینش، امید، شادی و شجاعت با برداشتن قدمی کوچک امکان‌پذیر خواهند بود.

فصل ۲

اهمیت خانواده – نزدیک‌ترین‌ها و عزیزترین‌ها

وقتی بچه بودم، یک بار مادرم به من گفت که کف‌زدنِ یک نفره به اندازه‌ی کف‌زدن چند نفره قدرتمند نیست. مهم نیست چقدر قوی هستید یا چقدر توانایی دارید، همیشه در زندگی خود به افرادی نیاز پیدا می‌کنید که از شما حمایت کنند و شما را بالا ببرند. و در عین حال اگر به دیگران کمک کنید، می‌توانید بیش از آنچه که فکرش را بکنید به دست آورید.

یک نفر نمی‌تواند همه‌ی کارها را انجام دهد، و کسانی که سرسختانه فکر می‌کنند باید به تنهایی کف بزنند، در طول زندگی مدام با معضلاتی روبرو خواهند شد. صدای کف زدن یک نفره ضعیف‌تر از صدای کف زدن‌های چند نفره است. به جای رقابت با دیگران و تلاش برای اینکه ببینید چه کسی می‌تواند بلندترین صدا را تولید کند، با هم کار کنید و با همدلی و وحدت کف بزنید. زیرا اگر این کار را انجام دهید، پاداش کار با یکدیگر بیشتر از آن چیزی است که هر یک از افراد می‌توانند به تنهایی به دست آورند.

مادرم همیشه مرا راهنمایی کرده تا درست عمل کنم و انسان بهتری باشم. جوری مرا تربیت کرده تا اخلاق و ارزش‌هایی را که امروز به آنها معتقدم در من شکل بگیرند. او به من درس‌های مختلفی در مورد زندگی داده که در تاریک‌ترین زمان‌های عمرم به آنها پایبندم.

والدین مهم‌ترین ارکان زندگی ما به شمار می‌روند. آنها هستند که ساختار خانواده را نگه می‌دارند و مسیر آینده را به ما نشان می‌دهند. آنها کلمات حکیمانه را به ما منتقل می‌کنند و ما را با عشق، امید و اشتیاق نسبت به آینده‌ی روشن‌تر پرورش می‌دهند. والدین ما پایه و اساس روابط، عشق، خودسازی و نحوه‌ی رفتار ما در جامعه را تشکیل می‌دهند. آنها گران‌بهاترین نعمت در زندگی ما هستند، همانطور که ما برای فرزندانمان اینگونه هستیم. هیچ چیز نمی‌تواند جایگزین پیوندهایی شود که با خانواده‌ی خود می‌سازیم.

مادران و پدران به ما جان می‌دهند. آنها به ما کمک می‌کنند که وقتی زمین می‌خوریم بلند شویم. معنا را به زندگی ما القا می‌کنند و امید را در ما به وجود می‌آورند.

والدین مهم‌ترین نقش را در خانواده دارند. این وظیفه‌ی والدین است که به فرزندان خود جنبه‌های مهم زندگی را آموزش دهند و آنها را برای آینده‌ای روشن آماده کنند. با این حال، ظرفیت‌های خاصی وجود دارد که در والدین مختلف می‌تواند متفاوت باشد. ۱) خانواده‌هایی هستند که پس‌زمینه‌های ثروتمندتری دارند و از توانایی ساختن آینده‌ای درخشان برای فرزندانشان برخوردارند. با این حال، برخی هم هستند که در ثروت خود غرق می‌شوند. این امر مانع از ایفای نقش والدین می‌شود و به دلیل تنبلی و عدم آگاهی نسبت به جهان، تربیت خوبی به فرزندانشان ارائه نمی‌کنند. ۲) در مقابل، والدینی وجود دارند که از امتیازات کمتری برخوردارند و نمی‌توانند فرزندانشان را به مدرسه‌ای خوب با پروژه‌های فوق‌برنامه بفرستند. آنها علی‌رغم اینکه می‌خواهند بهترین آینده را برای فرزندان خود فراهم کنند، اما به دلیل کمبود ظرفیت نمی‌توانند. با این حال، با وجود نداشتن توانایی‌های مالی، آنها به فرزندان خود درس‌های زندگی را می‌آموزند تا چیزی را که از نظر مالی توان ارائه‌اش را ندارند، جبران کنند. ۳) در نهایت، والدینی هم هستند که دارای ثروت و اندوخته‌اند، اما دنیای پیرامونشان آنها را از آماده کردن فرزندانشان باز می‌دارد. عوامل زیادی وجود دارد که ممکن است ظرفیت والدین را مهار کند، از محیطی نامساعد گرفته تا موانع اجتماعی.

با وجود توانایی یا ناتوانایی والدین، همه‌ی آنها تمام تلاش خود را می‌کنند تا بهترین آینده‌ی ممکن را برای فرزندانشان مهیا کنند. عشقی بی‌قیدوشرط بین والدین و فرزندان وجود دارد. خانواده‌ای که بر اساس این عشق ساخته می‌شود و پیوندهای عمیقی که ایجاد می‌کند، ما را به فداکاری‌هایی که مایلیم برای خانواده‌ی خود انجام دهیم و تلاش‌هایی که برای خوشحال کردن آنها می‌کنیم رهنمون می‌سازد. خانواده پر از رنگ است، اما والدین رنگی از شما طلب نمی‌کنند. وجودشان از عشق و محبت خالص ساخته شده است.

با این حال، اهمیت خانواده به طرق مختلف در طول نسل‌ها تغییر کرده. با پیشرفت تکنولوژی و جامعه، ساختار خانواده تضعیف شده. جهان پیچیده‌تر و شهرها بزرگ‌تر می‌شوند. با این حال، و در عین حال، جهان در حال کوچک شدن است. با پیشرفت تکنولوژی، علم و حمل و نقل، این توانایی را داریم که بسیار بیشتر از همیشه در ارتباط

باشیم. اما علی‌رغم سهولت انجام کارها، ارتباط خود را با یکدیگر از دست می‌دهیم و فراموش می‌کنیم که ارتباط برقرار کردن چگونه است.

پیش از این، فرزندان تا زمان ازدواج با والدین خود زندگی می‌کردند، هرچند برخی پس از آن نیز با آنها می‌ماندند. خانواده قبلاً جامعه‌ای فشرده بود با نقش‌ها و باورهای سنتیِ تثبیت‌شده، اما در طول قرن گذشته و اخیر، وضعیت خانواده به شدت تغییر کرد. حالا ترک خانه برای فرزندان راحت‌تر است. کسب استقلال از خانواده آسان‌تر شده و زندگی دور از خانواده فقط به اندازه‌ی کلیک یک دکمه طول می‌کشد. خانواده بعد از سایر جنبه‌های زندگی در رتبه دوم قرار گرفته و با افزایش سن، درمی‌یابیم که راحت‌تر می‌توانیم ارتباط خود را با کسانی که ما را بزرگ کرده‌اند جدا کنیم.

به عنوان مثال وضعیت خانواده در ژاپن را در نظر بگیرید. ژاپن به دلیل پیشرفت‌های مدرن و همچنین فرهنگ سنتی خود در سراسر جهان مشهور است. با این حال، حتی ژاپن در طول قرن گذشته تغییر کرده، علی‌رغم اینکه کشوری با «فرهنگی سنتی» تلقی می‌شود. با افزایش جمعیت و مدرنیزه شدن شهرهای بزرگی مانند توکیو و اوزاکا، ایده‌ی کار، تجارت، و بالا رفتن از نردبان موفقیت در اولویت زندگی قرار گرفته، در حالی که خانواده و عزیزان در بیشتر موارد در رتبه‌ی دوم جای دارند.

ایده‌ی حفظ خانواده‌ای سالم بر مبنای پول جای گرفته و زندگی راحت به منزله‌ی پرداخت هزینه برای هر چیزی است که باید اصلاح شود و هر مشکلی است که پیش بیاید. بسیاری از خانواده‌ها به کسب ثروت روی می‌آورند تا روابط خود را حفظ کنند یا زندگی بهتری برای خود فراهم کنند، اما وقتی پیر و بیمار می‌شوید، پول از شما مراقبت نمی‌کند. بله، پولِ فراوانی اندوخته شده، اما اگر از بین رفت، به چه کسی باید مراجعه کرد؟

پادشاه در نگاه دختر، و تمام جهان در نگاه پدر - منبع ناشناس

رابرت برالت، خواننده‌ی تِنور اپرای آمریکایی، زمانی گفته بود: «از چیزهای کوچک لذت ببرید، چون روزی فرا می‌رسد که به گذشته نگاه می‌کنید و متوجه شوید که چیزهای بزرگی بودند».

زنده بودن به خودیِ خود رنگارنگ و روشن است. ارزش زندگی آنقدر بالا است که باید در هر لحظه آن را گرامی داشت. با این حال فراموش می‌کنیم که چقدر خوش‌شانس هستیم که زنده‌ایم و مورد محبت اطرافیانمان قرار داریم. برای شاد بودن به کل دنیا نیاز نداریم، فقط به یک نفر نیازمندیم که ما را تمام دنیای خود ببیند و جهانمان را سرشار از شادی کند.

پدر و دختر در عکس بالا فقط همدیگر را دارند، با این حال عشق و شادی‌ای که بین‌شان افروخته می‌شود چیزی است که باید برای رسیدن به آن تلاش کرد. نیازی نیست که تمام دنیا را داشته باشید، زیرا تمام دنیای شما می‌تواند درست در مقابل شما بایستد و بعد به این فکر کنید که هیچ چیز دیگری در دنیا مهم نیست. باید با عزیزان و کسانی که نزدیکشان هستید وقت بگذرانید. آنها نقش مهمی در زندگی شما دارند. به خاطر داشته باشید که اگر آنها نبودند شما در جایی که امروز هستید نبودید. تضمینی

برای فردا نیست، پس امروز را با شعله‌ور ساختن نوری در قلب خود زندگی کنید و آن را به دیگرانی که ممکن است مانند شما نوری در زندگی‌شان ندرخشیده، بتابانید.

نکات و یادآوری‌هایی در زمینه‌ی برخورد با نزدیک‌ترین‌ها و عزیزترین‌ها برای حفظ رابطه‌ای نزدیک‌تر و قوی‌تر:

- نقش خود را در هر رابطه فراموش نکنید.

- هر لحظه‌ی زندگی را دوست داشته باشید و برای هر آنچه از والدین خود نصیب برده‌اید شاکر باشید.

- فرصت در آغوش گرفتن یا بوسیدن عزیزانتان را از دست ندهید - لحظات زودگذرند و دیگر برنخواهند گشت.

- تا جایی که می‌توانید نسبت به والدین/فرزندان و شریک زندگی خود مهربان باشید. به آنها نشان دهید که چقدر به حرف‌هایشان اهمیت می‌دهید، نه اینکه فقط عشق آنها را باور دارید.

- از نشان دادن محبت خود به عزیزانتان، صرف نظر از سن آنها، دریغ نکنید. از کلماتی مانند «عشق من»، «عزیزم»، «دلم برایت تنگ شده»، «به تو افتخار می‌کنم» و «نور زندگی من» استفاده کنید.

- هنگام صحبت با کودکان، به چشمان آنها نگاه کنید. زمانی که سعی می‌کنند حرف مهمی را به شما بیان کنند، آنها را دست کم نگیرید و نشان دهید که بهشان ایمان دارید.

- کلمات تحسین‌آمیز و تشویق‌کننده کلید ایجاد اعتماد به نفس و شجاعت آنهاست.

- کاری کنید فرزندانتان احساس کنند که شما بهترین دوست و یاور آنها هستید - کسی که می‌توانند به او اعتماد کنند و دل ببندند.

- سعی کنید خلاق باشید و خود را به چالش بکشید تا چیزی جدید در هنگام بازی با آنها به وجود آورید.

امرار معاش با زندگی کردن یکی نیست. خانواده را فدای پول نکنید. مهم‌ترین مسئله در زندگی این است که خانواده‌ای سالم از طریق عشق، شفقت، اخلاق و صرف وقت بسازید، زیرا زمانی که در پایین‌ترین نقطه‌ی زندگی خود قرار دارید، این خانواده‌ی شما خواهد بود که نوری را بر شما می‌تاباند و از تاریکی نجاتتان می‌دهد. گاهی اهمیت و عظمت زندگی و اینکه چقدر زود به پایان می‌رسد را فراموش می‌کنیم و در نظر نمی‌گیریم.

فرزندان خود را مثل ربات بار نیاورید که باید سخت تلاش کنند تا موفق و ثروتمند شوند. آنها را افرادی شجاع، شایسته، پرامید و پرتلاش تربیت کنید. به آنها بیاموزید که درختی باشند در مسیر بادها، و نه برگی که با کوچک‌ترین نسیمی به راحتی به زمین می‌افتد.

پس از سال‌ها کار با کودکان و نوجوانان در ژاپن، متوجه شدم که آنها چیزهای زیادی برای ارائه به جهان دارند، با این حال همیشه مسئله‌ای وجود دارد که آنها را از حرکت رو به جلو باز می‌دارد. آنها چیزهای زیادی داشتند که می‌خواستند به اشتراک بگذارند، اما برای ابراز وجود و برقراری ارتباط با دیگران سخت تلاش می‌کردند. در طول سال‌ها، متوجه شده‌ام که ارتباطات و تعامل در ژاپن و برای نسل جوان به موضوعی اساسی تبدیل شده. گاهی اوقات عواقب فقدان ارتباط می‌تواند نتایج مخربی به دنبال داشته باشد، به‌خصوص زمانی که سلامت روان به درستی مورد توجه قرار نگیرد.

در ساختار سنت‌گرای جامعه‌ی ژاپن، قیام و بیان دیدگاه برای جوانان ممکن است سخت باشد. پس زدن ایده‌های جوانان و پذیرفتن سخنان و باورهای افراد مسن ممکن است ناامیدکننده باشد. از سنین پایین در کودکان این اعتقاد ریشه دوانده که در برابر بزرگسالان قد علم نکنند و به تنهایی با مشکلات خود کنار بیایند. با این حال، در حالی

که فرهنگ نقش بزرگی در قبال مشکل جوانان در ژاپن ایفا می‌کند، اما نباید اهمیت ارتباطات سالم را نادیده بگیریم.

ما ابتدا یاد می‌گیریم که چگونه از طریق والدین خود ارتباط برقرار کنیم. با تقلید از حرکات، صداها و کلمات آنها شروع به پایه‌ریزی استانداردی برای ارتباط می‌کنیم. با این حال، با بالا رفتن سن و تغییر ایده‌ها، شخصیت و هویت‌مان، برقراری ارتباط با خانواده‌مان می‌تواند دشوار باشد. ما یاد می‌گیریم که چگونه از طریق مدرسه، دوستانمان و رسانه‌ها ارتباط برقرار کنیم، که ممکن است ارتباط ما با خانواده را از بین ببرد. این امر طبیعی است که با افزایش سن کمتر با خانواده‌تان ارتباط برقرار کنید و زندگی خود را پیش ببرید، اما محدود کردن ارتباط با کسانی که در تمام عمر یار و یاورتان بوده‌اند نباید عادی شود.

ارتباط مهم است و ما نباید از بیان احساسات یا افکار منفی خود با کسانی که به آنها نزدیک هستیم، خجالت بکشیم یا بترسیم. همانطور که می‌خواهیم شادی و اشتیاق‌مان را با عزیزان خود به اشتراک بگذاریم، باید مسئله‌ی ابراز احساسات منفی خود را نیز عادی کنیم. پس زدنِ بخشی از هویت که در حال تقلا است و می‌کوشد به تنهایی روزنه‌ای برای جذب نور بیابد، زندگی رنگارنگ شما را با مشکل مواجه می‌کند. همه پر از رنگ هستند و بخشی از رنگ‌های خود را به شما منتقل می‌کنند. با انتقال رنج‌های خود، از فرصتی برای جذب نور در انتهای تونلی تاریک استقبال می‌کنید.

با این حال، همه‌ی ما به اندازه‌ی کافی خوش‌شانس نیستیم که در طول دوران کودکی خود، والدین و نزدیکترین افراد مورد اعتمادمان را در کنار خود ببینیم. مرگ، آشفتگی، غربت، از جمله دلایلی هستند که ممکن است در سنین پایین افراد را از خانواده‌شان جدا کنند. همیشه آن چه که دلخواه ماست یا بدان نیاز داریم رخ نمی‌دهد. موقعیت‌هایی خارج از کنترل ما وجود دارند که والدین را از ما دور می‌کنند. باید لحظاتی را که می‌توانیم آزادانه با والدین و خانواده‌مان ارتباط برقرار کنیم، ارج بنهیم، زیرا هرگز نمی‌دانیم زمان ما چقدر ممکن است محدود و کوتاه باشد.

از چند سال پیش از فارغ‌التحصیلی از دبیرستان در سن شانزده سالگی، باید برنامه‌ریزی می‌کردم و زندگی بزرگسالی‌ام را پیش می‌بردم. اما به عنوان یک بهایی در ایران آینده‌ای برای ادامه‌ی تحصیل برایم وجود نداشت. حکومت اسلامی ایران ما بهائیان را از رفتن

به دانشگاه یا کار کردن منع کرده بود. قانون اینگونه بود، و در عین حال هیچکدام از ما هم اجازه نداشتیم از ایران خارج شویم. اجازه نداشتیم پاسپورت داشته باشیم، تحصیلات عالی کسب کنیم، یا در یک محیط کاری مناسب به انجام حرفه‌ای بپردازیم.

با آینده‌ای روبرو بودم که نمی‌دانستم چگونه به آن برسم. این والدینم بودند که به من کمک کردند تا برای آینده برنامه‌ریزی کنم و آماده شوم، آینده‌ای که در آن واقعاً شانس موفقیت داشته باشم. با این حال، تلاکاتی که آنها برای آینده‌ی من انجام دادند چیزی بود که هرگز فکر نمی کردم با آن روبرو شوم. هرگز آن مسیر طولانی‌ای که باید طي می‌کردم تا آینده‌ای براي خودم بسازم فراموش نخواهم کرد. همه چیز خیلی‌سریع اتفاق افتاد. زمانی برای تردید یا تعلل وجود نداشت.

در عرض ۴۸ ساعت، باید خودم‌را آماده می‌کردم تا همه‌ی چیزهایی را که تا آن موقع در اختیارم بود پشت سر بگذارم. قرار بود پناهنده شوم. نمی‌توانستم طیف کامل سفری را که می‌خواستم شروع کنم و یا هزینه‌هایی که خانواده‌ام متحمل می‌شدند درک کنم. خواهرم در آن‌زمان فقط ۴ سال داشت و دنیای من بود. سعی کردم به این فکر نکنم که دوباره کِی او و پدر و مادر یا برادرم‌را می‌ببینم.

۴۸ ساعت خیلی‌سریع آمد و رفت. به خودت ایمان داشته باش و امیدوار باش که روزی دوباره همدیگر را ببینیم. زندگی مملو از فراز و نشیب‌هاست. این سخنان حکیمانه‌ای بود که پدر و مادرم در آن روز به من گفتند. من آنها‌را به خاطر آینده‌ای بهتر - آینده‌ای نامطمئن - ترک کردم و با شروع سفر طولانی خود، آن کلمات‌را با جان و دل در نزد خود نگه داشتم.

در طول هفت شب و هشت روز، دو قاچاقچی به همراه پنج بهائی دیگر که آسیب‌های مشابهی‌را پشت سر گذاشته بودند، در صحرا و کوه‌ها پیش می‌رفتیم. همه‌ی ما در ایران سختی‌های فراوانی‌را پشت سر گذاشته بودیم و تصمیم گرفته بودیم برای نجات جان خود فرار کنیم و سعی کنیم آینده‌ای روشن‌تر بسازیم. در میان گروه ما، سه نفر از اقوام من نیز بودند که فقط به خاطر اعتقادشان این همه رنج‌را متحمل می‌شدند. در طول آن هفت شب و هشت روز، ذهن من هشیارتر شد و متوجه شدم که خانواده‌ام چقدر برایم مهم هستند. علیرغم بحث‌ها، اختلاف نظرها یا دیدگاه‌های مختلف، خانواده‌ام

برایم عزیزترین چیز در دنیا بودند. من نیاز به امید داشتم، حتی اگر کسی نبود که آن را به من تزریق کند.

پس از سفری طولانی و طاقت‌فرسا، دو سال و نیمِ بعدی را به عنوان پناهنده در پاکستان گذراندم تا به‌زندگی بهتری دست یابم و مسیر روشن‌تری برایم رقم بخورد.

اگرچه سعی می‌کردم امید خودرا در وجودم حفظ کنم، اما وقتی به دنبال کسی می‌گشتم که به او تکیه کنم و حمایتشان را بطلبم، خانواده‌ام را در کنارم نمی‌دیدیم. خانواده‌ای که مرا پرورش داده بودند، الهام‌بخش من بودند، دوستم داشتند و به من امید می‌دادند، دیگر آنجا نبودند. مملو از ناامیدی و حزن عمیقی بودم که قبلاً هرگز آن را احساس نکرده بودم. مدام به خانواده‌ام فکر می‌کردم و پی بردم که چقدر برای محافظت از من در کودکی رنج کشیده بودند. حالا که تنها بودم و برای نجات جانم فرار می‌کردم، می‌دانستم چه فداکاری‌هایی را متحمل شده بودند تا مرا به اینجا برسانند.

با وجود اینکه در اوایل زندگی چالش‌های سخت زیادی را پشت سر گذاشته بودم، بسیار خوش‌شانس بودم که خانواده‌ای داشتم که همیشه در کنارم بودند. به این فکر می‌کردم که سرنوشت من این اینگونه رقم خورده که زندگی ساده‌ای نداشته باشم، بلکه زندگی‌ای پیش رویم قرار گرفته که مرا با مشقت‌های فراوانی روبرو کند. زندگی من رنگارنگ بود، مطمئناً، اما حضور خانواده‌ام در آنجا، و ایستادنشان در کنار من، می‌توانست رنگ‌های تازه‌ای به مبارزه‌ی من ببخشد.

اگرچه مسیر دشوار بود، اما هرگز امیدم را از دست ندادم و به ساختن زندگی خود ایمان فراوان داشتم. زنده ماندن پدر و مادرم در روزهای بسیار سخت به من آموخت که چگونه بجنگم و سرم را بالا نگه دارم، حتی وقتی می‌خواستم تسلیم شوم. حضورشان امید و عزمم را تقویت می‌کرد.

با این حال، وقتی در شانزده سالگی مجبور شدم خانواده‌ام را ترک کنم، امیدم از بین رفت. با درد و ضربه‌ی شدیدی روبرو شدم. خداحافظی با آنها و ندانستن زمانی که دوباره آنها را می‌ببینم برایم بسیار جانفرسا بود.

مدتی طول کشید تا متوجه شدم که مهم نیست امروز چه اتفاقی افتاده یا زندگی چقدر بد به نظر می‌رسد، دنیا همچنان می‌چرخد و فردا روزی دیگر و دست‌نخورده خواهد

بود. روزهای بد برای همیشه دوام نمی‌آورند و مشکلاتی که با آن روبه‌رو می‌شوید با گذشت زمان ناپدید می‌شوند، هرچقدر هم که وحشتناک به نظر برسند.

شجاعتْ کلید غلبه بر تاریکی و روزهای بد است. قوی باش، ایمان داشته باش و به تمام خاطرات خوب و خوشی که داشتی فکر کن، چون مطمئناً دوباره از راه خواهند رسید. از اینها به عنوان انگیزه‌ای استفاده کنید تا شما را ثابت‌قدم نگه دارد و قدرت حرکت رو به جلو را بدهد. امید نقش مهمی در زندگی من ایفا کرد، بیش از آن چیزی که تصورش را بکنم. اگرچه هرکسی مسیر متفاوتی در زندگی طی می‌کند و مسیر من کاملاً خطرناک بود، اما باید به یاد داشته باشیم که چه سختی‌هایی را پشت سر گذاشته‌ایم و تا چه حد از آن‌زمان تاکنون پیش رفته‌ایم.

آن رویدادهای سوررئالی که می‌خواهید فراموش‌شان کنید یا عاجزانه می‌خواهید دوباره انجامشان دهید، شما را شجاع‌تر می‌کنند، و اینگونه است که در مورد پیرامونتان متفکرتر می‌شوید. از حوادث تاریک و دردناکی که در زندگی با آن روبرو شده‌اید به نفع خود استفاده کنید و به این فکر کنید که برای کمک به دیگران چه کاری می‌توانید انجام دهید. اینکه چگونه از پایین‌ترین نقطه‌ی زندگی خود استفاده کنیم، به خودمان بستگی دارد. تاریکی‌ای که ما را آزار می‌دهد و ناامیدی که ما را پایین می‌کشاند، لحظاتی هستند که فرصت‌هایی برای ساختن زندگی‌ای را فراهم می‌کنند بسیار بزرگتر از آنچه تصورش را می‌کردیم.

با این حال، نباید فراموش کنیم که امید خیابانی یک‌طرفه نیست. درست مانند هر چیزی در زندگی، در نحوه‌ی زیستن نیز بایستی تعامل وجود داشته باشد. رنگ‌های زندگی‌مان از «ما» خلق نمی‌شوند، بلکه از اطرافیان و نحوه‌ی خلق دوباره‌مان هنگام تعامل با آنها تشکیل شده‌اند. فراموش نکنید که اطرافیان شما نیز در درون خود تاریکی‌هایی دارند و زمان‌هایی هست که در زندگی‌شان با ناامیدی مواجه می‌شوند. با نشان دادن عشق و شفقت به آنها تا جایی که می‌توانیم، امید و خوش‌بینی خود را منتقل می‌کنیم.

> «شما مجموع همه‌ی چیزهایی هستید که دیده‌اید، شنیده‌اید، خورده‌اید، بو کرده‌اید، گفته‌اید، فراموش کرده‌اید – هر چیزی که

فکرش را بکنید. هر رخدادی روی هر یک از ما تأثیر می‌گذارد و به همین دلیل سعی می‌کنم تجربیاتم تا جای ممکن مثبت باشند».

-مایا آنجلو

صرف نظر از رابطه‌ای که با والدینتان دارید، چه نزدیک باشند و چه دور، وقتی از زندگی‌تان خارج شوند به شدت دلتنگ‌شان خواهید شد. اهمیت خانواده بسیار بیشتر از آن چیزی است که واقعاً بتوانیم درک کنیم. گاه خانواده را بدیهی می‌پنداریم، زیرا که آن‌ها پای ثابت زندگی‌مان هستند. فکر می‌کنیم که همیشه و در هر زمان که به آن‌ها نیاز داشته باشیم در کنارمان خواهند بود، اما اینطور نیست.

زندگی ما و افراد زندگی ما بسیار بیشتر از آن چیزی است که فکرش را بکنیم. به جای اینکه زندگی را با احساسات و تجربیات بد پر کنید، خشم و نارضایتی نسبت به نزدیک‌ترین افراد به خود را دور کنید و روی زیبایی‌های دنیا متمرکز شوید، قبل از اینکه خیلی دیر شود.

از احساس عشق و دوست داشتن لذت ببرید، قدر و منزلت خانواده را بدانید و به کسانی که در قلبتان جای دارند بگویید «دوستت دارم». سپاسگزار کسانی باشید که شما را به فردی که امروز هستید تبدیل کردند و به شما جان دادند. ممکن است زمانی در زندگی فرا برسد که مجبور شوید احتیاط را کنار بگذارید و راهی را در زندگی طی کنید که هرگز تصورش را هم نمی‌کردید. به جای اینکه دست روی دست بگذارید تا دیر شود، برای زمانی که اکنون در اختیار دارید ارزش قائل شوید.

همانطور که در مسیر خود به سمت بینش پیش می‌رویم، همانطور که پیوندهای خود را با امید تقویت می‌کنیم، باید به یاد داشته باشیم که زندگی ما «دایره‌ای» است. آنچه می‌دهیم، در ازای آن دریافت می‌کنیم و گرد بودن زندگی ما بر اطرافیانمان نیز تأثیر می‌گذارد. این فقط خانواده نیست که به ما امید می‌دهد و به زندگی‌مان رنگ می‌بخشد، بلکه بسیاری از کارگردان‌های دیگر برای ما ارزشمند هستند. دوستانْ خانواده‌ای هستند که ما انتخاب کرده‌ایم، و باید به خاطر داشته باشیم که وقتی خانواده‌مان توانایی حمایت از ما را ندارند، دوستان نفرات بعدی‌ای هستند که به آن‌ها مراجعه می‌کنیم.

پیوندهایی که در زندگی ایجاد می‌کنیم باید قوی باشند، با هر کسی که باشد. اگر آنها در زندگی‌مان مهم هستند، باید بهشان نشان دهیم و به آنها یادآوری کنیم که قدردانشان هستیم.

همانطور که دالایی لاما بزرگوار بیان کرده:

«به کسانی که دوستشان دارید بال پرواز، ریشه‌ای برای بازگشت و دلیلی برای ماندن بدهید».

فصل ۳

دوستی - پیوندهایی با انتخاب خویش

دوستان در اوایل کودکی‌ام نقش خاصی نداشتند. تا زمانی که شانزده ساله بودم و برای اولین بار به عنوان پناهنده در پاکستان دور از خانواده‌زندگی کردم و به اهمیت دوستی پی بردم. حالا که خانواده‌ای نبود تا از من حمایت کند، به دیگران روی آوردم و شروع کردم به اعتماد کردن به آنها. هر روز متفاوت می‌گذشت و افرادی که می دیدم و ملاقات می‌کردم، مانند فصول سال تغییر می‌کردند، اما همیشه با افراد جدیدی ملاقات می‌کردم که در همان موقعیت من قرار داشتند. همه با ترس‌هایشان روبرو شده بودند و زندگی‌ای که آنها را به اردوگاه پناهندگان کشانده بود نیز پر از سختی بود.

من با صدها پناهنده‌ی دیگر تعامل داشتم و هر کدام از این تعامل‌ها باعث می‌شد احساس امنیت کنم و آنقدرها تنها نباشم. دوستانی که پیدا کردم خانواده و کارگردان‌های اصلی زندگی‌ام شدند که به توسعه‌ی بینش من کمک کردند. جوری با من رفتار می‌کردند که انگار برادر واقعی‌شان هستم. آنها مرا زیر پر و بال خود گرفتند و به آینده‌ای روشن‌تر که پر از امید بود و نه ناامیدی، هدایت کردند.

من هم آنها را برادر یا خواهر خود می‌دانستم. تشویق، امید، حمایت و عشق آنها در زمانی نصیبم شد که تمام دنیای من تغییر کرده بود. در آن‌زمان از آینده مطمئن نبودم و آنها به کاهش فشارها از روی ذهن و دوش من کمک کردند.

۹۶ ▪ کشف رنگ‌های زندگی

اتاق ما، زمان پناهندگی در پاکستان - ۱۹۸۶

اگر کسانی که در کمپ پناهندگان با آنها آشنا شدم نبودند، آدمی که امروز هستم نمی‌شدم. آنها به من کمک کردند تا شخصیتم را بسازم و در زمانی که ناامیدی مرا در بر گرفته بود، کنارم بودند. آنها فردی قوی، مستقل و بالغ را خلق کردند که توانست در زمان پناهندگی، جای ناامیدی را با امید عوض کند. آنها دوستان ارزشمندی بودند که در کنارم ایستادند و به من یاد دادند که چگونه زندگی کنم و چگونه برای ارزش‌های مهم‌تر زندگی فداکاری کنم. آنها در عین حال صمیمیت و توجه خالصانه‌ی خود را به من نشان دادند.

من با چند نفر از آنها پیوندی عمیق برقرار کردم، و درست زمانی که امکان دیدن برادر واقعی‌ام وجود نداشت، عین برادرم شدند. پناهندگان دیگری که هر روز مرا احاطه می‌کردند، خانواده‌ام بودند، درست زمانی که دلتنگ می‌شدم و نگران سلامت و رفاه والدین و خواهر و برادرم بودم. مثل ماهی ساردین روی زمین می‌خوابیدیم، ساعت‌ها تا شهر پیاده‌روی می‌کردیم تا وسایل مورد نیازمان را تهیه کنیم، فوتبال بازی می‌کردیم، ورق بازی می‌کردیم و با هم صحبت می‌کردیم. همه‌ی ما به نحوی رنج می‌بردیم - بیشترمان خانواده‌مان را ترک کرده بودیم و در جمع یکدیگر به دنبال آسایش بودیم. در شرایط سخت، از هم حمایت می‌کردیم و پشت هم بودیم.

قبل از فرار از ایران، برادرم، نوید، صمیمی‌ترین دوست من بود. من و او خاطرات زیادی با هم ساختیم و تجربیات زیادی را به دست آوریم که کودکی‌مان را تغییر داد. اگرچه همه‌ی لحظاتی که با هم داشتیم لحظاتی شاد و بی‌دغدغه نبودند، اما اوقاتی را که با هم بازی می‌کردیم تکرارنشدنی است. می‌خندیدیم، آواز می‌خواندیم، بازی می‌کردیم و از هم محافظت کردیم. از زمانی که کودکی نوپا بود، از اراده و هوش او در مورد چیزهایی که می‌خواست به آنها دست یابد شگفت‌زده می‌شدم. او زندگی را متفاوت از سایر بچه‌هایی که در دوران کودکی‌ام دیدم مشاهده می‌کرد. خوشحالم که دوستش بودم و از سفر ارزشمندمان در کنار خیلی چیزها به دست آوردم.

با این حال وقتی ایران را ترک کردم، برادرم فقط ۱۱ سال داشت. خیلی چیزها بود که ما هرگز فرصت انجامشان را به دست نیاوردیم و خاطرات زیادی که هرگز فرصت ساختنشان را با هم پیدا نکردیم. در حالی که خواهر ۴ ساله‌ام تمام دنیای من بود، برادرم عزیزترین همراهم به شمار می‌رفت. اجبار رفتن برایم درد و اندوه زیادی به همراه داشت. او بهترین دوست من بود و هر چقدر هم که سعی کردم خانواده م را در خط مقدم افکارم نگه دارم و تمام خاطرات زیبایی را که ساخته بودم به یاد بیاورم، فکر این که دیگر هرگز نتوانم بهترین دوستم را ببینم مرا بسیار می‌آزرد. بیش از یک دهه گذشت تا دوباره او را ببینم. اگرچه زمانه تغییر کرده بود و هر کداممان به فرد متفاوتی تبدیل شده بودیم، اما توانستیم دوستی کاملاً جدیدی ایجاد کنیم. ترک ما از یکدیگر و زندگی تغییر کرده بود. برادرم فقط خانواده‌ام نیست، بلکه دوستی غیرقابل جایگزین است.

ایجاد دوستی:

- پیدا کردن یک دوست خوب آسان نیست.
- حفظ یک دوست خوب بسیار چالش‌برانگیز است.
- از دست دادن یک دوست خوب غیرقابل‌تحمل است.

دکتر ریاض قدیمی

در سال ۱۹۹۰ (۱۳۶۹)، این شانس را یافتم که در یکی از سخنرانی‌های دکتر ریاض قدیمی، از بهاییان برجسته، در تورنتو، کانادا حضور پیدا کردم. سه نکته‌ی بالا

موضوعاتی بودند که ایشان درباره‌شان صحبت کردند و در عمق وجودم طنین‌انداز شدند. نه سخنان ایشان را فراموش کرده‌ام و نه قدرت سخنانشان را. ایشان افکارم را روشن کردند و به من الهام بخشیدند.

پس از صحبت‌های دکتر قدیمی، با این پرسش اساسی مواجه شدم: چگونه می‌توانم یک دوست خوب پیدا کنم، و پس از ایجاد چنین پیوندی، چگونه از آن دوستی محافظت و مراقبت کنم؟ زمانی که این صحبت‌ها را شنیدم، دوستان زیادی پیدا کرده بودم که زندگی‌ام را به سمت بهتر شدن تغییر دادند، اما دوستی‌های زیادی را نیز در طول سال‌ها برقرار کرده بودم و از دستشان داده بودم. پیوندهایی را که با افراد مختلف به دلیل عدم ارتباط، دوری، آشفتگی، مشکلات و غیره ایجاد کرده بودم از دست داده بودم، بنابراین اگر قرار بود با افراد جدیدی ارتباط برقرار کنم، وجودم را برایشان بگشایم و ازشان بیاموزیم و آنها را در دنیای خود بپذیرم، چگونه می‌توانم با تأثیر روحی و اخلاقی‌ای که پس از از دست دادن آنها بر من باقی می‌ماند، برخورد کنم؟

پاسخ به سؤالات بزرگی مانند این هرگز آسان نبوده، اما اگر یک چیز باشد که در زندگی یاد گرفته‌ام این است که ما هرگز تنها نیستیم. ممکن است زمان‌ها یا موقعیت‌هایی در زندگی وجود داشته باشد که ما را کاملاً منزوی کند، اما همیشه افرادی در اطراف هستند که مایل به کمک باشند. زندگی چیزی نیست جز نقشه‌ای از موانعی که باید برای حرکت به جلو بر آنها غلبه کنیم.

هر وقت به مانعی برخورد می‌کردم که غلبه بر آن سخت بود، همیشه به آسمان آبی نگاه می‌کردم. هر ابر تصویری باورنکردنی را ترسیم می‌کند که تنها یک لحظه طول می‌کشد: متورم می‌شوند، شکلشان تغییر می‌کند، اما در آن لحظه زیبا هستند. فردا ابری متفاوت با زیبایی متفاوتی خواهند بود، اما در حال حاضر، زیبایی امروزش را می‌بینید. زندگی شما هم به همین شکل است؛ از سوی افراد بسیار زیبایی احاطه شده‌اید که در زندگیتان حضور دارند. همه‌ی آنها لحظه‌ای را در زندگی شما رقم می‌زنند که می‌تواند زودگذر و در عین حال تأثیرگذار باشد. این به شما بستگی دارد که به راهنمایی‌های آنها و تأثیری که بر زندگی‌تان گذاشته‌اند بیاوزید. به شما بستگی دارد که از آموخته‌های خود استفاده کنید تا لحظه‌هایتان به هدر نرود.

به یاد داشته باشید که دوستی یک روند و یک سفر است. برای ملاقات و ایجاد دوستی‌های قوی، باید زمان و تلاش‌تان را صرف دوستان خود کنید. دوستی همانقدر قوی خواهد بود که شما آن را قوی می‌سازید. صرف زمان و تلاش، پایه‌های محکمی را برای ایجاد یک رابطه‌ای مستحکم می‌سازند. همچنین به فداکاری‌های زیادی نیاز است. انسان‌ها شکل‌پذیرند. ما بینش و ارزش‌هایی داریم که در مسیرمان جستجویشان می‌کنیم، اما این دوستانِ پیرامونمان هستند که ما را رنگارنگ‌تر می‌کنند. آنها دانش و ایده‌های جدیدی را به دنیای ما می‌افزایند و ما را به کسی که می‌خواهیم باشیم تبدیل می‌کنند.

به خاطر بسپارید که در امر دوستی باید مصالحه کنیم و ارتباطات صحیحی ایجاد نماییم تا دوستی‌هایمان را پرورش دهیم. نمی‌توانیم انتظار داشته باشیم که دوستان‌مان کورکورانه ما را همراهی کنند. دوستی یک رابطه‌ی بده و بستانی است که با ارتباط و درک ارزش‌ها و باورهای طرف مقابل قوی‌تر می‌شود. اگر به دوستان خود احترام نگذاریم، چگونه می‌توانیم انتظار داشته باشیم که به ما احترام بگذارند؟ این کاری است که برای حفظ و مبارزه برای دوستی‌هایمان انجام می‌دهیم که بسیار هم مهم است. اگر پیوندی که ایجاد می‌کنیم ارزش مبارزه‌را ندارد، آنقدر هم که فکر می‌کردید قوی و پایدار نخواهد بود. باید سخت تلاش کنید تا دوستان خود را حفظ کنید و برایشان ارزش قائل شوید.

با این حال، تنها نحوه‌ی حفظ یک دوست خوب مهم نیست، بلکه نحوه‌ی انتخاب دوستان خوب است که حفظ آنها را آسان‌تر می‌کند.

«دوست عاقل یک بار می‌خندد، اما دوست نادان هزاران بار». این پند حکیمانه‌را مادرم در جوانی به من آموخت. وقتی جوان هستیم، به راحتی از جانب جهان و افراد پیرامونمان تغییر می‌کنیم. اگرچه دوستانی که در سنین پایین داشته‌ایم ممکن است چهره‌ها و نام‌هایی باشند که به یاد نمی‌آوریم، اما باید به دنبال دوستانی بگردیم که با شما بخندند و نه به شما. باید دوستی‌ای ایجاد کنیم که ما را بسازد و ما نه اینکه از بین‌مان ببرد.

وقتی جوان هستیم، دوست‌یابی آسان است. دنیای‌مان کوچک است و علایق ما به اندازه‌ی آب و هوا بی‌ثبات. با کسی دوست می‌شویم که به ما لبخند می‌زند یا کسی که با او خنده سر می‌دهیم، اما هر چه بزرگ‌تر می‌شویم دنیای‌مان نیز گسترده‌تر می‌شود و بینش ما نیز بر همین اساس وسعت می‌یابد. با بزرگ‌تر شدن، دوست‌یابی سخت‌تر می‌شود، زیرا می‌دانیم راهی را که می‌خواهیم طی کنیم، و برای ایجاد پیوندهای عمیق به بیش از یک لبخند و خنده نیاز داریم.

زمان و تلاش نقشی جدایی‌ناپذیر در یافتن افراد در مسیرمان به سوی آینده ایفا می‌کنند. از آنجایی که اولویت‌ها و سبک زندگی‌مان در طول سال‌ها تغییر می‌کند، رویکرد ما برای ملاقات با دوستان ارزشمند نیز دگرگون می‌شود. به این ترتیب، وقتی دوستی پیدا می‌کنیم، مهم است که بدانیم با چه کسی دوست می‌شویم. باید کسانی را انتخاب کنیم که در همان مسیر یا نزدیک با ما قدم بردارند. اطمینان از همسویی شخصیت‌ها و بینش‌ما بسیار مهم است.

برای دانش‌آموزان مقاطع راهنمایی و دبیرستان، دوستی بسیار خالص‌تر و بدون محدودیت حاصل از فشارهای اجتماعی شکل می‌گیرد. وقتی نوجوان هستید، دوستی شما حول پروژه‌های مدرسه، فعالیت‌های تفریحی، بازی‌ها و عشق‌های جوانی می‌چرخد. زمانی که به تحصیلات عالی می‌رسید، معنای دوستی شروع به تغییر می‌کند. با اینکه همچنان در محیطی آموزشی هستید، اما در این دوران است که دوستی نقش سازنده‌تری در ساختن زندگی بزرگسالی و حرفه‌ی شما ایفا می‌کند. آموزش عالی زمانی است که خودتان را پیدا کنید و دنیای مد نظرتان را بسازید.

یک دوست بسیار عاقل و صمیمی یک بار به من گفت که دوستان و اطرافیانش را در یک الگوی چهار منطقه‌ای دسته‌بندی می‌کند.

منطقه‌ی ۱: نزدیکترین افراد به شما. این منطقه شامل افرادی در زندگی‌تان می‌شود که به واسطه‌ی دی‌ان‌ای به شما متصل‌اند، یعنی والدین، فرزندان، خواهران و برادران، و بستگان - کسانی که حاضرند دنیا را فدای شما کنند، بی‌قید و شرط دوست‌تان دارند، و بالعکس.

منطقه‌ی ۲: بهترین و نزدیک‌ترین دوستان شما. اینجاست که محکم‌ترین و قوی‌ترین دوستی‌های ما قرار دارند. کسانی که شما و گذشته‌ی شما را درک می‌کنند و از زندگی،

شغل، شکست‌ها و شادی‌هایتان حمایت می‌کنند. این افراد کسانی هستند که طولانی مدت در زندگی شما حضور دارند. آنها نه خونی به شما وابسته‌اند و نه با پول شما خریده شده‌اند. در کنارتان می‌مانند زیرا واقعاً شما را دوست دارند و به شما اهمیت می‌دهند. اینها دوستی‌هایی هستند که وقتی در پایین‌ترین نقطه‌ی زندگی خود قرار می‌گیرید، به آنها روی می‌آورید. وقتی با سختی روبه‌رو می‌شوید هرگز رهایتان نمی‌کنند و دست یاری به سوی‌تان دراز می‌کنند.

منطقه‌ی ۳: کسانی که با آنها دوستی‌هایی بنیادین برقرار کرده‌اید. اینها دوستانی هستند که از طریق مدرسه، محل کار یا فعالیت‌های دیگر با آنها آشنا شده‌اید. شاید آنها را بشناسید و از همراهی‌شان لذت ببرید، اما با حقیقت وجودشان یا گذشته‌ی آنها به خوبی آشنا نیستید و دیدگاه مشابهی ندارید. آنها ممکن است سبک زندگی مشابهی با شما نداشته باشند و برای چیزهایی که برایتان ارزشمندند، چندان اهمیتی قائل نباشند، اما آنقدر به هم نزدیک هستید که می‌توانید روی آنها حساب کنید و ایده‌ها و آرزوهای خود را در میان بگذارید. می‌توانید موفقیت و مشکلات‌تان را ابراز کنید، اما خب، همراهی و درک آنها محدود است.

منطقه‌ی ۴: اینها افرادی هستند که به طور اتفاقی با آنها ملاقات می‌کنید و احساس نمی‌کنید که مجبور به ملاقات با آنها هستید. پتانسیل ایجاد یک رابطه‌ی قوی‌تر وجود دارد، اما ثبات آن نامشخص است. این دوستی مبتنی بر ارزش‌های متقابل، بینش یا تفکر نیست، بلکه صرفاً از لذتی نامحدود ساخته شده است. آنها عمدتاً به دنبال این هستند که چگونه از شما به نحوی استفاده کنند یا از آن بهره ببرند، و شاید شما نیز همین احساس را داشته باشید. آنها فقط وسیله‌ای برای رسیدن به اهداف هستند و در بیشتر موارد می‌آیند و می‌روند. هیچ رشته‌ای به این دوستی متصل نیست و هیچ فشاری برای ایجاد یا حفظ پیوند قوی‌تر وجود ندارد.

از این مناطق، مورد دوم و سوم بیشترین نقش را در مسیر زندگی شما دارند. در حالی که منطقه‌ی ۱ به خودی خود مهم است، مناطق ۲ و ۳ پیوندهایی هستند که ما انتخاب می‌کنیم، و نه پیوندهایی که در آنها متولد شده‌ایم. آنها نقشی کلیدی در آینده‌ی شما دارند و اگرچه هیچ کسی به جای شما زندگی نمی‌کند، اما به شدت بر زندگی و حرفه‌تان تأثیر می‌گذارند.

«در انتها، ما نه حرف‌های دشمنانمان، بلکه سکوت دوستانمان را به یاد خواهیم آورد».

- مارتین لوتر کینگ جونیور

وقتی پای دوستی در میان باشد، بهتر است کیفیت را به کمیت ترجیح دهید. داشتن دو یا سه دوست صمیمی با ارزش‌های قوی، انرژی مثبت، متفکر و شاد به‌زندگی شما رنگ می‌دهد و مسیر روشن‌تری به آن می‌بخشد. داشتن پیوندهای قوی با دوستانتان بسیار معنادارتر از داشتن صدها دوست است که نمی‌توانید به آنها اعتماد کنید و حرف دلتان را برایشان بازگو کنید.

مسئله‌ی مهم در دوستی این است که به جای انفصال از آنها، در کنارشان تکامل پیدا کنید.

با افزایش سن، موارد بسیاری تغییر می‌کند. موقعیت، پیشینه، آموخته‌ها و ارزش‌هایمان در زندگی ما را به مسیرهای مختلفی سوق می‌دهد. همه‌ی ما منحصربه‌فرد و متفاوت هستیم، و اگرچه ممکن است با دوستانمان یکدل و همراه شویم، اما تغییر اجتناب‌ناپذیر است. به این ترتیب باید سخت تلاش کنیم تا کسانی را که دوستشان داریم و برایشان ارزش قائلیم، درک کنیم و ارتباطی صحیح با آنها برقرار نماییم. هنگامی که پیوندهایی قوی ایجاد کردیم، باید برای حفظ آنها بکوشیم.

در طول زندگی دوستان زیادی خواهیم داشت که می‌آیند و می‌روند. صرفاً به این دلیل که این دوستان دیگر در زندگی ما نیستند، به این معنا نیست که دوستان بدی بودند یا دوستی‌مان معنایی نداشتند. هر کس با ارزش‌های متفاوتی زندگی می‌کند. چیزی که از دوستی‌هایی که دوام نیاوردند به دست آورده‌اید، دانش افرادی است که با آنها هماهنگ و همراه نشدید. نمی‌توانید به زور دوستی با یک نفر را ادامه دهید، به این خاطر که می‌خواهید دوست و رفیقی داشته باشید. باید کسی را بیابید و با او پیوند برقرار کنید که دارای نگرش‌های مشترکی هستید. همه جای شما نبوده‌اند یا زندگی مشابهی با شما نداشته‌اند. برخی از افراد ممکن است مانند شما ظرفیت دوستی نداشته باشند و برخی دیگر دارای پیشینه‌ی فرهنگی یا شغلی بسیار متفاوتی با شما هستند. با این حال، اگر

صبور باشید و بخواهید عواطف و عقایدتان را ابراز کنید، مطمئناً دوستی‌ای قوی، پر از رنگ، شادی و خنده سر راه شما قرار خواهد گرفت.

«برای داشتن چشمان زیبا به دنبال خوبی‌ها در دیگران باشید. برای داشتن لب‌های زیبا کلمات محبت‌آمیز بیان کنید. و برای داشتن وقار با این آگاهی گام بردارید که هرگز تنها نیستید».

-آدری هپبورن

دوستان جایگاه بسیار ویژه‌ای در زندگی من دارند. بسیار خوشبخت بودم که در طول سال‌های نوجوانی و اوایل بزرگسالی پیوندهای بسیار ارزشمندی ایجاد کردم. فقط در دوران پناهندگی نبود که دوستانی پیدا کردم، بلکه در کانادا - پس از پناهندگی - و در ایالات متحده، انگلیس، سوئیس و در دوران تحصیلات عالی نیز با دوستانی آشنا شدم. از ورودم به هالیفاکسِ کانادا در سال ۱۹۸۸ (۱۳۶۷)، جایی که نحوه‌ی گذران زندگی و زنده ماندن را آموختم، سال‌های زیادی می‌گذرد. از روزهای سرشار از ناامیدی در گوئلفِ کانادا، که برای یافتن مسیر بینش خود تلاش می‌کردم و سعی داشتم از پس مدرسه بر بیایم زمان زیادی سپری شده. پس از ۱۳ سال جدایی، که همراه با رشد، یادگیری و بالغ شدن بود، سرانجام برای مدت کوتاهی با خانواده‌ام در استرالیا دیدار کردم. در حالی که اساساً همان آدم قبلی بودم، اما در عین حال کاملاً متفاوت بودم و جهان را از چشم‌انداز متفاوتی می‌دیدم. دیگر آن نوجوان ترسیده و نابالغی نبودم که با امید به یافتن و تأمین آینده‌ای بهتر رهسپار سفر کردند. اکنون مردی بودم که برای بینش خود تلاش کرده بود و زندگی بهتری برای خود ساخته بود.

در حالی که والدینم در دوران کودکی و بزرگسالی به من اهمیت دادند، مراقبم بودند و اندیشه‌هایم را شکل می‌دادند، این دوستانم بودند که به من کمک کردند تا به فردی که امروز هستم تبدیل شوم. بدون راهنمایی و مراقبت و صمیمیت و دوستی آنها به اهدافم نمی‌رسیدم و در این راه امیدم را از دست می‌دادم.

با این حال، داشتن یک دوستی خوب و قوی ممکن است گاهی دشوار باشد. دوستی و همراهی چیزی است که بسیاری از مردم در زندگی به دنبال آن هستند، اما پیدا کردن دوستان جدید سخت است. پیدا کردن یک دوست جدید به این معنی است که باید آسیب‌پذیر باشید و اجازه دهید فرد جدیدی وارد دنیای شما شود. پیوند در یک دوستی

با پیوند خانوادگی متفاوت است. پیوندهای خانوادگی چیزی است که شما در آن متولد شده‌اید، با هر فردی متفاوت است و معنای متفاوتی دارد، اما پیوند در یک دوستی از طریق اعتماد و احترام ایجاد می‌شود.

نکاتی برای ایجاد و حفظ دوستی‌های پایدار:

- صبر: برای دوستیابی عجله نکنید، مطمئن باشید که به موقع‌اش پیش می‌آید.

➤ دایره‌ی دوستان و افراد مورد اعتماد خود را - در صورت توانایی - ایجاد کنید.

- یک دوست واقعی شما را به خاطر پول/ثروتتان نمی‌خواهد.

➤ دوستی‌های قوی بیشتر در ارتباط با بخشیدن است تا گرفتن.

- با دوستان خود صادق و روراست باشید، اما فاصله‌ی خود را حفظ کنید، زیرا همه به دلیل اولویت‌ها و سبک زندگی خود تغییر می‌کنند.

➤ از فداکاری برای ایجاد یک دوستی محکم نترسید - اما ابتدا فداکاری‌هایی را که انجام می‌دهید ارزیابی کنید.

- دوستان این توانایی را دارند که زندگی شما را به سوی نورانیت یا تاریکی روانه کنند. دوستی‌هایی برقرار کنید که در مسیری درست باشند.

➤ اجازه ندهید دوستانتان شما را طوری کنترل کنند که ارزش واقعی و اهمیت زندگی و خانواده‌ی شما را از بین ببرد.

- دوست واقعی و دوستی قوی گنجینه‌ای برای عمر است. اجازه ندهید که به راحتی از شما دور شود.

- وقت و انرژی بیشتری را صرف کسانی کنید که برای شما خاص و ویژه هستند.

- بیشتر گوش کنید و احساسات و افکار واقعی خود را ابراز نمایید – اگر غافل شویم، چنین لحظاتی از کف می‌رود.

- تا جای ممکن با دوستان خود ارتباط برقرار کنید - نه فقط زمانی که به چیزی نیاز دارید.

- احساسات خود را با استفاده از کلمات، نوشتن، لمس و تعامل بیان کنید – برای حفظ پیوندهای دوستانه باید تلاش کرد.

- وقتی به شما نیاز دارند در کنارشان باشید، به‌خصوص در مواقع سخت.

- از مخالفت با دوستانتان نترسید. قطعاً شما با دوستانتان تفاوت‌هایی دارید، اما ارزش‌ها و مرزها را کنترل کنید.

- بحث‌های سالم، که از احترام متقابل ناشی می‌شود، برای ایجاد رابطه‌ای قوی‌تر به کار می‌آیند.

- تغییرات ناشی از دوستی را بپذیرید. همه‌ی افراد در طول زندگی تغییر می‌کنند، به خصوص زمانی که بزرگ‌تر می‌شویم، بالغ می‌شویم و خانواده تشکیل می‌دهیم.

- ظرفیتِ بخشیدن و رها کردن را تا آنجایی نگه دارید که به زندگی و ارزش‌های شما لطمه و صدمه‌ای وارد نشود.

دوستان می‌توانند از هر جایی وارد زندگی‌مان شوند. آنها می‌توانند زمانی از راه برسند که انتظارش را ندارید، یا زمانی که بیش از همیشه به آن نیاز دارید. دوستی در هر مکان و زمانی ایجاد می‌شود، و در واقع هیچ شرایطی برای دوستی و ایجاد پیوند با انسانی دیگر

وجود ندارد. دوستی‌های واقعی و قوی گنجینه‌های عمرمان هستند. هیچ چیز نمی‌تواند جایگزین پیوندی شود که بین دو نفر ایجاد شده، دو نفری که مانند خانواده یکدیگر را دوست دارند و از یکدیگر مراقبت می‌کنند.

بر اساس پیوندهای دوستی و خانوادگی است که ارزش‌های زندگی‌مان را شکل می‌دهیم. این پیوندها به ما امید به‌زندگی بهتر و آینده‌ای روشن‌تر می‌دهند. شالوده‌ی خوشبختی ما با چنین افرادی شکل می‌گیرد که به‌زندگی ما رنگ می‌بخشند. اگرچه ما مسئولیم به واسطه‌ی چیزهایی که به ما می‌بخشند، زندگی‌مان را بسازیم. برای رسیدن به شادی و زندگی رنگارنگ‌تر، ابتدا باید ارزش شادی را درک کنیم و سخت بکوشیم تا در برابر موانعی که باعث از بین‌رفتن شادی ما می‌شوند ناامیدی به خودراه ندهیم.

فصل ۴

ارزش شادی - دنبال کنید و از دست ندهید

از آغاز خلقت، انسان‌ها به دنبال خوشبختی در زندگی خود بوده‌اند. برخی از افراد به شادی و خوشبختی دست می‌یابند، اما با این وجود، ممکن است آن‌ها را تشخیص ندهند. با خودشان فکر می‌کنند که آیا خوشحال‌اند یا فرصت شادمانی را از دست داده‌اند. برخی هم نمی‌دانند که شاد بودن به چه معناست. همانطور که هر انسانی منحصربه‌فرد است، دیدگاه هر فرد نسبت به شادی نیز منحصربه‌فرد است. صرف نظر از این، بسیاری نیز حقایق را در مورد این ارزش مهم زندگی، یعنی شناختی مملو از شادی، نادرست ارزیابی کرده‌اند.

آیا خوشبختی متعلق به زمان حال است یا ابدی به شمار می‌آید؟ اگر واقعاً درک نکنیم چه چیزی ما را خوشحال می‌کند، چگونه می‌توانیم به خوشبختی نائل شویم؟ زندگی بدون چنین شناختی در تاریکی پوشیده خواهد شد، اینطور نیست؟ قبل از هر چیز، شادی از درون شما سرچشمه می‌گیرد و برای همیشه در آنجا جریان دارد. شادی درونی به شما نهایت رضایت را می‌دهد و احساسی فراموش‌نشدنی را به ارمغان می‌آورد که نمی‌توانید آن را با دیگران، به خصوص عزیزان و نزدیک‌ترین افراد، سهیم شوید.

خوشبختی چیزی است که وقتی در جهت بینش خود گام برمی‌داریم به آن دست پیدا می‌کنیم؛ سؤالاتی که انباشته‌ایم، کارگردان‌های زندگی‌مان که به ما کمک می‌کنند، و آزمون‌هایی که برای رسیدن به هدف زندگی‌مان با آن روبرو هستیم. در مسیری که به سوی بینش می‌رویم، شادی را می‌یابیم و داشتن امید، تلاش برای رسیدن به آن را ممکن می‌سازد. در نهایت، خوشبختی از خودتان شروع و به خودتان ختم می‌شود.

حتی اگر نتوانیم معنای شادی یا پیچیدگی احساسات را به درستی درک کنیم، زمانی که غذای مورد علاقه‌ی خود را می‌خوریم، شادی را خیلی ساده هم شده تشخیص می‌دهیم،

غذایی که می‌تواند جشنی برای رسیدن به یک موفقیت باشد و اطرافیانمان را خوشحال کند. حتی وقتی زندگی‌ای که همیشه آرزویش را داشتیم به دست می‌آوریم، اتفاقات کوچکی هم به صورت روزمره رقم می‌خورند که نباید از آنها غافل شویم. شادی پاداشی برای تکمیل چرخه‌های زندگی و دستیابی به تمامی اهداف زندگی نیست، بلکه چیزی است که در طول مسیر ایجاد می شود.

علاوه بر این، باید اولین باری را که به صورت تمام و کمال احساس خوشبختی کرده‌ایم به خود یادآوری کنیم. باید به یاد کسانی باشیم که کارگردان‌های خوشبختی ما بودند و بدانیم که وجود این افراد در زندگی‌مان چه نعمتی است. این کارگردان‌ها نقش و تأثیر زیادی در شادی ما داشته‌اند. حتی اگر در زمان خودش متوجهش نبودیم، حالا دیگر باید آن را درک کنیم. بدون آنها، بدون محیطی که برایمان فراهم می‌سازند و بدون تشویقی که نثارمان می کنند، نمی‌توانیم به بالاترین سطح شادی‌ای که به دنبالش هستیم برسیم.

> ما همه رنگ‌های زندگی هستیم – قرار است با هم در نظمی زندگی کنیم تا این دنیا را زیباتر سازیم و شادی را به همه هدیه کنیم.

شادیْ میلیون‌ها رنگ، دلیل و تأثیر دارد. نه‌شرطی است که فقط یک بار وجود داشته باشد، و نه مشروط. خوشبختی بیش از آن چیزی است که کلمات می‌توانند بیان کنند؛ خوشبختی زندگی‌تان را به شکلی روشن و واضح رنگ می کند. ما در طول زندگی خود به دنبال این احساس متعالی هستیم و اگرچه هر روز برای خوشبختی خود می‌جنگیم و تلاش می‌کنیم، اما ممکن است برخی از ما به طور کامل به آن دست نیابیم یا از آنچه به دست آورده‌ایم راضی نباشیم.

دنیای ما آنقدر کوچک و بسته شده است که گاهی فراموش می کنیم زندگی کردن و نفس کشیدن در این سیاره‌ی خارق‌العاده با هزاران زبان، فرهنگ، مذهب، آیین به خودی خود بخشی از خوشبختی است. دنیا پر از رنگ‌ها، امکان‌ها و فرصت‌های بسیار است؛ که همین دیدن و درک کردن چنین دنیایی شگفت‌انگیز و نفس‌گیر است.

خوشحالی و دلخوشی من، زنده بودن برای دیدن تجربه‌ی موفقیت دیگران و شادی و آسایشی است که به ارمغان می‌آورند.

برخی از روزها آنقدر از روزهای دیگر سخت‌تر است که باور به خوشبختی غیرممکن به نظر می‌رسد. وقتی بیرون تاریک می‌شود، یادآوری اینکه خورشید دوباره خواهد درخشید، کار سختی است. اشکالی ندارد که غمگین و پر از احساسات ناخوشایند شوید. اشکالی ندارد که برای مدتی دست از کار بکشید و دنیا را فراموش کنید. اما همانطور که خورشید ابرها را می‌سوزاند، ما نیز باید افکار منفی‌مان را بسوزانیم و برای یک روز دیگر در جستجوی خوشبختی بجنگیم.

مسیر زندگی من هرگز ساده یا روشن نبود. همراه با پدر و مادر و خواهر و برادرم، در اوایل زندگی سختی کشیدیم و فهمیدیم که مسیر ما به سوی آینده با موانع زیادی همراه خواهد بود. میلیون‌ها نفر در سراسر جهان هستند که در سرزمین‌های آرام به دنیا آمده و بزرگ شده‌اند و در همان شهر یا کشور به مهدکودک، دبستان و دبیرستان رفته‌اند. این افراد سپس تحصیلات عالی را ادامه می‌دهند، شغلی به دست می‌آورند، ازدواج می‌کنند، خانه می‌خرند و سپس بازنشسته می‌شوند. این ساختار و روال عادی‌ای است که بخش عظیمی از مردم از آن پیروی می‌کنند.

با این حال، میلیون‌ها نفر نیز وجود دارند که چندان خوش‌شانس نیستند که در چنین محیطی متولد شوند. اگرچه هر کس در زندگی با چیزی مبارزه می‌کند، اما برخی از این مبارزه‌ها به معنای واقعی مبارزه است. متأسفانه داستان من در دسته‌ی مبارزه‌های واقعی قرار می‌گیرد. همانطور که در فصل‌های قبلی در مورد آن صحبت کردم، زندگی‌ام پر از چالش‌های زیادی بود که من و خانواده‌ام چاره‌ای جز پذیرش آنها نداشتیم. ما باید با آن کنار می‌آمدیم و می‌پذیرفتیم که این مبارزات صرفاً بخشی از زندگی ما است. با وجود مبارزات نه چندان ساده‌مان، همچنان به دنبال خوشبختی بودیم. حتی زمانی که زندگی بار سنگینی بر روی شانه‌هامان گذاشت، همچنان آرزوی شاد بودن را در سر می‌پروراندیم و هر روز به این فکر می‌کردیم که شادی واقعی چگونه خواهد بود.

شاید سختی عصاره‌ی زندگی ما و افرادی مثل من باشد -زندگی کسانی که در حال مبارزه هستند. حتی ممکن است برخی بگویند سرنوشت ما این است که چنین زندگی کنیم، اما

با این وجود، هر انسانی سزاوار خوشبختی است، هر چقدر هم که زندگی زودگذر یا کوتاه باشد.

کسی که افغان متولد شده، گویی فقط برای مشاهده‌ی جنگ و مصیبت زنده است، زندگی کردن و مردن با این مفهوم که هرگز در این زندگی آرامش و آسایش را تجربه نخواهیم کرد. یک بچه‌ی فلسطینی ممکن است که در جنگ و نزاع بزرگ شده و هرگز سویه‌ی روشن زندگی را ندیده، اما همیشه هر روز برای زندگی کردن برای فردایی بهتر تلاش می‌کند. کودکان محروم در هند و فیلیپین که در شرایط سخت اقتصادی به دنیا می‌آیند و بزرگ می‌شوند، شادی از آنها طفره می‌رود زیرا مبارزه برای زندگی افکار و رؤیاهای آنها را می‌بلعد: دسترسی کافی به غذا، آب سالم، آموزش، لوازم بهداشتی و... این فهرست باز هم می تواند ادامه داشته باشد.

اگر هر فردی در این سیاره سزاوار شادی است، پس چرا میلیون‌ها نفر برای بقا تلاش می‌کنند و از دستیابی به زندگی سالم و شاد محروم هستند؟

با وجود اینکه زندگی‌ای پر از سختی و مبارزه داشتم، با کودتاها، جنگ‌ها و آشفتگی‌های زیادی روبه‌رو شدم، به عنوان پناهنده زندگی کردم و دور از خانواده‌ام بزرگ شدم، باز هم آنقدر خوش‌شانس بودم که بین همه‌ی آوارهایی که بر سر زندگی‌ام فروریخته بود، خوشبختی را یافتم.

ملموس‌ترین خاطره‌ی شادی در زندگی من، دیدار مجددم با پدر و مادر و خواهر و برادرم بود. بعد از ۱۳ سال زندگی و رشد بدون خانواده‌ام، بدون هیچ گونه تماسی با آنها. در حالی که آنها در ایران سختی‌ها و مشکلات خودشان را می‌گذرانند، بالاخره توانستم دوباره آنها را ملاقات کنم. مثل این بود که از خواب بیدار شده باشم و به واقعیت برگشته باشم. دوری از هم، قلب‌هایمان را به تنگ آورده بود. خواهرم ۴ ساله بود که من مجبور به رفتن شدم و ۱۷ ساله بود که دوباره با او دیدار کردم. برادرم ۱۰ ساله بود که ترکشان کردم و ۲۳ ساله بود که دوباره او را دیدم. پدر و مادرم که در نوجوانی راهنمایی‌ام می‌کردند، و زمانی که ناامید و سرگشته بودم تشویقم می‌کردند، حالا سالخورده‌تر و حتی داناتر شده بودند. من هم خیلی عوض شده بودم. مثل آنها داستان‌های درد و رنج خودم را داشتم، اما با وجود همه‌ی اینها، خوشحال بودیم. خانواده‌ای که حالا تکمیل بود، و به رغم همه‌ی مصائب، خوشحال.

خوشبختی؛ واژه‌ای ساده که مجموعه‌ای گسترده از احساسات در نائل شدن به آن دخیل‌اند.

خوشبختی من با مبارزات و رنج‌هایم همراه بود. بعد از اینکه از ایران فرار کردم و خانواده‌ام را ترک گفتم، دو سال را به عنوان پناهنده در پاکستان گذراندم. بسیار خوش‌شانس بودم که کانادا مرا در آغوش خود پذیرفت، جایی که فرصت شروع یک زندگی جدیدرا یافتم. اگرچه این فرصت به من داده شد تا سفری را آغاز کنم که مرحله‌ی تیک آفِ فصل جدیدی در زندگی من را رقم می‌زد، اما با این وجود تنها بودم. نوجوانی بودم در کشوری که هرگز به آن سفر نکرده بودم و تنهای تنها بودم. اگرچه مبارزات در کانادا با ایران، پاکستان یا افغانستان متفاوت بود، اما زندگی بی‌ثباتی را بدون راهنمایی‌های دلگرم‌کننده، بدون حمایت عزیزان یا خانواده‌ام پشت سر می‌گذاشتم.

مانند میلیون‌ها پناهنده و مهاجری که مجبور به ترک خانه و عزیزانشان می‌شوند، من هم باید متوجه می‌شدم که به کجای این دنیا تعلق دارم. باید با دو دست خودم زندگی جدیدی خلق می‌کردم، نقشه‌ای می‌کشیدم و راهی برای ساختن زندگی‌ام می‌ساختم تا دوباره از هم نپاشد. با مسئولیتی روبرو شده بودم که هیچ کودکی نباید با آن روبرو شود. مانند بسیاری از افراد قبل از من، و بسیاری از افراد پس از من، از خانواده، سنت‌ها، دوستان و زبان مادری‌ام دور شدم. وقتی همه‌ی چیزهایی که تا به حال داشتید از شما سلب شود، سخت است که خوشبختی را پیدا کنید. با وجود فرصت‌هایی که به شما داده شده، گاهی اوقات از دست دادن بسیار طاقت‌فرسا است.

با وجود اینکه این دگرگونی‌ها بی‌اندازه پرمشقت بود، همچنان برای همه‌ی کارهایی که کانادا برایم کرد و معنای زندگی‌ای که در آنجا یافتم، از این کشور سپاسگزارم. کشورهایی مانند کانادا، استرالیا، آلمان و چند کشور دیگر به مبارزات پناهندگان و مهاجران اهمیت می‌دهند و با آنها همدردی می‌کنند. این کشورها به شما خانه‌ای جدید و فرصتی برای شروع دوباره می‌دهند، آن هم زمانی که تمام دنیای شما تاریک و بی‌رنگ به نظر می‌رسد. مهاجرت و حمایت کانادا برایم سرمایه‌ای شد و ادغام در محیط جدید بدون شک موهبتی ویژه بود. من به خاطر آنچه که امروز هستم و دارم، مدیون این کشور هستم و خواهم بود.

بار فقدانی که متحمل شده بودم و کاملاً آن را احساس می‌کردم، از جانب بنیادهای مشغول به فعالیت در کانادا و حمایتی که دولت ارائه می‌کرد، کاهش یافت. برای اولین بار پس از مدت‌ها احساس امنیت و آسایش می‌کردم. با اینکه بدون عزیزترین افراد زندگی‌ام بودم و در مورد ادامه‌ی زندگی در کانادا نگرانی‌های زیادی داشتم، اما خوشحال بودم. به من امکان‌هایی داده شد که برای قدردانی از داشته‌های گذشته‌ام به آنها نیاز داشتم، و درست زمانی که محتاجشان بودم در اختیارم قرار گرفتند.

پس از بیش از یک دهه زندگی در کانادا و تبدیل شدن به مردی جوان، با ادامه‌ی تحصیل در خارج از کشور، بینش، اشتیاق و شادی‌ام را دنبال کردم. گرچه هنوز حفره‌ای در قلبم داشتم، اما زندگی‌ای را پایه‌گذاری کردم که در آن شاد، امن و آسوده باشم.

در طول ۱۳ سالی که از خانواده‌ام دور بودم، سالی یک یا دو بار می‌توانستم با والدینم از طریق نامه - و به ندرت از طریق تماس تلفنی - صحبت کنم، به خصوص در چند سال اول. این کار برایم بسیار سخت بود، زیرا همه‌ی ما با یکدیگر بسیار صمیمی بودیم. قبل از جدایی از خانواده، اغلب با هم صحبت می‌کردیم و آنها نزدیک‌ترین معتمد من بودند. علیرغم اینکه گهگاه با آنها ارتباط برقرار می‌کردم، باز هم مواقعی نگران بودم که ممکن است اتفاقی برای آنها افتاده باشد. وقتی گاهی از اقوام می‌شنیدم که حال پدر و مادرم خوب است، آرام می‌شدم.

زمانی که دولت ایران بالاخره پاسپورت والدینم را به آنها بازگرداندند، توانستند خودشان با من تماس بگیرند. خبردار شدن از آنها و اطلاع از اینکه به استرالیا می‌روند، جایی که برادرم نوید چند سال پیش به آنجا مهاجرت کرده بود، نگرانی‌هایی را که سال‌ها ذهنم را درگیر کرده بود، کاهش داد. دانستن اینکه آنها بالاخره در امان خواهند بود و خانواده‌ام می‌توانند یک بار دیگر در کنار هم باشند، باعث خوشنودی‌ام شده بود. تصمیم گرفتم چمدانم را ببندم و به آنها سر بزنم.

در تابستان ۱۹۹۸ بالاخره توانستم خانواده‌ام را دوباره ببینم. در فرودگاه استرالیا ناگهان غلیان هیجان و شادی بر من غلبه معناست. تمام دوستانی که در این مسیر پیدا کردم و به من امید دادند، فرصت‌هایی که از سر خوش‌شانسی به دست آوردم، کارگردان‌هایی که در زندگی‌ام به من انگیزه دادند و در نهایت خانواده‌ام؛ خانواده‌ام قطعه‌ی گمشده

خوشبختی واقعی من بود. اگرچه آنها در کودکی من حضور داشتند، اما تا زمانی که همه چیز را از دست ندادم، نفهمیدم که چه گوهری هستند.

مبارزات دائمی‌ام برای ساختن زندگی‌ای بدون حمایت خانواده، احساس خوشبختی وصف‌ناپذیری را در من ایجاد کرده بود. از ادامه‌ی تحصیلات عالی خوشحال بودم، و توانستم در طول مدتی که در کانادا زندگی می‌کردم، در درونم شادی ایجاد کنم، اما پیوستن دوباره به خانواده‌ام آن حفره را در قلبم پر کرد که به من اجازه نمی‌داد تمام و کمال خوشحال باشم.

اگر چه زندگی‌ام از حالت طبیعی بسیار فاصله داشت، و بسیار متفاوت از آن چیزی بود که تصور می‌کردم، آموختم و کشف کردم که چگونه می‌توانم شاد باشم. آموختم که خوشبختی واقعی احساس الکتریسیته‌ای است که در بدن جریان می‌یابد و باعث می‌شود احساس کنید قلبتان منفجر خواهد شد. این چیزی است که شما را تغییر می‌دهد و به شما دیدگاه جدیدی نسبت به زندگی می‌بخشد. این داستان شماست و کشف خودتان یعنی خوشبختی. همه چیز از شما شروع می‌شود. این شما هستید که شکوفا خواهید شد و در زمان شکوفایی خود، دیگران را روشن و توانمند خواهید کرد - همانطور که دیگران با شما چنین کرده‌اند. این شما هستید که تغییرات را در زندگی خود طراحی و اجرا می‌کنید. افرادی که ملاقات کرده‌اید و موقعیت‌هایی که در آنها بوده‌اید، زندگی‌تان را رنگ می‌کنند، اما کاری که با آن رنگ انجام می‌دهید مهم است. این رنگ‌ها با شادی و روشنایی ترکیب می‌شوند و برای زندگی‌تان معنا می‌سازند و شما را به سوی آینده‌ای روشن‌تر سوق می‌دهند.

»خوشبختی زمانی رخ می‌دهد که آنچه فکر می‌کنید، آنچه می‌گویید و آنچه انجام می‌دهید با هم هماهنگ باشند.«

-مهاتما گاندی

یک لحظه فقط با دقت نفس بکشید. چه می‌شنوید؟ چه چیزی می‌بینید یا استشمام می‌کنید؟ امروز چه پیروزی‌های کوچکی کسب کرده‌اید و در چه موقعیت‌هایی شکست را پذیرفته‌اید؟ در لحظه حضور داشته باشید و سعی کنید به یاد بیاورید که چه چیزی شما را خوشحال می‌کرند؟ آیا چیزی است که اکنون هم احساسش می‌کنید؟ آیا از طعم

قهوه در صبح لذت می‌برید؟ آیا سکوت شب برای شما آرامش به ارمغان می‌آورد؟ چه بخش‌های کوچکی از زندگی روزمره خوشحال‌تان می‌کند؟

در حالی که لحظات شادی‌آفرینی وجود دارند که آشکارتر از بقیه‌اند، باید به یاد داشته باشیم که شادی در اشکال و اندازه‌های مختلف وجود دارد. حتی اگر در اطراف ما هرج و مرج وجود داشته باشد، فقط داشتن اندکی خوشی و شادی کافی است تا برای مبارزات بیشتر بجنگیم. ارزش‌هایتان در زندگی چه چیزهایی هستند؟ دوستان و خانواده‌ای که به شما امید می‌دهند چه کسانی هستند؟ خوشبختی بدون امید از بین می‌رود. اگر به فردای بهتر امیدوار نباشیم، چگونه می‌توانیم به خوشبختی امیدوار باشیم؟ لحظات کوچک شادی را در زندگی خود به یاد آورید و امیدوار باشید که این احساس متعالی همیشه بخشی از زندگی شما باشد.

> کسانی که شما را دوست دارند هرگز ترک‌تان نخواهند کرد.
> حتی اگر صدها دلیل برای رها کردن داشته باشند، همیشه یک دلیل برای باقی ماندن خواهند یافت.

من شادی را در خنده‌های پسرم یافتم. در شیوه‌ای که دنیا را با چشمانی بزرگ و معصوم می‌بیند. وجود او برای من شادی کافی برای یک عمر به ارمغان می‌آورد. اگرچه مبارزات من با یک یا دو دهه‌ی قبل متفاوت است، اما هنوز لحظاتی در زندگی‌ام وجود دارند که بر وضعیت روحی‌ام تأثیر می‌گذارند. با این حال، معجزه‌ی زندگی را در بدن کوچکی که به خلق آن کمک کردم می‌یابم. در میان مِهی که هر از چند گاهی شادی‌ام را کدر می‌کند، هوش پسر کوچکم را به یاد می‌آورم و می‌بینم که چگونه در حال یافتن شخصیت خودش است. به زودی او بینش خود را پیدا خواهد کرد، معنای خوشبختی را برای خودش تعریف خواهد کرد و من کارگردان زندگی او خواهم بود، همان‌طور که والدین و دوستانم در زندگی من چنین بودند.

با همه‌ی سرسختی‌ها، بی‌عدالتی‌ها و مبارزات، زندگی هنوز هم سرشار از شادی است. مهم نیست که چه کاری انجام می‌دهید یا کجا هستید، همیشه روحیه‌ی خود را بالا نگه دارید، رؤیاهای وسیعی داشته باشید، زندگی را فراتر از چارچوب امروز ببینید و هرگز امیدتان را از دست ندهید.

فعالیت فکری

۱. اگر در زندگی شما یک رنگ وجود داشته باشد، آن رنگ چه رنگی است و چرا؟

۲. زندگی بدون رنگ چگونه است؟

۳. چرا در زندگی خود به رنگ نیاز داریم؟ و چرا داشتنش اینقدر مهم است؟

۴. چه ارزش‌هایی در زندگی شما وجود دارد؟

۵. اگر این شانس را داشته باشید که خانواده‌ی خود را تشکیل دهید، چه نوع رابطه‌ای با شریک زندگی و فرزندان خود ایجاد می‌کنید؟

۶. چیزهای کوچک روزمره‌ای که شما را خوشحال می‌کنند را به یاد می‌آورید؟

۷. خوشبختی برای شما چه معنایی دارد؟

زندگی شما رنگارنگ خواهد شد، اگر که شروع به رنگ کردن آن کنید! این تصمیمات خود شماست که نتیجه‌ی زندگی‌تان‌را تعیین می کند- بکوشید تیرگی‌های جهان به‌رنگ درآیند و این‌را با اطمینان بدانید که‌زندگی همچون کتاب‌رنگ‌آمیزی‌ای است که فقط خود شما می‌توانید بخش‌های خالی‌اش‌را پر کنید.

بخش سوم

تلاش و برخاستن

شجاعت

فصل ۱

تاب‌آوری و بلندپروازی

میلیون‌ها نفر در جهان هستند که هر روز با تاریک‌ترین لحظات زندگی خود روبرو می‌شوند. حتی زمانی که آینده تیره و ناامید به نظر می‌رسد، آنها تصمیم شجاعانه‌ای برای داشتن فردایی بهتر می‌گیرند. این افراد برای بخش بزرگی از زندگی خود تلاش می‌کنند، به دنبال آسایش، آرامش و شادی‌های کوچک خود هستند، اما اغلب با ناامیدی مواجه می‌شوند که اکثر ما حتی نمی‌توانیم تصورش را بکنیم.

رنج یک وضعیت اجتناب‌ناپذیر انسانی است. در حالی که حجم‌های مختلفی برای رنج وجود دارد، اما بدون شک زمانی در زندگی فرا می‌رسد که امیدتان را از دست می‌دهید و آینده بی‌معنی به نظر می‌رسد. این احساس ناامیدی و یأس چیزی نیست که بتوانید در برابرش مقاومت کنید و نادیده‌اش بگیرید - احساسی است که تمام وجودتان را در بر می‌گیرد. وقتی تاریکی ذهن‌مان را کدر می‌کند، نمی‌توانیم خوشبختی را جستجو کنیم، با این حال، شما قدرت تسخیر و کنترل احساسات خودرا دارید. حتی اگر احساس می‌کنید که رنج غیرقابل تحمل است، اما بدانید که شما قوی‌تر از آن چیزی هستید که فکرش را می‌کنید.

کسانی که بیشترین رنج را می‌کشند، آنهایی هستند که بیشترین شجاعت‌ها و بزرگترین قلب‌ها را دارند. علیرغم رنجی که متحمل شده‌اند، اولین کسانی هستند که به شما کمک می‌کنند. آنها افرادی هستند که می‌بخشند، هرچند که دستشان خالی است.

امروز پایان دنیا نیست. فردا به دیروز نگاه خواهید کرد و متوجه می‌شوید که احساس فلج‌کننده‌ی رنج چیزی بود که با دستانتان بر آن غلبه کردید. خودتان را از اعماق تاریکی بیرون کشیدید و در مسیری به سوی آینده‌ای روشن‌تر قرار دادید. زندگی ارزش جنگیدن را دارد، شکی در آن نیست. تمام آن کارگردان‌ها در زندگی‌تان را به یاد بیاورید که به شما کمک کردند بینش خودرا دنبال کنید. به کسانی فکر کنید که شما را به دنیا آوردند و به

شما حیات بخشیدند. خانواده و دوستان خود را به یاد بیاورید که زمانی که به آنها نیاز داشتید، به شما امید دادند.

شما تنها کسی نیستید که در دنیا رنج می‌کشید، بلکه تنها کسی هستید که می‌توانید خود را از تاریکی بیرون بکشید. برخلاف کسانی که هر روز برای زندگی بهتر تلاش می‌کنند و از تلاش برای یافتن آن دست می‌کشند، شما این قدرت را دارید که در زندگی خود تغییر ایجاد کنید. رنج و مبارزه همه بخشی از روند زندگی و دستیابی به زندگی بهتر است. اگر شهامت رویارویی با ترس‌ها و تاریکی‌ها را دارید، پس شهامت این را هم دارید که آینده‌ای چنان روشن بسازید که تاریکی نتواند در آن نفوذ کند.

ترس نباید چیزی باشد که شما را فلج کند. باید عاملی باشد که به شما انگیزه دهد. ترس چیزی است که همه‌ی ما سهمی از آن می‌بریم. با هم، ما را متحدتر و قوی‌تر نگه می‌دارد.

از زندگی‌ای که به شما داده شده و افرادی که ملاقات کرده‌اید خشنود باشید. زندگی یک نعمت است. احتمالاً در جایی هستید که می‌توانید احساس امنیت و آسایش کنید و در جامعه‌ای با ثبات قرار دارید که در آن قانون و نظم برای محافظت از شما ایجاد شده. می‌توانید صحبت کنید، از ایده‌های خود دفاع کنید و آزادانه نظرات خود را بیان کنید. لازم نیست نگران این باشید که شخصی به طور تصادفی با اسلحه‌ای که به سر شما نشانه رفته عقایدتان را زیر پا می‌گذارد، لازم نیست نگران باشید که بمبی در هنگام بازی با بچه‌های خود در اطرافتان پرتاب شود. دوچرخه‌سواری در خیابان برایتان آزاد است، از هوای تازه، آب تمیز، لباس و سقفی بالای سرتان برخوردارید. فردا روز دیگری است و مبارزاتی که امروز با آن روبرو هستیم صرفاً وعده‌ی فردا را شیرین‌تر می‌کند.

دلیلی وجود دارد که به ما زندگی‌ای که داریم اعطاء شده. تمام کشمکش‌ها، سختی‌ها، شادی‌ها، بینش‌ها و امیدهایی که در زندگی ما رخ می‌دهند بنا به دلیلی اتفاق افتاده‌اند. نباید زندگی‌ای را که به ما ارزانی شده دست کم بگیریم، زیرا در این صورت تمام تلاش‌هایی که تا کنون در زندگی‌مان کرده‌ایم بیهوده خواهد بود. اگر دیدید که روال زندگی‌تان به نحوی شده که از آن متنفرید، به جای تصمیم‌گیری عجولانه، لحظه‌ای دست نگه

دارید. خوب بیندیشید و سپس تغییرات را ایجاد کنید. روال هر روزه را تغییر دهید، شغل خود را رها کنید، از فرصت استفاده کنید و مسیری جدید برای زندگی خود بسازید تا هیجان بیشتری برایتان ایجاد کند.

> «بزرگترین جلوه‌ی عظمت زندگی در این نیست که هرگز زمین نخوریم، بلکه در این است که هر بار که سقوط می‌کنیم از جا برخیزیم».
>
> -نلسون ماندلا

شجاعت داشته باشید که فراتر از موضوعات بی‌اهمیت و به آینده‌ای که در آن می‌توانید پیشرفت کنید نگاه افکنید. حقیقت این است که هیچ چیز عادی در زندگی‌مان وجود ندارد. جامعه به ما می‌گوید که باید بزرگ شویم، که یاد بگیریم و مسیر پیشرفت را دنبال کنیم، به دنبال تحصیلات عالی باشیم، فارغ‌التحصیل شویم، شغلی بیابیم، خانه‌ای دست و پا کنیم، خانواده‌ای تشکیل دهیم و از آن خانواده حمایت کنیم تا زمانی که پیر شویم، بازنشسته شویم و سپس بمیریم. این روال «استاندارد» زندگی است که به بسیاری از ما گفته شده که انجام دهیم. اما زندگی ما برای چیزی بسیار بزرگ‌تر از آنچه باید انجام دهیم خلق شده است.

وقتی مردم ازدواج می‌کنند، هدفشان این است که تا ابد با هم پیوند برقرار کنند، اما وقتی به دنیا می‌آییم، قرار است چه کار کنیم؟ هیچ چیز در زندگیْ ما را به چیزی دیگر محدود نمی‌کند. مسائل پیش پا افتاده‌ای که هر روز به آن فکر می کنیم ممکن است در کالبد مسائل دیگر هیچ معنایی نداشته باشند. هر کس فقط کاری را انجام می‌دهد که فکر می‌کند برای داشتن یک زندگی رضایت‌بخش باید انجام دهد. هیچ کس به ما نمی‌گوید که برای شاد بودن باید چه کار کنیم یا وقتی آینده‌مان تاریک به نظر می‌رسد چگونه شجاعت به خرج دهیم.

تنها چیزهایی که می‌دانیم آن مواردی‌اند که جامعه به ما می‌گوید.

با داشتن یک زندگی راحت، تصور می‌کنیم که بی‌عدالتی‌هایی که در خاورمیانه، آفریقا، آمریکای جنوبی، آسیای جنوب شرقی وجود دارد - در تمام نقاطی که از شستشوی مغزی با عنوان «هنجار اجتماعی» بهره می‌برند – امری طبیعی است. مشکل فراتر از

توان ماست، کاری از دست‌مان برنمی‌آید، همیشه اتفاقات بدی در دنیا رخ می‌دهد: خشونت، فقر، گرسنگی، بی‌عدالتی. بزرگ می‌شویم و می‌فهمیم که این چیزها را هرگز نمی‌توان تغییر داد زیرا از مدت‌ها پیش وجود داشته‌اند.

زندگی امری پیش پاافتاده نیست و همه‌ی ما باید به یاد داشته باشیم که رنجی که با آن روبرو هستیم دلیلی برای داشتن شجاعت و حرکت به جلو است. زندگی یک چالش است، هرچند ممکن است عادلانه نباشد. باید به یاد داشته باشیم که در زندگی فقط یک مسیر وجود ندارد. یک راه «درست» برای زندگی تعریف نشده. مبارزات و رؤیاهایمان را هیچ کس نمی‌تواند از ما بگیرد. اینکه با آنچه در زندگی به ما داده شده است چه می‌کنیم کاملاً به خودمان بستگی دارد. تسلیم شدن یا تلاش رو به جلو؟ این به ما بستگی دارد که چه تصمیمی می‌گیریم، اما به خاطر داشته باشید که زندگی ما پر از رنگ است، و مسئولیتش بر عهده‌ی ماست که نشان دهیم چه کسی هستیم و چه چیزی از زندگی‌مان خواهیم ساخت.

> اگر دنیا تاریک به نظر می‌رسد، بر روی لحظات کوچکِ شادیِ روزمره تمرکز کنید. بقایای رؤیاهای خود را باقی نگه دارید و راه خود را به سوی آینده‌ای بهتر و روشن‌تر در پیش بگیرید.

در سال ۱۳۵۸، زمانی که هنوز کودک بودم و خانواده‌ام به دلیل آشفتگی‌های فراوان مجبور به فرار از افغانستان شدند، به ایران بازگشتیم. تمام چیزهایی که خانواده‌ام داشتند، خانه‌ی بزرگ، امنیت، سگ‌ها، خدمتکاران، همه‌ی چیزهایی که پدر و مادرم در چندین سال گذشته برای آن تلاش کردند و اندوختند، در یک لحظه از بین رفت.

از سال ۱۳۵۷ تا ۱۳۵۸، انقلاب اسلامی به سلطنت پهلوی که بیش از ۴ دهه ادامه داشت، پایان داد. ایران نیز مانند افغانستان، از نظر سیاسی و اجتماعی دستخوش تغییرات اساسی شده بود. بسیاری از مقامات و رؤسای نهادهای اصلی تغییر کردند، سِمَت‌شان از آن‌ها گرفته شد و در ازای آن هیچ غرامتی پرداخت نشد. به همین ترتیب،

بسیاری از افراد برجسته، تحصیلکرده، شخصیت‌های سرشناس، اعضای خانواده‌ی سلطنتی و وابستگان آنها و همچنین دیپلمات‌ها شروع به فرار از ایران کردند.

با وجود همه‌ی تغییراتی که رخ داد، پدرم موظف شد به ایران بازگردد - و همینطور هم شد. اگرچه می‌توانست مانند بسیاری فرار کند، اما مرتکب اشتباه تأسف‌باری شده بود و آنچه که وظیفه‌اش معین کرده بود انجام داد. با چنین کاری، مسیر آینده‌ی خانواده‌ی ما مسیری را طی کرد که تثبیت آن نه سال‌ها، بلکه دهه‌ها طول کشید. ما می‌توانستیم مانند بسیاری از همکاران او در سفارت به ایالات متحده یا بریتانیا فرار کنیم، اما بازگشت به ایران اتفاقات وحشتناک و تهدیدکننده‌ای را رقم زد که من به واسطه‌ی کوچکی‌ام نمی‌توانستم درباره‌اش کاری انجام دهم.

در حین بازگشت با مشکلاتی مواجه شده بودیم و پدرم تصمیم گرفت بازگشت خود را به ایران به تأخیر بیندازد تا با این مسائل برخورد کند، در حالی که من و مادرم و برادر کوچکترم به خانه‌ای برگشتیم که چیز زیادی از آن به یاد ندارم. وسایل کمی را توانستیم با خودمان ببریم. از آنجایی که پدرم مجبور شد چند ماه دیگر در کابل بماند، تصمیم گرفت بقیه‌ی وسایل را که در زمان اقامتمان در افغانستان و سایر کشورها جمع کرده بودیم، با کامیونی بزرگ با خود بیاورد. او قصد داشت کامیونی کرایه و راننده‌ای استخدام کند و با یکی از همکارانش به ایران برگردد.

وقتی بدون پدرم برگشتیم، تمام زندگی ما در گردابی از ناامنی غرق شده بود. در بدو ورود، نیروهای فرودگاه و افراد انقلابی پاسپورت‌های ما را ضبط کردند و هرگز آنها را پس ندادند. زندگی ما دچار هرج و مرجی شده بود که هیچکس انتظارش را نداشت. در میان تمام تغییراتی که در جریان بود، نمی‌دانستیم چه بر سر پدرم یا خانواده‌مان می‌آید. بسیاری از اطرافیان ما که در ایران ماندند و در ارتش، در امور خارجی و سایر مناصب دولتی رتبه‌ی بالایی داشتند، دستگیر شدند و تحت تعقیب قرار گرفتند. دورانی آشفته و بی‌ثبات را پشت سر می‌گذاشتیم. پس از گذراندن کودتاهای مختلف در افغانستان و سپس بازگشت به خانه در آشفتگی‌های ایران، به نظر می‌رسید که رنج خانواده‌ی من هرگز پایان نخواهد یافت.

من و خانواده‌ام منتظر بازگشت پدرم بودیم. پس از چند ماه اقامت در کابل، بازگشت با کامیون و همکارش به ایران تنها باید حدود یک هفته یا در همین حدود طول می‌کشید،

اما در عوض تقریباً یک ماه به درازا کشید تا به ایران برسند. من و مادرم و برادرم هر روز نگران جان پدرم بودیم. نمی‌دانستیم چه اتفاقی افتاده یا چرا بازگشت او اینقدر طول کشیده. در میان تغییرات در ایران و هرج و مرج در افغانستان، ذهنمان به سمت بدترین سناریوهای ممکن می‌رفت.

وقتی پدرم بالاخره به خانه برگشت، وسایل چند سال گذشته‌مان از بین رفته بود. همه چیز تباه شده بود. پدرم در امان بود، اما آنچه را که برای بازگشت به خانه تحمل کرده بود، دردناک بود. در راه ایران از سوی گشت شوروی گروگان گرفته شده بود و به نحوی معجزه‌آسا فرار کرده بود. با این حال، هنگامی که از دست اتحاد جماهیر شوروی رها شده بود، چند روز بعد از جانب مبارزان آزادی، مجاهدین، دستگیر شد. سفر او به خانه آغازی بود برای مبارزه و سختی‌هایی که خانواده پس از بازگشت به ایران با آن روبرو می‌شدیم.

هرگز روزی را فراموش نمی‌کنم که کامیونی با کانتینری ۲۰ فوتی جلوی خانه‌مان در تهران توقف کرد. روزی بود که خانواده‌ام هرگز فکر نمی‌کردند از راه برسد. فکر می‌کردیم که بدترین اتفاق ممکن افتاده است. قبل از بازگشت پدرم، مادرم با برخی از دوستان‌مان در افغانستان تماس گرفته بود تا ببیند او کجاست، اما هیچ کس خبری نداشت. روزها، بلکه هفته‌ها منتظر بازگشت او بودیم. تا اینکه یکی از همکاران قدیمی پدرم در ایران به ما گفت که پدرم از سوی نیروهای شوروی و مبارزان آزادی گروگان گرفته شده. او گفت که این داستان در اخبار بی‌بی‌سی پخش شده و در گاردین نیز به آن اشاره شده. روزهای بعد پس از این خبر، رنجی را که مادرم متحمل می‌شد به چشم دیدم، رنج این خیال که پدرِ فرزندانش را از دست داده.

با این حال، یک روز صدای پدرم را شنیدم که ما را فرا خواند و گفت در را باز کنیم. من در اوج ناباوری و خوشحالی بودم. همه‌مان فکر می‌کردیم که پدر مرده و بدون هیچ اثری ناپدید شده. وقتی من و برادرم به بیرون دویدیم و با در آغوش گرفتن از او استقبال کردیم، خوشحالی شدید و رهایی از نگرانی را احساس کردم. یکی از شادترین لحظات زندگی من بود. دیدن پدری که همه فکر می‌کردیم مرده است، نهایت خوشحالی را برایمان رقم زد. با این حال، مدتی پس از ملاقات کوتاه‌مان، متوجه شدیم که گلوله‌ها اطراف کامیون را سوراخ سوراخ کرده‌اند. تقریباً هیچ قسمتی وجود نداشت که آسیب ندیده باشد. هر یک از این گلوله‌ها می‌توانست به پدرم اصابت کند. این مسئله در حالی

که برای والدینم بسیار ترسناک بود، برای من در آن سال‌ها به عنوان یک پسربچه، شگفت‌انگیز و باورنکردنی به نظر می‌رسید.

در طول چندین هفته غیبت پدرم، او حوادث خطرناکی را پشت سر گذاشته بود و تسلیم دزدان و قاچاقچیانی شده بود که وسایل ما را ربوده بودند. اگرچه وسایل به تاراج رفت و مصیبت‌های بسیاری در طول راه گریبان‌گیر پدر شد، اما خوش‌شانس بودیم که او صحیح و سالم بازگشت. به گلوله‌هایی که کامیون را سوراخ کرده بودند فکر می‌کنم، و اینکه ممکن بود به جای کامیونْ گلوله‌ها به پدرم اصابت کنند. اگر او آنجا می‌مرد، ما هرگز مطلع نمی‌شدیم. همچنان منتظر بازگشت او می‌ماندیم و از سرنوشتش آگاه نمی‌شدیم. اینکه پدر زنده نزد ما برگشت، خودش یک معجزه بود.

با این حال، علی‌رغم اینکه همه با هم بودیم، رنج‌مان هنوز تمام نشده بود. سه چهار سال اول پس از بازگشت ما به ایران بسیار سخت گذشت. اگرچه دولت جدید همه‌ی دیپلمات‌های مستقر را به کشور فراخوانده بود، اما ما از لطف قدرت جدید برخوردار نبودیم. تمام خانواده‌ام مجبور بودند از غربالگری‌ها، بازجویی‌ها و بازرسی‌های بی‌پایان امنیتی عبور کنند. حتی در سن ۱۰ سالگی نیز از من بازجویی به عمل آمد که برایم طاقت‌فرسا بود.

ما جایی در میان آنها نداشتیم و می‌بایست مجازات شویم. پدرم شغلش را از دست داد و والدینم نه تنها برای مدت نامحدودی از سفر به خارج از کشور منع شدند، بلکه به طور کلی از کار کردن محروم شدند. دولت هر چیزی را که متعلق به ما بود ضبط کرد. آنها زمین و دارایی‌هایمان را تصرف کردند. دیگر مثل سابق زندگی راحتی نداشتیم و در امنیت زندگی نمی‌کردیم. چیزی برایمان باقی نگذاشتند. هر روز برایمان یک مبارزه بود و من شاهد بودم که پدر و مادرم برای ساختن زندگی از صفر می‌جنگند. در طول سال‌ها سختی‌های زیادی را پشت سر گذاشته بودیم و بازسازی زندگی از نو چالش دیگری بود که باید شجاعت غلبه بر آن را به دست می‌آوردیم.

علی‌رغم صدماتی که متحمل شدیم، مطمئناً تنها ما نبودیم که با چنین سختی‌هایی روبرو بودیم. در شمال ایران تعدادی از اقواممان زندگی می‌کردند. یکی از آنها به تازگی خانه‌ی جدیدی ساخته بود و همه در کنار هم زندگی می‌کردند. با این حال، در دوران گذار در ایران، هرج و مرج بسیاری رخ می‌داد. برخی از خانه‌های بهاییان در آتش سوختند و برخی

دیگر از سوی برخی از تندروهای محلی تخریب و به کلی ویران شدند. اقوام من نیز قربانی چنین خشونت‌ها و حملاتی بودند. اما خوش‌شانس بودند که توانستند جان‌شان را نجات دهند.

بسیاری از آنها از خانه‌های در حال سوختن خود فرار کردند و از دست کسانی که می‌خواستند آنها را بکشند گریختند. بسیاری‌شان تمام دارایی خود را گذاشتند و پابرهنه فرار کردند و به جستجوی سرپناه و امنیت رفتند. برخی از مردم محلی که حاضر به پذیرش‌شان بودند، مخفی‌شان کردند و به آنها پناه دادند تا زمانی که اوضاع کمی آرام شود. حتی چند نفر از بچه‌های فامیل برای مدتی در یخچال پنهان شدند، زیرا از تندروهای محلی‌ای فرار کرده بودند که قصد کشتن‌شان را داشتند. بعد از انقلاب، تغییراتی که در داخل کشور اتفاق افتاد، بسیار عظیم بود. بسیاری از بهائیان به دلیل اعتقادات خود با نفرت و خشونت مواجه شدند. این دوره با عذاب و اندوه فراوانی همراه بود و زندگی و معیشت بهاییان از بین رفت.

تسلیم شدن آسان بود. ما به هر حال هیچ چیز نداشتیم، بنابراین چیزی هم برای از دست دادن نداشتیم، اما با این وجود برای فردایی بهتر جنگیدیم. آرام آرام شروع به بازسازی زندگی خود کردیم. به تدریج خانه‌مان را دوباره ساختیم و یخچال، اجاق گاز، میز، صندلی، پنکه، بخاری، غذا و سایر ملزومات را تهیه کردیم. اینها پیروزی‌های کوچکی بودند که روی آنها تمرکز کردیم. دستیابی مجدد به این موارد تکه‌های کوچک شادی ما بود که به ما امید داد و آنقدر شجاعمان ساخت که بخواهیم یک روز دیگر زندگی کنیم.

تا به امروز، وقتی به تمام اتفاقات دوران کودکی‌ام فکر می‌کنم، باورم نمی‌شود که چگونه زندگی در آن شرایط چالش‌برانگیز را تاب آوردیم. اکنون که بزرگتر شده‌ام، در کشوری امن زندگی می‌کنم و می‌توانم هر روز با والدینم صحبت کنم، و از قدرتی که خودم و خانواده‌ام در گذشته داشتیم شگفت‌زده می‌شوم. ما زندگی‌مان را دوباره در ایران بازسازی کردیم. هرچند شاید کار بزرگی هم نباشد، اما برای ما بسیار پراهمیت بود. با دستان خود، تکه‌های ویران‌شده‌ی زندگی‌مان را دوباره کنار هم قرار دادیم و زمانی هم که تا حدودی امنیت یافتیم، متوقف نشدیم، بلکه خودمان را به چالش کشیدیم تا آینده‌ای بهتر داشته باشیم.

اکنون در ژاپن زندگی می‌کنم، در محاصره‌ی انسان‌هایی نیک و نازنین، اما علیرغم تلاش‌هایشان به هیچ وجه نمی‌دانند که تحمل رنج برای زنده ماندن به چه معنا است. این مسئله تنها مختص ژاپن نیست، بلکه در بسیاری از نقاط جهان به دلیل امنیت و امتیازاتی که هر روز از آنها برخوردارند، درک معنای واقعی زنده ماندن برایشان دشوار است. رنج لایه‌های زیادی در خود دارد و همیشه هم نمی‌توان بر تمام جنبه‌هایش غلبه کرد. حتی در کشور امنی مانند ژاپن، بسیاری از مردم عزیزان خود را به دلیل بلایای طبیعی، بیماری و خودکشی از دست داده‌اند، اما سوای این حوادث، امنیت وجود دارد. درک رنج جستجوی یک تکه نان برای خانواده، چیزی نیست که همه بتوانند آن را درک کنند.

امنیتی که در آن قرار گرفته‌ایم یا برای خود ایجاد کرده‌ایم چیزی است که ما را از درک مبارزه برای بقا منع می‌کند. شاید ما با قبض‌ها و وام‌ها یا روابطمان یا مشکلات روزمره‌ای که با آن مواجه می‌شویم دست و پنجه نرم می‌کنیم، اما بیشتر ما به آب آشامیدنی دسترسی داریم و موادی برای خوردن یک وعده‌ی غذاییِ سیرکننده در اختیار داریم. رنج کشیدن تا این حد تجربه‌ای است که هیچ کس نباید آن را تجربه کند، اما با این وجود، چون ما مبارزه برای زنده ماندن را به طور روزمره تشخیص نمی‌دهیم، در نهایت نمی‌توانیم ارزش واقعی زندگی‌ای را که والدین و پدربزرگ و مادربزرگ‌مان برای ساختن زندگی امروزی باید تحمل می‌کردند درک کنیم.

رنجِ هر کس متفاوت است و شکل‌های مختلفی به خود می‌گیرد، اما وقتی به زندگی‌ای که ساخته‌ام و گذشته‌ای که تحمل کرده‌ام نگاه می‌کنم، نمی‌توانم احساس غرور و افتخاری را که برای شهامت پیش‌روی داشتم، به درستی بیان کنم. نه فقط غرور و افتخار برای خودم، بلکه برای کسانی که در زندگی‌ام به من کمک کردند تا به فردی که امروز هستم تبدیل شوم. از هرج و مرج دوران کودکی‌ام خیلی چیزها یاد گرفتم. من از مبارزه و مقاومتی که متحمل شده بودم آموختم، اما از طریق مشاهده‌ی رفتار والدینم در شرایط سختی که مجبور به پذیرش آن شدند نیز یاد گرفتم.

من واقعاً خوش‌شانس هستم که چنین والدین قدرتمندی دارم که سرشار از شجاعت و ایمان به آینده‌ای روشن‌تر هستند. به آنها افتخار می‌کنم و برای همه‌ی چیزهای الهام‌بخشی که در زمان رنج و محنت به من دادند سپاسگزارم. این دوره از زندگی مرا به اندازه‌ی کافی قوی کرد که بتوانم زندگی خود را بسازم و به تنهایی در کانادا تلاش کنم.

نمی‌توانیم برنامه‌ریزی کنیم که چه‌زمانی رنج بکشیم و چه‌زمانی زندگی‌ای عادی و ایده‌آل داشته باشیم، اما کاری که می‌توانیم انجام دهیم این است که اقدام کنیم. وقتی تاریکی روزهایم را ابری می‌کند، یاد گرفته‌ام که آنچه را که اتفاق می‌افتد بپذیرم و کاری برایش انجام دهم. این بهترین راه برای تلاش برای رسیدن به آینده‌ای بهتر است.

در تابستان ۲۰۰۳ به یکی از کمپ‌های پناهندگان افغان سفر کردم و در آنجا مشغول کار بر روی تحقیقاتم در مورد امنیت کمپ‌ها و نوشتن پایان‌نامه‌ای برای دانشگاه کمبریج بودم. در حین بازدید از این کمپ خاص، با مردی به نام سلمان برخورد کردم. من با کمپ‌های پناهندگان غریبه نبودم، بخشی از زندگی‌ام را در یک کمپ گذرانده بودم و با افراد زیادی روبرو شده بودم که رنج کشیده بودند و به دنبال زندگی بهتری بودند، اما ملاقات با سلمان و شنیدن داستان او، چیزی در درونم را تغییر کرد. احساس می‌کردم با شنیدن داستان او مسئله‌ای بسیار انسانی را یاد گرفته‌ام.

به مدت دو ماه روی تحقیقاتم کار کردم و توانستم از چند کمپ مهاجران افغان و عراق بازدید کنم. تقریباً دو دهه از آخرین سفرم به ایران گذشته بود، و با این حال تمام اسناد و مدارک و مجوزهای لازم را از دولت ایران و کمیساریای عالی پناهندگان سازمان ملل متحد تهیه کردم و به دست آوردم. در طول سفرهای تحقیقاتی‌ام، ایران میزبان بزرگترین جمعیت پناهنده در جهان بود. بیش از ۳ میلیون افغان و عراقی به دنبال سرپناه در کمپ‌های پناهندگان در امتداد مرزها بودند.

کمپ‌های پناهندگان افغان و عراقی در مرز ایران – ۲۰۰۳/۲۰۰۴

پس از حمله‌ی طالبان به ایالات متحده در سپتامبر ۲۰۰۱، ایالات متحده حملات هوایی برای سرنگونی طالبان در افغانستان را آغاز کرد. در نتیجه، بیش از ۳ میلیون غیرنظامی افغان به کشورهای همسایه مانند ایران یا پاکستان گریختند. سیل پناهجویانْ ایران‌را وادار کرد تا در سراسر مرزها به آنها پناه دهد. اگرچه افغانستان سابقه‌ی طولانی آشفتگی، خشونت و آوارگی‌را داشته، اما این مورد یکی از نگران‌کننده‌ترین حوادث بود.

پس از دریافت مجوز، لازم بود همراه با کمیسariای عالی پناهندگان سازمان ملل و نظارت وزارت کشور، بتوانم چند روزی را در میان بسیاری از پناهندگان سپری کنم، صدایشان‌را بشنوم و برای تکمیل تحقیقاتم اطلاعات جمع‌آوری کنم.

با این حال، آنچه در میان اردوگاه‌های آوارگان مرزی یافتم، بسیار بیشتر از آن چیزی که تصورش‌را می‌کردم آزاردهنده بود.

ما در تمام زندگی خود به دنبال معنای هستی می‌گردیم. از ایمان و باورهایمان پیروی می‌کنیم تا ما را به پاسخ هدایت کنند، در اصل و نسب خود یا تاریخ جستجو می‌کنیم تا معنایی پیدا کنیم، اما زندگی و وجود ما چیز ساده‌ای نیست که بتوان به سادگی به آن پاسخ داد. بنا به دلایلی، زندگی همیشه منصفانه و عادلانه نیست. چیزهایی در زندگی‌مان وجود دارند که نمی‌توانیم آنها را کنترل کنیم و گاهی اوقات هرگز نمی‌دانیم که چرا اتفاقات بد برای افراد خوب رخ می‌دهند یا اینکه چرا رسیدن به خوشبختی اینقدر سخت است. زندگی رازی است که ما به آن معنا می‌دهیم. افرادی که زندگی‌مان را رنگ‌آمیزی می‌کنند و به ما امید می‌دهند، به ما کمک می‌کنند تا به زندگی خود معنا ببخشیم و مستمسکی برای حیات داشته باشیم. اما اگر این افراد وجود نداشته باشند چه می‌شود؟ اگر امیدمان به زندگی فرزندان یا عزیزانمان باشد چه؟ آیا آنها هدف نهایی بینش ما هستند؟ اگر اینطور است، در نبودشان زندگی‌مان چگونه است؟

بین انسان بودن و رفتار انسانی داشتن تفاوت معناداری وجود دارد.

در میان صدها پناهنده‌ای که با آنها ملاقات و صحبت کردم، متوجه سختی‌های شدید و لحظات تهدیدکننده‌ی زندگی‌شان شدم. خیلی‌ها حتی بدتر از آنچه من تحمل کرده بودم، رنج کشیده بودند، با این حال با داستان‌های آنها همدردی کردم، زیرا می‌دانستم

که همه‌شان چقدر ملتمسانه می‌خواهند به جای رنج و درد، زندگی بهتر، آرام و شادی داشته باشند.

آن موقع بود که با سلمان برخورد کردم. یک افغان میانسال که در حدود ۴۰ سال داشت. او به من گفت که پدر ۵ فرزند بوده و با فرزندان، همسر، مادر، برادر کوچکتر و خواهرش در شهر کوچکی در نزدیکی قندهار زندگی می‌کرده. وقتی از او پرسیدم که چه اتفاق افتاده و چرا در کمپ است، داستانی را برایم تعریف کرد که تاریک‌تر و دردناک‌تر از هر چیزی بود که می‌توانستم تصور کنم.

سلمان برایم تعریف کرد که صبح را طبق معمول شروع کرده بود. مانند هر روز صبح با یک کیسه پر از وسایل دست‌ساز که آنها را در بازار محلی می‌فروخت خانه را ترک کرده بود. وقتی اجناسش را می‌فروخت، مثل همیشه در راه خانه از بازار غذا می‌خرید. با این حال، آن روز متفاوت بود. او وسایل دست‌ساز خود را مانند بقیه‌ی افراد محلیِ سخت‌کوش که سعی در کسب پول برای تأمین غذای خانواده‌ی خود را داشتند، روی زمین پهن کرده بود که صدای مهیب انفجاری به گوش رسید. حمله‌ی هوایی ایالات متحده بمبی را در نزدیکی شهر آنها پرتاب کرده بود که قرار بود تأسیسات شبه‌نظامیان را هدف قرار دهد.

سلمان بلافاصله پس از شنیدن صدای انفجار با سرعت هر چه تمام‌تر به سمت خانه شتافت، اما دیگر دیر شده بود. بمب به اشتباه بر روی خانه‌ی غیرنظامیان فرود آمده بود. خانه‌ی ساده و محقر او ویران شده بود. از خانه‌اش چیزی نمانده بود. هر پنج فرزندش کشته شدند. همسرش نیز از بین رفت، همینطور خواهر و برادر و مادرش. در یک چشم به هم زدن تمام خانواده‌اش را از دست داد. هر چیزی که برایش سخت تلاش کرده بود، هر ذره‌ی امیدی که در دل فرزندانش کاشته بود، زندگی بهتری که برای همه‌ی آنها می‌خواست، همه‌شان از بین رفت.

وقتی داستان او را می‌شنیدم، نمی‌توانستم حرفی بزنم. او در آن روز ۹ نفر از اعضای خانواده‌اش را از دست داده بود. سلمان همه چیز را از دست داده بود. هرچه که داشت و هر چه که در آرزوی رسیدن به آن بود با موشکی که هدفش را اشتباه تشخیص بود نابود شد. نمی‌توانستم درد و رنجی را که می‌شنیدم تصور کنم؛ غم و اندوه غیرقابل

تصوری که او باید پشت سر گذاشته باشد. هیچ کس نباید به این شدت رنج ببرد. دنیا ناعادلانه است، و با این حال سلمان زنده بود تا داستان خود را بازگو کند.

از او پرسیدم که چگونه می‌تواند ادامه دهد. چطور می‌تواند بایستد و تسلیم نشود، حالا که همه‌ی کسانی را که دوستشان داشته مرده‌اند؟ از او پرسیدم چه چیزی باعث شده که با این همه عذاب به زندگی مشغول باشد و به جنگیدن برای زندگی ادامه دهد؟ پاسخ داد:

«شجاعت برادر، شجاعت»

چشمان او به چشمانم زل زده بود، چشمانی شفاف و رنج‌دیده، و من می‌توانستم قدرت را در چشمانش و گرمارا در قلبش را ببینم. دستانم را گرفت و به من گفت که شجاعت تنها چیزی است که او را حفظ کرده. او قدرت امید و شجاعت زندگی برای یک روز دیگر را داشت. سلمان با تمام رنج‌ها، بی‌عدالتی‌ها و ظلمی که با آن روبه رو بود، توانست تکه‌های ویران زندگی خود را بردارد و برای بازسازی زندگی‌اش تلاش کند.

از آن روز به بعد همیشه به این فکر کرده‌ام که او چگونه زنده مانده و اگر هنوز زنده است، هر ثانیه در حال جنگیدن است، نفس می‌کشد و با خاطرات عزیزان از دست رفته‌اش به زندگی ادامه می‌دهد. داشتن شهامت برای ادامه‌ی زندگی نباید برایش آسان بوده باشد. دیدن اجساد خانواده و ویران شدن خانه‌اش باید دردی جبران‌ناپذیر بوده باشد که هرگز قابل التیام نیست. با این حال، سلمان برای فردایی دیگر زندگی می‌کرد و می‌دانست که رنج و تاریکی در طول زندگی او را دنبال خواهد کرد. می‌دانست که دستیابی به خوشبختی سخت‌تر خواهد بود، زیرا اندوه او بسیار عمیق بود، اما با این وجود، او شجاعت ادامه‌ی زندگی را داشت.

هرجا می‌روم، داستان سلمان را هم با خودم می‌برم. سخنان او و داستانش به من امید می‌دهد و مرا به شجاعت تشویق می‌کند. هر روزی که زندگی کرده‌ام و خاطرات عزیزانم را به یاد آورده‌ام، هرگز به پایان دادن به زندگی‌ام فکر نکرده‌ام. حتی اگر بخواهم همه چیز را که برایم عزیز است از دست بدهم، باز به سلمان فکر می‌کنم که شجاعت زندگی کردن را داشت. زندگی معنا دارد و باید آگاهانه تصمیم بگیریم که زنده بمانیم و تلاش کنیم. به فرزندم فکر می‌کنم که با وجود شادی و خاطرات زیبایی که با هم می‌سازیم، مرا زنده نگه داشته. باید قوی باشم و به زندگی ادامه دهم تا ناامیدش نکنم. زندگی ما متعلق

به خودمان است، چیزی است که آن را می‌سازیم. زندگی با تجربیات و افراد زندگی‌مان رنگ‌آمیزی می‌شود. معنایی دارد و بی‌اهمیت پنداشتن آن ظلم به تمام آنهایی است که به آنها اهمیت می‌دهید و همه‌ی آنهایی که به شما اهمیت می‌دهند.

«در تاریک‌ترین لحظات است که باید برای دیدن نور تمرکز کنیم».

-ارسطو

در تابستان ۲۰۰۴، برای تکمیل نوشته‌هایم به اردوگاه‌های پناهندگان برگشتم. دنبال سلمان گشتم اما متأسفانه هیچ اثری از او نبود. با وجود درخواست و تلاش‌هایم، هیچ کس نمی‌دانست چگونه با او تماس بگیرد یا چگونه او را پیدا کند. من تا به امروز نمی‌دانم که سلمان کجاست. آیا زنده است؟ آیا از امید و شجاعت خود برای ساختن زندگی‌ای جدید استفاده می‌کند؟ چه می‌شد اگر او چنین درد و رنجی را پشت سر نمی‌گذاشت؟ هنوز سؤالات زیادی برایم وجود دارد که شاید هرگز پاسخی برای آنها پیدا نکنم. با این حال، علیرغم اینکه نتوانستم او را پیدا کنم یا وضعیت او را ببینم، به امید و شجاعت او ایمان دارم.

من همیشه سپاسگزار داستانی هستم که او با من در میان گذاشت. تجربه‌اش را هرگز برای بدترین دشمنم هم آرزو نمی‌کنم. داستان سلمان چشمانم را به روی دنیا باز کرد. هر روز صبح که از خواب بیدار می‌شوم، به خودم یادآوری می‌کنم که چقدر خوش‌شانسم که زنده‌ام و والدین، خانواده‌ای مهربان و دوستانی شگفت‌انگیز دارم. در محیطی امن زندگی می‌کنم، می‌توانم خوشحال باشم و رؤیاهایم را دنبال کنم. حقیقتاً خوش‌شانسم که زنده‌ام.

از سوی دیگر، به خودم یادآوری می‌کنم که زندگی همیشه زیبا نیست. برای هزاران هزار سال، نابرابری و ظلم نیز وجود داشته. زندگی ما همیشه پر از موانعی خواهد بود که سعی دارند ما را از بین ببرند.

رنج یک وضعیت انسانی است که هیچ یک از ما نمی‌توانیم از آن فرار کنیم. محدودیت‌ها و فشارهای اجتماعی نیز وجود خواهند داشت و ما را از پیشرفت بازمی‌دارند. موانع زیادی در زندگی وجود دارند، اما باید شجاع و بلندپرواز باشیم تا معنا و ارزش زندگی خود را ارتقا دهیم. باید برای آینده و نسل‌های بعدی بجنگیم.

همیشه انعطاف‌پذیر بودن و داشتن شجاعت آسان نیست. اگر آسان بود، هرگز رشد نمی‌کردیم. با این حال، با دیدن قدرتِ امید و شجاعت خارق‌العاده‌ی سلمان، متوجه شدم که این دو ویژگی در زمانی که به آنها نیاز داریم مکمل یکدیگر هستند. تا زمانی که می‌توانیم برای داشتن امید و شجاعت تلاش کنیم، می‌توانیم بدون توجه به موانعی که با آن روبرو هستیم، تاب بیاوریم. باید قوی باشیم و با امید و شجاعت به زندگی خود ادامه دهیم، که وقتی با سخت‌ترین مشکلات خود روبرو می‌شویم، از آنها عبور کنیم.

»در قضاوت خود منصف باشید و در گفتار مراقب. به هیچ کس ظلم نکن و نسبت به همه مردم فروتنی نشان بده. برای آنان که در تاریکی راه می‌روند چراغی باش، برای غمگینان شادی، برای تشنگان دریایی، و پناهگاهی برای مضطرین، حامی و مدافع قربانیان ظلم باش«.

- بهاءالله

فصل ۲

سفری پر خطر

شجاعت مایه‌ی اطمینانِ امید است. اهداف و برنامه‌هایتان را همراهی می‌کند و الهام می‌بخشد تا با آمادگی بیشتری رو به آینده گام بردارید.

در طول تاریخ، مردان و زنان بسیاری از ملیت‌های گوناگون برای به دست آوردن آزادی و به امید زندگی بهتر جنگیدند. کسانی که پیروز می‌شدند، گاه به عنوان نمادی از پایداری در نظر گرفته می‌شدند. آنها رؤیایی را زندگی می‌کردند که دیگران فقط می‌توانستند آرزویش را داشته باشند.

میلیون‌ها نفر جان خود و یا عزیزانشان را در جنگ‌های ناعادلانه و هرج و مرج‌های حکومت‌های ظالم از دست داده‌اند. جان‌های بیگناه بسیاری کشته شده‌اند، آن هم به این خاطر که رهبران متکبر خواسته‌های خود را بالاتر از جان شهروندان قرار داده‌اند. جنگ‌های زیادی بوده که بیهوده به پایان رسیده و یا برای سال‌ها ادامه یافته. در جنگی که در آن خون‌های زیادی ریخته شده و جان‌های زیادی قربانی شده، هیچ برنده‌ای وجود ندارد – به‌خصوص زمانی که در نهایت چیزی حاصل نمی‌شود، و تنها بازندگان در زیر آوار دفن می‌شوند.

> «دنیا به دست کسانی که بد می‌کنند نابود نمی‌شود، بلکه از جانب کسانی از بین می‌رود که بدون انجام کاری نظاره‌گر بدی‌ها هستند».
>
> -آلبرت اینشتین

در چنین جنگ‌هایی، کسی به فکر جان مردمان عادی‌ای که سرزمینشان به محل نبرد تبدیل شده نیست. به ندرت هشداری به مردمی داده می‌شود که زندگی‌شان به دلیل آشفتگی و هرج‌ومرج مختل شده. اگر فردا از خواب بیدار شوید و حکومت محلی خود را در هرج و مرج و بی‌نظمی ببینید چه می‌کنید؟ اگر هنگام درست کردن قهوه‌ی صبحگاهی بمبی در نزدیکی شهرتان انداخته شود، یا جت‌های جنگنده از بالای سرتان

عبور کنند، یا خیابانی که در آن زندگی می‌کردید آکنده از خشونت نظامیان شود، چه می‌کنید؟ وقتی امیدها و رؤیاهایتان در مقابل چشمان شما تکه‌تکه می‌شود، چه واکنشی نشان می‌دهید؟

طبق کنوانسیون پناهندگی ۱۹۵۱، «[پناهنده] شخصی است که خارج از کشور متبوع یا محل اقامت معمول خود قرار دارد. به دلیل نژاد، مذهب، ملیت، عضویت در یک گروه اجتماعی یا داشتن عقاید سیاسی خاص، ترس موجهی از آزار و اذیت دارد. و به دلیل ترس از آزار و اذیت نمی‌تواند یا نمی‌خواهد از حمایت آن کشور استفاده کند یا به آنجا بازگردد». این تعریف از پناهنده از سوی کمیساریای عالی پناهندگان سازمان ملل به‌صراحت بیان می‌کند که پناهندگان افرادی هستند که از جنگ، خشونت، درگیری یا آزار و اذیت گریخته‌اند و از مرزهای بین‌المللی عبور کرده‌اند تا در کشور دیگری در امنیت زندگی کنند. اغلب اوقات این افراد چیزی به جز لباسی بر تن ندارند، و خانه، دارایی، شغل و عزیزان خود را ترک کرده‌اند.

پناهنده بودن مهمترین مرحله‌ی زندگی من بود. طاقت‌فرسا و خسته کننده بود، و مواقعی پیش می‌آمد که هنگام راه رفتن می‌لنگیدم، اما شهامت قدم برداشتن را دوباره پیدا کردم. این مبارزه‌ای بود که باید تجربه‌اش می‌کردم تا به جایی که امروز هستم برسم. در دوران پناهندگی‌ام چیزهای زیادی یاد گرفتم و وقتی به آن دوران نگاه می‌کنم، هنوز از وضع زندگی در آن زمان شگفت‌زده می‌شوم. دوران سختی را می‌گذراندم، هرچند دوستانی که مثل من عزیزانی را از دست داده بودند یاری‌ام کردند تا به هر نحو که شده روحیه‌ام را بالا نگه دارم و شهامت حرکت رو به جلو را داشته باشم. من از رؤیاپردازی برای رسیدن به آینده‌ای بهتر دست نکشیدم.

با این حال، سفر من در راه پناهندگی قبل از رسیدن به کمپ خسته‌ام کرده بود. مرا ترسانده بود و به حدی رنج بردم که هرگز تصورش را نمی‌کردم. اوایل ژوئیه‌ی ۱۹۸۵ بود و تابستان در دل بیابانْ خفه‌کننده و غیرقابل تحمل به نظر می‌رسید.

پس از خداحافظی از خانواده و پشت سر گذاشتن همه‌ی دوستان و اقوام، پدرم مرا از تهران به سمت خاش، شهری در جنوب شرقی ایران و حدود ۲۰۰ کیلومتری مرز پاکستان، همراهی کرد. آخرین خداحافظی‌ام را در آن شهر با پدرم انجام دادم. نمی‌دانستم که آیا این آخرین خداحافظی‌مان است یا دوباره او را خواهم دید. پس از

ترک او، با پنج هموطن دیگر که در سفر به کمپ پناهندگان با من همراه شده بودند، آشنا شدم. از بین آن پنج نفر، سه نفرشان از اقوام من بودند که به خاطر ایمانشان سختی و آزار و اذیت متحمل شده بودند.

با هم سفرمان را آغاز کردیم، با اسکورت دو قاچاقچی اجرت‌بگیر. جو بین گروه ما متشنج بود. همه از اتفاقاتی که ممکن بود بیفتد می‌ترسیدیم و با وجود اینکه اقوامم در کنارم بودند، اما هیچ‌کس نمی‌دانست که می‌توانیم به قاچاقچیان اعتماد کنیم یا نه. جان ما در دست آنها بود و چاره‌ای جز این نداشتیم که از طریق آنها خودمان را به کمپ پناهندگان برسانیم.

اولین دستور قاچاقچیان این بود که وقتی از شهر خارج شدیم، پشت کامیون دراز بکشیم. ما این کار را بدون هیچ گونه درکی از مسیر انجام دادیم. به نظر می‌رسید زمان تا ابد ادامه دارد، اما پس از حدود ۳۰ دقیقه رانندگی، قاچاقچیان کامیون را متوقف کردند و به ما گفتند که پیاده شویم. وسط بیابان بودیم و به ما وعده دادند که غروب با شتر و غذا و آب برمی‌گردند.

نه می‌دانستیم کجا می‌رویم و نه اصلاً می‌دانستیم کجا هستیم. اطراف ما بیابان و کوه‌های بژ بود. تنها چیزی که می‌دانستیم این بود که به پاکستان می‌رویم، اما هیچ کدام از ما نمی‌دانستیم که مرز کجاست. ترس و اضطرابی که قاچاقچیان به ما تحمیل کردند بسیار زیاد بود و انتظار برای غروب بی‌پایان و کشنده به نظر می‌رسید. همه‌ی ما بین ۱۶ تا ۲۸ سال داشتیم و من کوچکترینشان بودم. با وجود سن و سال متفاوت، همه می‌ترسیدیم. شش پسر جوان در وسط صحرا ایستاده بودند و جایی برای رفتن نداشتند و نمی‌دانستیم به وعده‌ی قاچاقچیان می‌توانیم اعتماد کنیم یا خیر.

پس از ساعت‌ها انتظار، سرانجام قاچاقچیان طبق وعده بلافاصله پس از غروب آفتاب با شتر بازگشتند. با این حال از غذا و آبی که قولش را داده بودند خبری نبود. چیزی به ما ندادند جز نانی که مثل سنگ سخت آنقدر بیات بود که ممکن بود دندانمان را بشکند. هر چقدر هم که می‌خواستیم از چیزی که به ما داده شده شکایت کنیم، نمی‌توانستیم. جان ما در دست آنها بود و شنیده بودیم که برخی از افرادی که قصد داشتند با قاچاقچیان از مرزها عبور کنند مورد سرقت، شکنجه و تجاوز جنسی قرار

گرفته بودند و حتی کشته شده بودند. واقعاً هیچ کاری نمی‌توانستیم بکنیم، جز اینکه آنچه‌را که به ما می‌دهند بگیریم و امیدوار باشیم که بالاخره از مرز عبور کنیم.

قبل از اینکه بتوانیم سفرمان‌را شروع کنیم باید تا شب صبر می‌کردیم. در تاریکی، به هر یک از ما شتری داده شد که محیط را به خوبی می‌شناخت. وقتی شب پیش می‌رفتیم، دیدن جلویمان غیرممکن بود. با اینکه بالای شتر سوار شده بودم، اما به سختی می‌توانستم سر شتر را ببینم. زمین وحشتناک بود، پوشیده از شن و سنگ‌های سخت، اما خوشبختانه شترها می‌دانستند کجا بروند و چگونه در تاریکی حرکت کنند.

سفر ما هشت روز و هفت شب طول کشید. در روز با پای پیاده سفر می‌کردیم و هر از گاهی استراحت می‌کردیم، اما شب سوار شترهایمان می‌شدیم. سفر آسان نبود، و قبل از این، هرگز در طول عمرم شتر سواری نکرده بودم، و عادت نداشتم تمام شب‌را بیدار بمانم. خیلی سخت بود که ساعت‌ها چشمانم‌را باز نگه دارم، در حالی که بر بالای شتر در تاریکیِ شب سوار بودم. حتی یکبار یکی از اقوامم خوابش برد و از شترش افتاد. خوش‌شانس بود که در محل سقوطش سنگ تیز وجود نداشت و توانست بدون آسیب از آنجا بلند شود.

بعد از چند روز اول سفر، اضطرابم افزایش پیدا کرد. زمین و صحرا هم در ماه جولای (تیر) داغ و خفه‌کننده بود. گرما همه‌را اذیت می‌کرد. نه تنها خورشید بی‌رحمانه بر ما می‌تابید، بلکه زمین زیر ما نیز در اثر گرما خیس شده بود و آن‌را به ما منعکس می‌کرد. انگار درون یک سونا حبس شده بودیم و چیزی نبود که ما را از گرمای هلاک‌کننده خلاص کند.

شب‌ها طولانی و روزها گرم بود. نه می‌دانستیم مرز کجاست و نه می‌دانستیم چه زمانی از آن عبور خواهیم کرد. طبق داستان‌هایی که از پناهجویان سابق و همچنین از قاچاقچیان شنیدیم، مرز از سوی سربازان و نیروهای گشت‌زنی به طور دائم محافظت می‌شد.

دولت ایران و مرزبانان می‌دانستند که افراد زیادی وجود خواهند داشت که به صورت قاچاق از کشور خارج می‌شوند یا سعی می‌کنند از کشور فرار کنند. در نتیجه، کوچکترین تحرکات در مرز برای دولت اولویت بالایی داشت. بسته نگه داشتن مرزها وظیفه‌ی اصلی‌ای بود که دولت برای تحمیل آن تلاش زیادی کرد. ردیابیِ همه‌ی کسانی که قصد

عبور از آنجا را داشتند، دستگیری قاچاقچیان و کسانی که می‌کوشیدند تا فرار کنند، و بازگرداندن آنها به دولت برای اجرای «عدالت» از اهدافشان بود. البته عدالت و ابزار حقانیت استانداردهایی دوگانه بود که دولت فقط به نفع خود از آنها بهره می‌برد. هنگامی که ظلم، آزار و بی‌عدالتی وجود دارد، مردم شروع به فرار به مکان‌های امن‌تر می‌کنند. در غیر این صورت هیچ دلیلی وجود ندارد که مردم خانه‌ی خود را ترک کنند و چنین سختی‌هایی را پشت سر بگذارند. با این حال، دولت مسئله را اینگونه نمی‌دید.

بعد از روز دوم سفر، همه داشتیم به خاطر نبود یک قطره آب و تکه‌ای غذا هلاک می‌شدیم. اگرچه آنها به پدرم و سایر کارفرمایانشان قول داده بودند که همه‌ی ما به اندازه‌ی کافی غذا و نوشیدنی داشته باشیم، اما قاچاقچیان بعداً به ما گفتند که آب برای نوشیدن وجود ندارد. قدم‌زدن با پای پیاده در بیابان در گرم‌ترین فصل سال، در دمای بالای ۴۰ درجه‌ی سانتیگراد و گرمای طاقت‌فرسا بدون آب غیرممکن به نظر می‌رسید. قاچاقچیان نیز غذا نیاورده بودند. هر کدام از ما فقط یک کیف کوچک داشتیم که نیازهای اولیه‌مان را حمل می‌کرد، اما هیچ کدام از ما غذا نیاورده بودیم. قبل از شروع این سفر خطرناک، به ما گفته بودند که غذا و آب نیاوریم، زیرا قاچاقچیان به اندازه‌ی کافی برای کل سفر آذوقه فراهم می‌کنند.

روز دوم سفر بود و بدون آب و غذا بودیم. نمی‌توانستیم درست فکر کنیم و همه می‌ترسیدیم که از قاچاقچیان سرپیچی کنیم، زیرا زندگی‌مان در دست آنها بود. چقدر پوچ و دردناک بود که هیچکدام از ما فکرش را نکرده بودیم که تکه‌ای نان، تنقلات، یک بطری آب، تکه‌ای گوشت یا هر چیزی که بتواند ما را زنده نگه دارد با خود بیاوریم. ما حتی نیمی از سفرمان را طی نکرده بودیم و ترس ما را از فکر به آینده و آمادگی بیشتر برای ادامه‌ی مسیر بازمی‌داشت.

ذهن من مجموعه‌ای از افکار بود که بین عذاب دوری از خانه‌ام و این تصور که ممکن است در این سفر بمیرم در نوسان بود. به خانواده‌ام فکر می‌کردم، به پدرم که به من گفته بود به محض رسیدن به هر جایی با او تماس بگیرم تا مطمئن شود که هر شش نفر سالم هستیم. نمی‌دانستم که آیا زنده می‌مانیم که بتوانم آن تماس را برقرار کنم یا نه. به خواهر کوچک ۴ ساله و برادرم فکر می‌کردم که بهترین رفیق من بود و خاطرات شاد زیادی با او داشتم. چگونه همه‌ی ما می‌توانستیم زنده بمانیم؟ آیا زنده خواهیم ماند؟ آیا هرگز فرصتی برای دیدن عزیزانم وجود خواهد داشت؟

درد دلتنگی آنها و دشواری فرار از خانه بعد از چند روز بر من چیره شد. بدون آب و غذا، بیشتر به فکر خانواده‌ام و زنده ماندن در این سفر بودم. نمی‌دانستم چند روز دیگر باید بدون هیچ آذوقه‌ای زنده بمانیم تا انرژی یا بدن خود را حفظ کنیم. نمی‌دانستم چه زمانی به شهر بعدی می‌رسیم و وقتی از قاچاقچیان در مورد برنامه‌مان می‌پرسیدیم، پاسخ آنها همیشه یکسان بود: «به‌زودی» یا «آنجا را نگاه کن. بلافاصله پس از عبور از آن کوه می‌رسیم.» چاره ای نداشتیم جز اینکه باور کنیم و دم نزنیم.

تنها چیزی که ما را تا ۶ روز دیگر بدون آب زنده نگه داشت، امیدی بود که در پاسخ آنها وجود داشت. به زودی. ما به زودی به آنجا می‌رسیدیم، درست بعد از آن کوه‌ها. آن کوه‌ها هدف بودند و همه‌ی ما برای رسیدن به آن هدف ادامه می‌دادیم. در گستره‌ی وقایع، امیدِ به زودی یک دروغ بود، اما همین دروغ بود که ما را زنده نگه داشت. ما می‌خواستیم که آن را باور کنیم، و همین کار را هم کردیم. اگر آنها حقیقت را به ما می گفتند، فکر نمی کنم من و پنج نفر دیگر می‌توانستم با واقعیت وضعیتمان کنار بیاییم.

قاچاقچیان مسیر را بهتر از هر کسی می‌شناختند و می‌دانستند که اگر به ما بگویند سفرمان بیش از یک هفته طول می‌کشد، توان و قدرت‌مان از بین می‌رود. بنابراین در عوض، آنها به ما امید کاذب دادند تا انگیزه‌مان را تقویت کنند و ما را بدون آب و غذا پیش ببرند. از دست دادن شجاعت و امید بدترین اتفاقی بود که می‌توانست برای هر یک از ما در این سفر بیفتد.

اگر امیدمان را از دست می‌دادیم، انرژی یا جسارت ادامه‌ی راه را نداشتیم.

من به سخنان قاچاقچیان پایبند بودم و فکر می کردم که به زودی به محل مورد نظرمان خواهیم رسید. گاهی به سفرمان و رفتن به پاکستان فکر می کنم. کشوری که به آن فرار کردیم مشکلات خاص خودش را داشت. این کشور نه باثبات بود و نه امن و تمیز. با فقر دست به گریبان بود و خطراتی که برای رسیدن به آنجا وجود داشت بسیار جدی بود. ما کسی را نداشتیم جز خودمان، و امیدهایی که پدر و مادرمان برای رفاه و خوشبختی به ما داده بودند.

با این حال، یکی از چیزهایی که پاکستان داشت این بود که دیگر نمی‌توانستیم به خانه برگردیم. به ما این فرصت داده شد تا زندگی خودرا از نو شروع کنیم و به حقوق اولیه‌ای که در کشور خود از آن محروم بودیم دست یابیم. رفتن به پاکستان به معنای امید به آینده بود. راه حلی جادویی که همه ما آرزویش را داشتیم، انتقالی که همه به آن نیاز داشتیم.

آینده‌مان را در پاکستان جستجو نمی‌کردیم، اما آنجا همچون ترمینالی بود که منتظر رسیدن قطار به آینده‌ی خود بودیم. پاکستان این امکان را برایمان فراهم کرد که به تحصیل ادامه دهیم، کار کنیم و زندگی‌ای فراهم کنیم که در ایران به دلیل بهایی بودن نمی‌توانستیم بسازیم. همه‌ی ما خیلی امیدوار و مصمم بودیم که والدین و فرهنگمان را با کارهایی که می‌توانیم پس از استقرار در کشوری جدید انجام دهیم، مفتخر کنیم. فقط می‌بایست شجاع باشیم و شهامتمان را حفظ کنیم.

ما به سفر پرخطر خود ادامه دادیم و در روز سوم و چهارم، همه به شدت تشنه شده بودیم و نزدیک بود که در زیر گرمای بی‌امان تابستان بمیریم. بدون یک قطره آب، ادامه‌ی کار غیرممکن به نظر می‌رسید. بیابان بی‌پایان بود و کوه‌ها دور از دسترس به نظر می‌رسیدند. نمی‌دانستیم که روزی را خواهیم دید که در نهایت بتوانیم یک لیوان آب خنک بنوشیم یا نه. با این حال، در روز پنجم سفر، یکی از قاچاقچیان گفت که می‌توانیم مسیرمان را کمی تغییر دهیم تا از کنار «دریاچه‌ای پرآب» که ۳۰ تا ۴۰ کیلومتر ما فاصله دارد عبور کنیم.

با تغییر مسیر برای رسیدن به دریاچه، امیدی که این کلمه به زودی در ما ایجاد کرد، بیش از پیش امیدوارمان کرد. من هرگز لحظه‌ای را فراموش نمی‌کنم که هر یک از ما، مصمم‌تر از همیشه، روی پاهای خود بلند شدیم و شروع به راه رفتن کردیم. وضعیت اینطور بود: یا انجامش بده، یا بمیر. و ما دوباره انرژی زنده بودن را احساس کردیم. توانستیم یک بار دیگر آینده‌ی خودرا تصور کنیم، فقط باید به دریاچه می‌رسیدیم.

تا به دریاچه رسیدیم، هوا تاریک شده بود و چند ساعتی بود که سوار شترهایمان شده بودیم. یکی از قاچاقچیان به ما گفت که دریاچه اینجاست، اما نتوانستیم آن‌را زیر نور مهتاب ببینیم. هیچ انعکاسی از نور مهتاب آنطور که فکر می‌کردیم وجود نداشت و مدتی طول کشید تا متوجه شدیم که «دریاچه» درست در مقابل ما قرار دارد. آنقدر

کوچک بود که به سختی می‌شد آن‌را حوضچه نامید. چیزی نبود جز یک پهنه‌ی آبی مختصر که پر از حشرات و جانوران مختلف بود. خوشبختانه تاریکیٔ رنگ آب را نیز پوشانده بود، زیرا با وجود هر چیزی که در آب شناور بود، تشنگی امانمان‌را بریده بود.

پایین آمدیم و همگی شروع به نوشیدن کردیم، بی‌توجه به اینکه چه چیزهایی در آب وجود دارد. فقط می‌خواستیم آب بنوشیم، و اصلاً مهم نبود که چقدر تمیز است. آنقدر به خاطر هیجان یافتن آب حواسم پرت شده بود که لحظه‌ای طول کشید تا متوجه شدم که شترها نیز خودشان‌را به سمت حوضچه‌رسانده‌اند و در کنار ما آب می‌نوشند. این آب مانند آبی از بهشت بود. در بهترین‌زمان ممکن نصیبمان شد. ما‌را سرزنده کرد و امید کوچکی که در دل داشتیم روشن ساخت. آب به ما شجاعت و شهامت داد تا ادامه دهیم و یک روز دیگر نیز بجنگیم.

تا به امروز ارزش آب و زندگی‌را فراموش نکرده‌ام. به کیفیت آب فکر نکردیم و نگران مسئله‌ای نبودیم. به عفونت‌ها یا بیماری‌هایی که ممکن بود به خاطر حوضچه‌ی کثیف آب به آن مبتلا شویم توجه نکردیم. فقط نوشیدیم تا‌زنده بمانیم. زنده ماندیم و یکی دو روز دیگر به راهمان ادامه دادیم. با اینکه روز پنجم آب خورده بودیم، اما یکی دو روز دیگر بدون آب و غذا ماندیم تا به مرز‌رسیدیم.

با‌راهنمایی قاچاقچیان، با شترها خداحافظی کردیم و به داخل کامیون کوچکی‌رفتیم که درست قبل از طلوع آفتاب منتظرمان بود. پشت کامیون پنهان شدیم و خود را با ملحفه‌های بزرگ پوشاندیم. نیم روز با ماشین پیش‌رفتیم تا به روستای کوچکی‌رسیدیم که قاچاقچیان در آن پایگاه داشتند و با مردم محلی در ارتباط بودند. ما با موفقیت از مرز عبور کرده بودیم. آینده امیدوار‌کننده به نظر می‌رسید. قاچاقچیان پس از پشت سر گذاشتن سفری طاقت‌فرسا ما‌را به مقصد نزدیک کرده بودند.

با این حال، علیرغم عبور از مرز، هنوز باید از سه ایستگاه اصلی گشت‌زنی در پاکستان قبل از‌رسیدن به کویته عبور می‌کردیم. قاچاقچیان به ما گفتند که همه‌ی وسایل نقلیه متوقف و ازشان خواسته می‌شود که کارت شناسنامه ارائه کنند. اگرچه ما دیگر در کشوری نبودیم که به ما ظلم می‌کرد، اما همچنان نیاز داشتیم که به کمیساریای عالی پناهندگان سازمان ملل در کویته، در حدود ۹۰۰ کیلومتری مرز ایران و پاکستان، برسیم. اگر متوجه می‌شدند که ما به صورت غیرقانونی خارج شده‌ایم ، دولت پاکستان و

نیروهای امنیتی به راحتی می‌توانستند ما را به ایران بازگردانند. حتی زمانی که به کمیساریای عالی سازمان ملل متحد برای پناهندگان رسیدیم و کارت شناسایی پناهندگی خود را دریافت کردیم، هنوز جانمان در خطر بود. هنوز تحت محافظت نبودیم و اگر می‌خواستیم زنده به مقصد برسیم، باید احتیاط می‌کردیم.

با این حال، خوشحال بودیم که از مرز عبور کردیم. به نقطه‌ی عطفی کوچک رسیده بودیم و این پیروزی کوچک را قبل از تمرکز روی نقاط عطف خطرناک بعدی جشن گرفتیم. مدت کوتاهی پس از رسیدن به روستایی کوچک، قاچاقچیان ما را به محلی بردند که بتوانیم غذا بخوریم و بنوشیم. ۶ لیوان بزرگ آب و ۵ بطری پر نوشابه خوردم. نجات یافته بودیم و از اینکه توانسته بودیم به مکان امن‌تری برسیم که در آن به غذا و آب دسترسی داشتیم، بسیار شاکر بودیم. قبل از شروع سفرمان در پاکستان، یک ساعت تمام از لذیذ بودن غذا و سالم بودن آب محظوظ شدیم.

وقتی نیمه‌ی دوم سفر پرخطر خود را آغاز کردیم، سوار یک مینی‌بوس کوچک شدیم که ۵ تا ۱۰ نفر از مردم محلی هم سوار آن بودند. این سفر بیش از ۱۰ ساعت طول کشید. غروب آفتاب سوار شدیم و در طول شب و تا دم‌دم‌های صبح رانندگی کردیم. روی سقف مینی‌بوس هم عده‌ای نشسته بودند. دو نفر از پناهندگانی که با من فرار کرده بودند روی سقف نشستند، در حالی که دو نفر دیگر در داخل کابین نشسته بودند و هر بار که به یک ایست بازرسی نزدیک می‌شدیم، صورت خود را پوشانده و مخفی می‌کردند.

من و یکی از اقوامم جلوی مینی‌بوس کنار راننده نشسته بودیم. صورتمان با چادر و آرایش پوشیده شده بود. باید مثل زن‌ها رفتار می‌کردیم، زیرا نگهبانان در هنگام حضور یک مسافر زن در خودرو، از صحبت کردن و بررسی داخل امتناع می‌کردند. راننده به ما دستور داد که اگر نگهبانی سعی کرد با ما صحبت کند، سرمان را پایین نگه داریم و خجالتی و مردد باشیم. عصبی بودم و قلبم خیلی تند می‌تپید، اما باید کنترلش می‌کردم. این ایست‌های بازرسی لحظه‌های مرگ و زندگی بود، نه فقط برای من، بلکه برای همه.

به تازگی ۱۶ ساله شده بودم و قبل از فرار هرگز از پدر و مادرم دور نبودم و به تنهایی با چنین چالش‌ها و سختی‌هایی روبرو نشده بودم. هیچ‌کدام از آن چه که از سر می گذراندیم «عادی» نبود. هیچ برنامه یا آمادگی‌ای برای نجات جان و امنیت ما وجود

نداشت. احساس می‌کردیم که دعای پدر و مادرمان ما را در امان نگه می‌دارد و خداوند در تمام سختی‌هایی که با آن روبرو بودیم و حوادث تهدیدکننده‌ای که از آنها جان سالم به در بردیم، مراقب ماست.

پس از ساعت‌ها رانندگی و عبور از ایست‌های بازرسی متعدد، بالاخره بدون مشکل از تمام ایستگاه‌های گشت‌زنی گذشتیم و به شهر کویته رسیدیم. به محض ورود، ما را به سرعت به متلی هدایت کردند که در آنجا می توانستیم استراحت کنیم و خود را برای صبح روز بعد آماده کنیم، جایی که باید پرونده و درخواست پناهندگی خود را به دفتر کمیسariای عالی پناهندگان سازمان ملل ارائه می‌کردیم.

«پناهجو کسی است که به دنبال حمایت بین‌المللی است، اما ادعای او برای وضعیت پناهندگی هنوز مشخص نشده. در مقابل، پناهنده کسی است که طبق کنوانسیون ۱۹۵۱ مربوط به وضعیت پناهندگان، به عنوان پناهنده شناخته شده است».

-عفو بین‌الملل (www.amnesty.org)

ما به شدت خسته بودیم. همه‌ی چیزهایی که تا الان اتفاق افتاده بود سوررئال بود. در متل روی تخت نشستیم و منتظر بودیم که مدارک خود را پس از ارائه‌ی پرونده از کمیسariای عالی پناهندگان سازمان ملل دریافت کنیم. بالاخره در جایی بودم که برای چند روز می‌توانستم در امان باشم، اما واقعاً احساس امنیت نمی‌کردم. پس از چند روز انتظار در متل، بلیط قطار و چند سند و اطلاعات دیگر برای سومین و آخرین مسیر سفر به ما ارائه شد. قرار بود به لاهور برویم، جایی که اکثر بهائیان را به عنوان پناهنده می‌پذیرفتند.

قرار بود سفر ۱۸ ساعته باشد و در خیلی جاها در این بین توقف کند. خوشبختانه، چند روزی که در متل شهر کویته ماندیم، تسکین و آرامش عظیمی بود که به آن نیاز داشتیم. بعد از کمی بیش از یک هفته که مدام نگران بودیم، از خودمان می‌پرسیدیم که آیا در امان هستیم، آیا می‌توانیم به پاکستان و به دفتر کمیسariای عالی پناهندگان سازمان ملل (UNHCR) برسیم؟ بالاخره این سفر نتیجه داد. آن چند روز اقامت در متل حال روحی ما را تازه کرده بود و شجاعت ما را افزایش داده بود. متوجه شدیم که

در سختی‌هایی که تاکنون با آن روبرو بوده‌ایم چقدر خوب عمل کرده‌ایم. سفر من به سوی پناهندگی باعث شد متوجه شوم که دنیا جای امنی نیست و بهترین کاری که می‌توانیم انجام دهیم این است که از خود محافظت کنیم و برای هر چیزی که ممکن است پیش بیاید آماده باشیم.

پس از چند روز استراحت در متلی در شهر کویته، بلیت قطار خودرا از شخصی دریافت کردیم که مسیر رسیدن به کمپ پناهندگان‌را می‌دانست و قبلاً با بسیاری از پناهجویان بهایی برخورد کرده بود. به ما گفتند که بسیار مراقب باشیم، و هنگام توقف قطار از کوپه بیرون نیاییم. همچنان نگهبانان و گشت‌زنی‌هایی وجود دارند که به دنبال هر کسی می‌گردند که به طور غیرقانونی وارد پاکستان شده باشد. آنها همچنین به ما توصیه کردند که اگر اوضاع خوب پیش نرفت به نگهبانان یا پلیس‌ها رشوه بدهیم. اگر آنها متوجه وضعیت ما می‌شدندزندگی ما در خطر بود، و این بهترین گزینه بود، زیرا بسیاری از نگهبانان در هنگام ارائه‌ی پول نقد کاملاً دست و پایشان شل می‌شد. اگرچه ممکن است رشوه گرفتن برای نگهبانان مذموم و ننگین به نظر برسد، اما متوجه شدیم که این افراد از محیط بسیار کم درآمدی آمده‌اند و حالا باید با جامعه‌ی ناعادلانه‌ای نیز روبرو شوند.

پس از شنیدن این راهنمایی‌ها، آخرین مرحله‌ی سفر خودرا آغاز کردیم. این سفر قرار بود ۱۸ساعت طول بکشد. اگرچه این سفر آسان‌ترین بخش سفر کلی‌مان بود، اما در عین حال خطرناک بود. مجبور نبودیم زیر گرمای شدید در صحرا بدون غذا راه برویم، یا ساعت‌ها زیر پتو پنهان شویم، یا شب را با لباس زنانه سر کنیم. با این حال، با وجود اینکه آسان‌تر بود، باز هم بدون خطر نبود. در سفری که با قطار به سمت کمپ‌های پناهندگان می‌رفتیم، چندین افسر ما را پیدا کردند. از آنجایی که کم سن و سال‌ترین و کوچک‌ترین فرد بودم، از همه پیروی می‌کردم، بیشتر از همه همکاری نشان می‌دادم و از ابراز نظرات یا نگرانی‌هایم خودداری می‌کردم. بزرگ‌ترین عضو گروه ما با مذاکره، صحبت و رشوه دادن به نگهبانان سعی در نجاتمان داشت. شانس آوردیم که رشوه‌را قبول کردند و اجازه دادند به راهمان ادامه دهیم.

مسیر تا کمپ بیش از ۱۸ ساعت بود. تأخیرهای زیادی در راه وجود داشت، اما پس از چند روز سفر در قطار و خوابیدن در کوپه، بالاخره به سلامت به لاهور رسیدیم. ما را

به جایی هدایت کردند که همه‌ی افراد تازه وارد آنجا می‌ماندند تا اینکه یکی از آشنایان یا کسی که می‌دانستیم قبلا داخل کمپ حضور داشته برای بردن ما از راه برسد.

اگرچه من فقط دو سال را از ژوئیه ۱۹۸۵ تا فوریه ۱۹۸۸ به عنوان پناهنده در پاکستان گذراندم، اما طرز فکر من در این مدت به شدت تغییر کرد. افکارم عمیق‌تر شد و دنیا را در جهتی کاملاً جدید دیدم. این افکار در درون و بیرون توسعه یافتند. می‌دانستم افرادی بوده‌اند که قبل از من به این مکان یا مکان‌های مشابه آمده‌اند. هرچند برخی در جستجوی راهی برای یافتن امنیت بودند، اما جان خود را به دلیل بی‌عدالتی از دست دادند، در حالی که بسیاری دیگر به مکان دیگری نقل مکان کردند. این افراد ردپایی از خود بر جای گذاشتند و به ما اجازه دادند که مسیر خود را دنبال کرده و ادامه دهیم.

سفری که شروع کردم به دور از هرگونه امنیت بود. اینگونه نبود که یک روز بیدار شوم، متوجه ظلم و ستم در کشورم بشوم و تصمیم بگیرم فرار کنم و به پاکستان پناه ببرم. سفرم بسیار خطرناک‌تر از اینها بود. خطراتی که پشت سر گذاشتم و موانعی که برای رسیدن به مکانی امن با آنها روبرو شدم تا شاید فرصتی برای آینده‌ای بهتر پیدا کنم، بسیار زیاد بود. موقعیت‌های مرگ و زندگی که در آن قرار گرفتم باعث شد متوجه شوم که فقط امیدواری برای انجام صحیح کارها کافی نیست، بلکه برای ادامه دادن باید شجاعت و قدرت داشته باشم.

داشتن امید الهام‌بخش است، اما همراهی امید با شجاعت است که نشان می‌دهد چگونه با خطرات موجود در جهان و لحظات غیرقابل پیش‌بینی در زندگی روبرو خواهید شد. این شجاعت همان چیزی خواهد بود که شما را بالا می‌برد، ارتقاء می‌بخشد و دنیایتان را با رنگ‌هایی مملو از روشنایی می‌آمیزد. در این سفر بود که فهمیدم شجاع بودن به چه معناست. شجاعت را نه تنها در سایر پناهندگانی که با من فرار کردند و هر روز برای زنده ماندن می‌کوشیدند، بلکه در خودم نیز یافتم. وقتی شجاعت داشته باشیم، این توانایی را داریم که تکه‌های شکسته و ویران زندگی خود را برداریم و سعی کنیم چیزی بهتر با آنها بسازیم. هر مانعی به منزله‌ی در جا زدن نیست؛ گاهی اوقات برای رسیدن به آینده‌ای رنگارنگ‌تر به موانعی در زندگی خود نیاز دارید.

فصل ۳

مرحله‌ی گذار- رستاخیز

هنوز هم می‌توانم افراد فوق‌العاده‌ای را که در زمان پناهندگی‌ام ملاقات کردم به یاد بیاورم. همه‌ی آنها نقشی اساسی در شخصیتی که امروز به آن تبدیل شده‌ام داشتند، و همینطور در شکل دادن به زندگی بزرگسالی‌ام اثرگذار بودند. به من آموختند که انعطاف‌پذیر و متفکر بودن چیست، و هر روز به من یادآوری می‌کردند که برای هدفم بجنگم. اگرچه آنها به من کمک کردند که مرد شوم، اما بار کمپ پناهندگان وزنه‌ی سنگینی بود که در دوران نوجوانی به دوش می‌کشیدم. همه‌ی ما روز به روز پیش می‌رفتیم، زیرا هرگز نمی‌دانستیم که ممکن است در ۲۴ ساعت آینده چه اتفاقاتی رخ دهد. در حالی که از لذت‌های کوچک هر روز لذت می‌بردیم، نگران و چشم‌انتظار بودیم. هر روز منتظر بودیم که اسممان‌را صدا بزنند یا اینکه سفارتی تاریخ مصاحبه‌ای به ما بدهد. منتظر بودیم بدانیم کدام کشور ما را می‌پذیرد و به ما اجازه می‌دهد زندگی جدیدی را به دور از مشقات و ستم‌ها آغاز کنیم. کاری جز شکیبایی از دستمان برنمی‌آمد، و همگی صبوری پیشه کرده بودیم. این دوره، دوره‌ی گذار بود. برزخی از نظر زمان که به کندی می‌گذشت.

در طول سال اول زندگی در کمپ، با هفت مرد دیگر زندگی می‌کردم، که برخی از آنها بیش از ۱۰ سال از من بزرگتر بودند. خوشبختانه، دو تن از اقوام من - اندی و اُجی - نیز در محل زندگی‌ام اسکان داشتند. آنها برایم حکم برادر را داشتند و بسیار خوشحال بودم که آنها و چند نفر دیگر هم‌اتاقی‌ام بودند. آنها در طول زندگی خود پس از انقلاب به دلیل اعتقادات و مذهب‌شان، بسیاری از اموال و اندوخته‌هایشان‌را از دست داده بودند. خانه‌شان به آتش کشیده شد و تمام وسایلشان در چاه انداخته و ویران شد. با این حال آنها تنها افراد ستم‌دیده در این راه نبودند. بسیاری رنج زیادی متحمل شدند. ظلم و درد بی‌شماری که تجربه کردیم عاملی بود که ما را با یکدیگر همدل می‌ساخت.

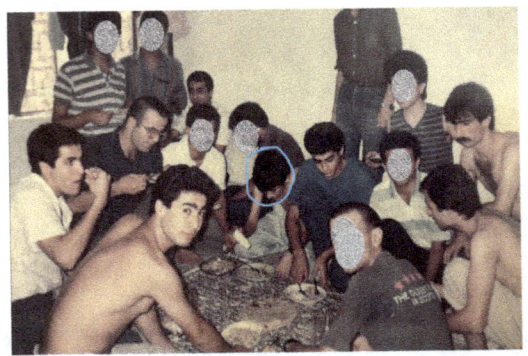

هم اتاقی‌هایم و سایر دوستانی که برای صرف ناهار به دیدار ما آمده‌اند – کمپ پناهندگی ۱۹۸۶-1985

در طول مدتی که با این هم‌اتاقی‌ها گذراندم، با هر یک از آنها آشنا شدم، سرگذشت‌شان را شنیدم و به ارزش‌های زندگی‌شان پی بردم. اکنون که به گذشته نگاه می‌کنم، خودم را خوش‌شانس می‌دانم که در کنارشان رشد کردم و بزرگ شدم. آنها در جوانی چیزهای زیادی به من یاد دادند. باورنکردنی بود که همه‌ی این مردانِ بزرگوار با چنین زیان‌ها و ناملایماتی روبه‌رو شده‌اند و با این حال هنوز توانسته‌اند روی پای خود بایستند و همچنان امیدوار باشند و باور کنند که فردای روشن‌تری وجود دارد.

ما در اتاقی در حدود ۱۰ متر مربع زندگی می‌کردیم. توالت کثیف بود و حمامی که در آن دوش می‌گرفتیم بسیار محقر بود. اکثر ما به دلیل کمبود آب تنها می‌توانستیم هفته‌ای یک بار دوش بگیریم و آبی هم که استفاده می‌کردیم ترکیبی از آب جوش و آب معمولی بود. ادامه دادن به چنین سبک زندگی‌ای کاملاً دشوار بود، به‌خصوص در زمستان‌ها که هوا سرد می‌شد. اما در هر حال سرپناهی داشتیم و در مقایسه با رنجی که اکثرمان در وطن متحمل شده بودیم، به خاطر همین چیزهایی هم که داشتیم سپاسگزار بودیم. هفته‌ای یک بار به طور متناوب مسئولیت آشپزی و سایر کارهای خانه را به عهده می‌گرفتیم. از آنجایی که من کوچک‌ترین فرد بودم، آشپزی نمی‌کردم، اما مرتب به شستن ظرف‌ها کمک می‌کردم و داوطلبانه به خرید یا تمیز کردن می‌پرداختم.

در طول روز کار زیادی برای انجام دادن وجود نداشت. گاهی اوقات بیرون می‌رفتیم یا داخل خانه ورق بازی می‌کردیم. اغلب با یکدیگر صحبت می‌کردیم یا به آشنایان دیگر

سر می‌زدیم. من معمولاً به همراه اقوامم می‌رفتم و با دوستانشان وقت می‌گذراندم و با آنها فوتبال، والیبال، ورق و هر چیزی که به ذهنمان می‌رسید بازی می‌کردم. ماهی یک بار به دفتر کمیساریای عالی پناهندگان سازمان ملل می‌رفتیم و خرجیِ خود را دریافت می‌کردیم. هر پناهنده حدود ۵۰۰ روپیه در ماه دریافت می‌کرد که معادل ۳ دلار آمریکا بود. پول زیادی نبود و صرفاً برای کمک به پرداخت هزینه‌های مربوط به غذا، حمل و نقل و سایر مایحتاج به ما داده می‌شد. جدا از پرداخت‌های ماهانه‌ی ضروری، فقط می‌توانستم هر ماه چند موز یا چند کلمنتین بخرم. خرید سایر ملزومات مانند لباس، غذای اضافی، تنقلات، نوشیدنی یا هر چیزی که در ایران به آن دسترسی داشتم امکان‌پذیر نبود.

زندگی در آنجا فوق‌العاده سخت بود. اگرچه ما در مکانی قرار داشتیم که قرار بود سکوی پرتاب‌مان از زندگی ویران‌شده‌ی گذشته‌مان به چشم‌انداز آینده‌ای بهتر باشد، اما به هیچ وجه راحت بود. باید قوی و محکم می‌ایستادیم. نباید امیدمان را از دست می‌دادیم و باید به خود یادآوری می‌کردیم که وضعیتی که در آن قرار داریم تا ابد ادامه نخواهد داشت. دیر یا زود، ما پیروز می‌شدیم – باید پیروز می‌شدیم. من باید به تلاش در برابر سختی‌ها ادامه می‌دادم، زیرا اگر این کار را نمی‌کردم، مشقت‌های پشت سر گذاشتن خانواده‌ام و مبارزه با داشتنِ صرفاً مایحتاج اولیه بی‌ثمر می‌ماند. بسیاری از ما به آینده‌ای روشن امیدوار بودیم، اما سختی‌ها بی‌شمار به نظر می‌رسیدند.

تعدادی از جوانان و سالمندان بودند که تحمل سختی‌های روزمره در کمپ پناهندگان را نداشتند. پس از چند ماه، عده‌ای به ایران بازگشتند، هرچند می‌دانستند عواقبی که قرار است در آنجا با آن روبرو شوند سخت‌تر خواهد بود. دولت قرار نبود با رأفت با فرار آنها برخورد کند، اما بسیاری از آنها فکر می‌کردند که عواقب آن کوتاه‌تر از زمان حضورشان در کمپ‌ها خواهد بود.

زندگی مبارزه‌ای درونی است. گاهی در این کشمکش‌ها آنقدر زجر می‌کشیم که فقط به دنبال سریع‌ترین و آسان‌ترین راه برای کاهش رنج می‌گردیم، و زحمت در نظر گرفتن عواقب آن را به خود نمی‌دهیم. به ما گفته‌اند که اگر بین بد و بدتر گیر افتادیم، بد را انتخاب کنیم، اما وقتی با دو مسیر پر از رنج مواجه می‌شویم، آیا راهی را انتخاب خواهیم کرد که سریع‌تر ما را به مقصد برساند یا راهی را برمی‌گزینیم که نتیجه‌ی درخشان‌تری

داشته باشد؟ گرفتن چنین تصمیماتی سخت است، و به‌خصوص وقتی پای خانواده هم در میان باشد، تصمیم‌گیری سخت‌تر می‌شود.

در حالی که مسیرهایی که در زندگی خود طی می‌کنید برآمده از انتخاب‌هایی است که انجام می‌دهید، گاهی اوقات زمانی که کارگردان‌هایی در زندگی شما وجود داشته باشند که شما را راهنمایی کنند، نصیحت کنند یا صرفاً به حرف‌تان گوش دهند و با شما همدردی کنند، تصمیم‌گیری ساده‌تر است. با این حال، اگر کارگردان‌های زندگی ما خوب یا مؤثر نباشند، باید خودمان با تصمیمات دشوار کنار بیاییم. و گاهی نزدیک‌ترین افراد ممکن است ظرفیت مشکلاتی را که بر دوش داریم تشخیص ندهند.

سختی هرگز چیزی نیست که در زندگی آرزویش را داشته باشیم، اما وقتی کسی را داریم که چنین مسائلی را با او در میان بگذاریم، کارها آسان‌تر می‌شود.

ما هرگز به اختیار خودمان در مسیر رنج قرار نمی‌گیریم، بلکه رنج معمولاً به طرق مختلف بر ما تحمیل می‌شود. برای من، برای پناهندگان، ظلم و ستم بود که ما را به چنین مسیر دشواری سوق داد. پناهندگان مجبور به ترک خانه‌های خود می‌شوند. زندگی ما از ریشه کنده و به کناری رانده شد. فراموش نکنید که ما در سرزمین مقدس اجدادمان زندگی می‌کردیم، جایی که والدین ما در آنجا متولد شده بودند، زندگی خود را ساخته بودند و آرزو داشتند در همانجا بمانند و زندگی کنند. فراموش نکنید که فرهنگ و میراث‌مان ما را به سرزمین و خانه‌هایمان پیوند می‌داد. اما آنها ما را از سرزمین‌مان بیرون انداختند.

با وجود این همه ظلم و ستم و تاریکی، افرادی در اطرافم بودند که راه مرا روشن کردند. آنها برایم داستان‌هایی از فداکاری‌ها و خیرخواهی‌هایشان، مسیر زندگی‌شان، عزیزانی که مجبور به ترک‌شان شده بودند و امیدهایی که داشتند تعریف کردند. زندگی به هیچ وجه ساده نبود و در عین حال پیچیده هم نبود. اگرچه ناعادلانه بود، اما باید آن را می‌پذیرفتیم و با آنچه در اختیار داشتیم سر می‌کردیم. صبر بهترین همراه من بود.

«همه‌ی کسانی که زندگی می‌کنند، شاهد چنین زمان‌هایی‌اند، اما در توانشان نیست که تصمیم بگیرند. آن چه که باید تصمیم بگیریم این است که بازمانی که به ما داده شده چه کنیم.»

-جی. آر. آر تالکین، یاران حلقه

با این حال، دروغ است اگر بگویم دلم برای خانه تنگ نشده بود و زندگی‌ام دشوار نبود. هرچند در اطرافم افراد نازنین زیادی حضور داشتند، اما کمپ خانه نبود. آرزوی نهایی برای هر انسانی دستیابی به ایده یا چشم‌انداز «خانه» است. بسیاری از مردمی که دور از خانه هستند، احساس می‌کنند گم شده‌اند، و تمام تلاش خودرا برای ساختن یا ایجاد خانه‌ای برای خود انجام می‌دهند. خانه مکان مقدسی است که بسیاری از مردان و زنان در طول تاریخ برای دفاع از آن جنگیده‌اند. برخی از مردم جان خود را فدا کرده‌اند تا خانه‌ی خود را مصون و سالم نگه دارند. این مسئله را بارها و بارها بین ملت‌های مختلف دیده‌ایم. طبیعی است که بخواهیم خانه و کاشانه‌ی خودرا از مهاجمان در امان نگه داریم.

در دومین سال حضورم در کمپ پناهندگان، خوش‌شانس بودم که اقوامم در پاکستان به من ملحق شدند. آنها نیز به دلیل باورهایشان جانشان در خطر بود. آنها در شمال ایران زندگی می‌کردند و با وقوع انقلاب مجبور شدند دار و ندارشان را بگذارند و فرار کنند، در حالی که تازه خانه‌ی جدیدی ساخته بودند. زمانی که تندروهای محلی شهرشان را احاطه کردند و اموالشان را از بین بردند و خانه را به آتش کشیدند، دیگر مجالی برای ماندن باقی نبود. هجوم‌آورندگان بی‌رحم بودند. اما در هر حال خوشحال بودم که آنها را در کمپ کنار خودم می‌دیدم.

با همگی‌شان پیوند خاصی داشتم و در ایران هم کاملاً نزدیک بودیم. در تعطیلات تابستانی‌ای که از افغانستان به ایران سفر می‌کردم، اغلب پیش آنها می‌ماندم. با بچه‌های اقوام که چند سال از من بزرگتر بودند بازی می‌کردم و از گذراندن اوقاتی بی‌دغدغه با آنها در محاصره‌ی طبیعت خارق‌العاده‌ی مازندران (ساحل دریای خزر) لذت می‌بردم. یادش بخیر.

در پاکستان، اقوامم مانند خانواده حامی من بودند. اگرچه آنها با من نسبت خونی داشتند، اما ارتباط عمیق‌تری با آنها احساس می‌کردم که این مسئله حتی در کمپ رشد

کرد. آنها به من احساس امنیت و آرامش دادند و این سعادت را داشتم که آخرین سال پناهندگی خود را با آنها سپری کنم. یکی از زنان اقوام زنی شریف و دوست‌داشتنی بود. او همیشه مراقبم بود و طوری برایم آشپزی می‌کرد که انگار پسر خودش هستم. یک سال بعد از رفتنم به کانادا، این خبر خوب را شنیدم که آنها نیز مصاحبه‌ی خود را با سفارت استرالیا پشت سر گذاشته‌اند و به آنها فرصت داده شده تا زندگی جدیدی را با آرامش در استرالیا آغاز کنند. من برای همه‌ی چیزهایی که به من بخشیده و آموخته بودند سپاسگزارشان هستم و خوشحالم که توانستند زندگی جدیدی را در جای دیگری بسازند.

زمانی که برای اولین بار مجبور به فرار از ایران شدم، تعداد پناهندگان - بدون هیچ نشانه‌ای از کاهش سرعت - در حال افزایش بود. تا زمانی که رهبران مستکبر و قدرت‌طلب هنوز وجود دارند، پدیده‌ی عظیم جهانیِ آوارگان هرگز پایان نخواهد یافت.

اگر مردم یاد نگیرند که چگونه به عقاید، سبک زندگی، فرهنگ و مذاهب دیگران احترام بگذارند، همیشه تفرقه و جنگ برقرار خواهد بود، و بنابراین، همیشه پناهندگانی نیز وجود خواهند داشت. اگر پدیده‌ی هویت از بین برود، اگر ملت‌ها به جای تمرکز بر تفاوت‌ها، بیشتر به حرف‌های یکدیگر گوش کنند و نسبت به تفاوت‌ها ارزش و احترام قائل شوند، دیگر مجبور نیستیم برای سرزمین، نژاد و بقا بجنگیم.

در دوران پناهندگی، بی‌عدالتی‌های دنیا را به چشم دیدم و هرکشان کردم. چه از آنچه در مدرسه تجربه کردم، چه از کودتاهای افغانستان، چه دیدن فقر و محنت، چه شناخت گاندی و پیروی از او، چه زنده ماندن در میان ناآرامی‌های دوران انقلاب و جنگ در ایران، متوجه شدم که هرگز نمی‌توان برای موانع و سختی‌هایی که زندگی بر سر ما می‌آورد آماده بود. چه چیزهایی که از آن وقایع آموختم.

با این حال، پس از پناهنده شدن، تمام دنیای من تغییر کرد. قبلاً تحت راهنمایی و هدایت پدر و مادرم بودم. آنها از من حمایت می‌کردند، محافظت می‌کردند، به من کمک می‌کردند تا وقتی زمین خوردم بلند شوم، اما در زمان پناهندگی تنها بودم. باید یاد می‌گرفتم که چگونه روی پای خودم بایستم، چگونه خودم را برای سختی‌ها آماده کنم، چگونه انعطاف‌پذیرتر باشم و برای درک و کنار آمدن با دیگران همدردی نشان دهم.

در پاکستان بیش از ۱۵۰۰ پناهنده‌ی بهایی از سراسر ایران وجود داشت. همگی افرادی متفاوت بودند، از پیشینه‌ها و خانواده‌های متفاوتی می‌آمدند و هر کدام سرگذشت خود را داشتند. برخی از این سرگذشت‌ها بسیار دلخراش بودند، مانند کشته شدن یا زندانی شدن یکی از اعضای خانواده از سوی دولت. دیگران از سفر طولانی‌ای که برای رسیدن به پاکستان طی کرده بودند صحبت می‌کردند. بسیاری از این افراد کوشیده و جنگیده بودند تا زندگی‌ای عادی داشته باشند؛ زندگی‌ای که با آنها نه مهربان بود و نه عادل.

پناهنده بودن آسان نیست. آن موقع آسان نبود و الان هم آسان نیست. همه‌ی ما مجبور شدیم خانه‌مان را ترک کنیم. جانمان در خطر بود و در چشم‌انداز آینده‌ی کشور چیزی جز ظلم و ستم دیده نمی‌شد. در دوران پناهندگی سختی‌ها و دل‌شکستگی‌های زیادی را پشت سر می‌گذاریم تا در جایی مسکن گزینیم. صبر تنها دوست ماست و مجبوریم منتظر آینده‌ای بهتر باشیم که حتی ممکن است هرگز نیاید. پناهنده بودن تنها سلامت جسمی را به خطر نمی‌اندازد، بلکه سلامت روان را نیز با خطراتی مواجه می‌کند.

در طول مدتی که پناهنده بودیم، اجازه داشتیم تا حدی با پاکستانی‌های محلی دمخور شویم. با این حال، از آنجایی که ما را بیگانه و پناهنده می‌دانستند، نمی‌توانستیم به طور کامل با آنها ارتباط برقرار کنیم و مجبور بودیم اقداماتی را برای محافظت از خود انجام دهیم. چندین دعوا بین پناهنده‌ای بهایی که تلاش می‌کرد از خانواده‌ی خود در برابر آزار و اذیت پاکستانی‌های محلی محافظت کند، روی داد. برخی از این دعواها خیلی سریع به جنجالی بزرگ تبدیل شدند. چنین درگیری‌هایی امری رایج بود که بیشترمان سعی می‌کردیم از آن اجتناب کنیم. به ما بسیار توصیه شده بود که به دلیل موقعیت خود درگیر هیچ نوع درگیری فیزیکی یا رفتاری مشابه نباشیم. درد صبور بودن گاهی غیرقابل تحمل می‌شد. برخی از پناهندگان حتی پس از کشته شدن یکی از بستگانشان مجبور به صبر و آرامش بودند. سخت بود، اما اکثر ما تا زمانی که می‌توانستیم درد را تحمل می‌کردیم، اما در هر حال گاهی پیش می‌آمد که مردم محلی از آسیب‌پذیری و موقعیت ما به عنوان پناهنده سوءاستفاده کنند.

علی‌رغم اینکه مجبور بودیم همه‌ی سختی‌ها را بپذیریم و به زندگی ادامه دهیم، خوشحال بودیم که می‌دانستیم وضعیت‌مان موقتی است. لحظاتی را که با دوستان جدید می‌گذراندیم ارج می‌نهادیم و با وجود اینکه همگی‌مان رنج‌هایی در زندگی داشتیم،

از سهیم شدن دردهایی مشترک احساس خوشنودی می‌کردیم. ما مثل خانواده‌ای بزرگ از سراسر ایران بودیم. می‌دانستیم که آینده‌ی بهتری در انتظارمان خواهد بود، فقط می‌بایست صبور باشیم. هر کدام از روزها می‌توانست آخرین روزی باشد که در کمپ بودیم. زمان ما در کنار هم محدود بود و وقتی پاکستان را ترک می‌کردیم، می‌دانستیم که احتمالاً دیگر هرگز همدیگر را نمی‌بینیم. برای هر روزی که با اطرافیانم می‌گذراندم ارزش قائل بودم. ما زمان زیادی را صرف شناختن یکدیگر کردیم. در این میان دوستان زیادی پیدا کردم که امیدوارم سرنوشت بهتری پیدا کرده باشند. سرنوشت هر کس این بود که به کشور دیگری برود و زندگی متفاوتی داشته باشد. پایان همیشه تلخ و شیرین است، اما بعد از سختی و رنجی که همه با آن روبرو شدیم، دانستن اینکه دوستانمان فرصت زندگی بهتری را یافته‌اند، به ما امید و جسارت برای ادامه‌ی مسیر می‌داد.

یکی از بهترین خاطراتم جشن‌هایی بود که برای دوستی که قرار بود کمپ را ترک کند برگزار می‌کردیم. شب قبل از رفتن دور هم جمع می‌شدیم و شروع یک زندگی جدید را جشن می‌گرفتیم. شادی و آرامش در چشمان آنها آشکار بود و همه می‌دانستیم که بالاخره نوبت ما هم فرا خواهد رسید. فرصت زندگی در مکانی امن‌تر، دسترسی به کار و تحصیل، و آزادیِ رشد و ساختن زندگی، افکاری بودند که در طول دوره‌ی پناهندگی در پاکستان موجب می‌شد به زندگی خود امیدوار بمانیم.

مانند پناهدگانی که پیش از من آنجا بودند، زمان رفتن من نیز بعد از دو سال فرا رسید. اندوه عمیقی درونم حس می‌کردم. ترک تمام دوستانی که پیدا کرده بودم و به خانواده‌ام تبدیل شده بودند واقعاً دلخراش بود. خداحافظی یکی از سخت‌ترین کارهایی بود که باید انجام می‌دادم. چگونه می‌شود به کسانی که به شما شهامت ادامه‌ی زندگی را دادند و به رشد ذهنی و معنوی شما کمک کردند بگویید «خداحافظ» و «متشکرم»؟ در ۱۲ فوریه ۱۹۸۸ زندگی خود را به عنوان پناهنده در پاکستان پشت سر گذاشتم و به کانادا رفتم. زندگی‌ای کاملاً جدید در کانادا منتظر من بود. اگرچه در کانادا هیچ دوست و آشنا و خانواده‌ای نداشتم، اما این فرصت را داشتم که از نو شروع کنم و آینده‌ای بسازم که در ایران نمی‌توانستم داشته باشم.

«زندگی یعنی رنج کشیدن، زنده ماندن یعنی یافتن معنا در رنج».

-فردریش نیچه

قبل از اینکه شخصی بتواند برای اولین بار وارد کمپ پناهندگان شود، باید مرحله‌ای را که من آن را ترمینال گذار می‌نامم، طی کند. پناهندگانِ سرگردان و مشتاق باید منتظر بمانند تا کمیساریای عالی پناهندگان سازمان ملل (UNHCR) مدارک آنها را بررسی کند، تا سپس مدارک رسمی خود را دریافت کنند و به مرحله‌ی بعدی برسند. پس از دریافت مدارک، پناهنده باید فرم‌ها را پر کند و نامه‌ی درخواستی را به کشوری که می‌تواند یا می‌خواهد به آن مهاجرت کند ارسال نماید. به عبارت دیگر، اگر بستگانی دارید که در کشوری دیگر مستقر هستند، باید به سفارت آن کشور درخواست بدهید. اگر کشوری وضعیت و پتانسیل شما را مورد پذیرش قرار دهد، با شما مصاحبه انجام خواهد داد. پس از مصاحبه، از طریق سفارت مطلع خواهید شد که آیا درخواست شما برای فرآیند مصاحبه‌ی دوم پذیرفته شده است یا رد شده. محرومیت از سفر به کشوری که خانواده یا بستگان شما در آن ساکن‌اند، بدترین کابوس بسیاری از پناهندگان است. از سوی دیگر، اگر پذیرفته شوید و مصاحبه‌ی دوم را نیز پشت سر بگذارید، باید قبل از عزیمت به کشوری که در آن پذیرفته شده‌اید، معاینات پزشکی را انجام دهید.

در بهترین حالت، این روند ممکن است تا ۱ سال طول بکشد. با این حال، در موقعیت‌های پیچیده‌تر، یافتن مکانی دیگر ممکن است ۲ سال یا بیشتر به درازا بینجامد. من بسیار خوش‌شانس بودم که از طرف یکی از کشورهای ممتاز با بهترین شرایط برای زندگی و اقامت پذیرفته شدم. از آنجایی که جوان بودم و پتانسیل ادامه‌ی تحصیل و کمک به جامعه را داشتم، در کانادا پذیرفته شدم و از این بابت قدردان‌شان هستم.

پناهنده بودنْ انسان را به شیوه‌های غیرقابل تصوری جان‌سخت می‌کند. انباشت رنج‌های متحمل شده درون پناهنده چیزی است که آینده‌ای روشن‌تر و رنگارنگ‌تر را ایجاد می‌کند که از طریق انعطاف‌پذیریِ حاصل از امید ساخته و با شجاعت تقویت می‌شود. گذار بین رنج و مبارزه، و صلح و شادی هرگز آسان نیست.

فصل ۴

پناهنده و فراتر از آن – شروع زندگی از صفر

در انتهای هر تونل تاریک، آینده‌ی روشن‌تری در انتظار است. اگرچه زندگی مملو از بی‌رحمی و بی‌عدالتی است، اما امید و نور همیشه پیروز خواهند بود. حتی اگر باورش سخت است که آینده‌ی روشن‌تری در انتظار شماست، صبر و شکیبایی پیشه کنید و آماده باشید تا زمانی که تغییرات به سمتتان روانه می‌شوند، از آنها بهره ببرید. از سنین پایین با موانع و چالش‌های زیادی روبرو بودم. قبل از رسیدن به کانادا هم با حوادث خارق‌العاده‌ای روبه‌رو شدم، تجربیات غیرقابل توصیفی برایم رقم خورد و برای زنده ماندن، حتی زمانی که تاریکیِ مسیرْ دیدم را تیره کرده بود، جنگیدم.

در طول مدت پناهندگی‌ام، هر روز با رنج‌هایی روبرو می‌شدم، اما در طول این دوره بود که بیشترین تجربه‌ها را آموختم. گذار من بین دنیای فاسدی که والدینم از من در برابرش محافظت می‌کردند به دنیای مستقلی که مجبور بودم به تنهایی با هیولاهای واقعیت روبرو شوم، مرا مجبور کرد بزرگ شوم و شخصیت خودم را بسازم. دو سال پناهندگی به من آموخت که هر اتفاقی هم که بیفتد، من مسئول تصمیماتم هستم. من ارباب روح خودم هستم و هیچ‌کس نمی‌تواند آن را تغییر دهد. من دیگر محافظ خودم بودم و هیچ عضوی از خانواده یا هیچ دوستی نمی‌توانست در این مورد به من کمک کند.

پناهنده بودن به من این فرصت را داد که یاد بگیرم چگونه از خودم مراقبت کنم. اگرچه کارگردان‌هایی در زندگی‌ام بودند که از بینش من حمایت می‌کردند و به مسیرم امیدوار بودند، اما این امر بر عهده‌ی من بود که آینده‌ی خودم را بسازم. کارگردان‌های مهربان و دلسوز زیادی داشتم که در سنین رشد و بلوغ مراقب من بودند، اما گذار از دوران کودکی به بزرگسالی چیزی بود که باید قبل از اینکه فراتر از کمپ پناهندگان حرکت کنم و به دنیایی برسم که در آن می‌توانستم به دنبال بینش خودم باشم، رقم می‌خورد.

زمانی که زندگی‌ام را در کانادا شروع کردم، چندین چالش بزرگ وجود داشت که برای زنده ماندن باید با آنها روبرو می‌شدم. اگرچه ممکن است کوچک به نظر برسند، اما آنها مبارزاتی بودند که مجبور بودم به تنهایی بر آنها غلبه کنم. نیاز داشتم که با اندوه ناشی از حضور در سرزمینی بیگانه روبرو شوم و در عوض روی احتمالات داشتن آینده‌ای روشن تمرکز کنم. با این حال، وقتی با آن سن و سال کم در اواسط زمستان پا به کانادا گذاشتم، اولین برداشتم از این کشور مثبت نبود. فصل اول حضور من در کانادا پر از تاریکی و مبارزه بود.

نگاه و رفتار همه با من کاملاً متفاوت بود و من با شوک فرهنگی و همچنین تنهایی مواجه شدم. خیلی احساس تنهایی می‌کردم و نمی‌توانستم سکوتی را که به من تحمیل شده بود تحمل کنم. ناتوانی در صحبت کردن با دیگران مرا از همکلامی با آنها بازمی‌داشت و به عنوان فردی خارجی، در شروع گفتگو با غریبه‌ها یا تلاش برای دوستیابی مردد بودم.

ماه‌ها مشتاقانه انتظار کشیده بودم تا به اینجا نقل مکان کنم و زندگی‌ام را بسازم، اما به محض ورود، به یکباره احساس ضعف و سستی کردم. تغییرات ناگهانی بیش از آن بود که بتوانم تحمل کنم. دو سال را به عنوان پناهنده گذرانده بودم و رؤیای شروع یک زندگی جدید و دنبال کردن آرزوهایم را داشتم، اما اکنون که آنجا بودم، به یاد آوردن دلیلی که در وهله‌ی اول تا این حد امیدوار بودم، دشوار بود.

آمدن از پاکستان که هوا و محیطش گرم و دوستانه بود باعث شد احساس کنم وارد دنیای دیگری شده‌ام که به آن تعلق ندارم. حداقل در پاکستان، صدها نفر و همینطور اقوامم در اطرافم بودند و دو سال را با آنها گذرانده بودم. علیرغم رنج و تلاشی که در کمپ پناهندگان باید متحمل شدم، حداقل دیگران را داشتم که از من حمایت کنند. در کانادا احساس می‌کردم که هیچ چیز و هیچ کس را ندارم. این دو مکان بسیار با هم متفاوت بودند.

در دو ماه اول اقامت در کانادا، زندگی به طرز وحشتناکی سخت بود، و من مدام تصمیم خود را برای شروع زندگی در اینجا زیر سؤال می‌بردم. با این حال، تاریک‌ترین شب‌ها درخشان‌ترین ستاره‌ها را در خود دارند، و ناگهان ورق برگشت. در اعماق وجودم می‌دانستم که مهم نیست در کجای دنیا هستم یا چگونه زندگی می‌کنم. باید شجاعت و

شهامت داشته باشم و بدانم که موقعیتی که در آن هستم برای همیشه دوام نخواهد داشت.

> هر روز با روز دیگر متفاوت است و جهان همیشه در حال تغییر. فردا روزی جدید پر از شادی و چشم‌اندازهای تازه است. تنها کاری که باید انجام دهید این است که به حرکت رو به جلو ادامه دهید.

از همان دوران کودکی شاهد بودم که خانواده و اطرافیانم برای حفظ روحیه‌ی خود می‌جنگیدند. آنها هرگز تسلیم نشدند، هرچقدر هم که دنیا تاریک و ترسناک به نظر می‌رسید. با وجود اینکه بسیار افسرده و تنها بودم، اما اطمینان داشتم که پیروز خواهم شد و از فرصت و آزادی‌ای که به دست آورده‌ام لذت خواهم برد. فقط لازم بود یادم باشد که روحیه‌ام را بالا نگه دارم، شجاع باشم و هرگز تسلیم نشوم. این نقطه‌ی قوت من بود. وقتی زندگی آنطور که می‌خواهید یا انتظار داشتید پیش نمی‌رود، به یک راه جایگزین فکر کنید و مسیر را تغییر دهید. باید راهی برای ادامه‌ی اهدافتان پیش روی خود ایجاد کنید، و به هر طریقی بر تصمیمات خود مسلط باشید و تغییری را که می‌خواهید در زندگی‌تان مشاهده کنید، به وجود آورید.

خوشبختانه در عرض چند ماه با مغازه‌ی کوچکی در نزدیکی محل اقامتم مواجه شدم. این مغازه از سوی یک از بهاییان کانادایی که بیش از ۲۰ سال در هالیفاکس زندگی کرده بود اداره می‌شد. سرگذشت زندگی‌ام را با ایشان در میان گذاشتم، و از اینکه توانسته بودم با شخصی ارتباط برقرار کنم، شادمان بودم. بعد از اینکه برایش گفتم چه بر من گذشته، مرا به محفل ضیافت دعوت کردند که در آن بهاییان محلی جمع می‌شدند. از اینکه چند نفر به شکلی ناگهان وارد زندگی‌ام شدند و مرا با گرمی پذیرفتند و تمایلشان را برای کمک یا حمایت از من از هر طریقی که می‌توانند ابراز کردند، شگفت‌زده شده بودم. اولین بار بود که احساس آرامش و امنیت می‌کردم. در میان بسیاری از افرادی که با آنها آشنا شدم، دو فرد دوست‌داشتنی بودند که با آنها خیلی صمیمی شدم: سعید و ندیم.

سعید از بهائیان مقیم هالیفکس دانشجوی دانشگاه دالهوزی بود و ما تا به امروز هم دوستان بسیار خوبی هستیم و اغلب با هم در ارتباطیم. او تأثیر زیادی بر مسیر تحصیلی من و فرآیند یادگیری‌ام در گذار به زندگی در کانادا داشت. ندیم، یکی دیگر از دانشجویان دانشگاه هالیفکس، مرا به اطراف هالیفاکس برد و در مورد مسائل مهم در شهر و سبک

زندگی در آنجا راهنمایی‌ام کرد. اگرچه من فقط ۷ ماه در هالیفاکس بودم، اما این دو دوست چشم‌اندازهای جدیدی را در زندگی به من نشان داد. ندیم همچنین مرا به شارلوت‌تاون، پایتخت جزیره‌ی پرنس ادوارد، جایی که والدینش زندگی می‌کردند، برد. او حتی گاهی اوقات آخر هفته‌ها مرا به شهرهای دیگر در شرق کانادا می‌برد. هر دوی این دوستانْ دنیای مرا گشودند و نگاهم نسبت به هالیفاکس را تغییر دادند. زندگی من کم کم داشت دستخوش تحول می‌شد، و تاریکی‌ای که در بدو ورود آزارم می‌داد، اکنون جایش را به آینده‌ای روشن‌تر داده بود.

علاوه بر این، در یک مدرسه‌ی زبان انگلیسی ثبت نام کردم که فرصت‌های موجود را برای من گسترش داد. مسیرهای زیادی وجود داشت که می‌توانستم در آنها قدم بردارم. امکان‌های بسیاری پیش پایم قرار گرفته بود. من نه تنها با افراد و دوستان جدیدی در مدرسه آشنا شدم، بلکه توانستم بیشتر با جامعه‌ای که در آن زندگی می‌کردم ارتباط برقرار کنم. اگرچه زبان انگلیسی‌ام در حال بهبود بود، اما هنوز در تلاش بودم تا خودم را در جامعه بگنجانم.

چاره‌ای جز یادگیری سریع و بهبود درک و طرز تفکرم نسبت به فرهنگ‌ها و زبان‌های دیگر و بالاتر از همه، ارزش‌های جامعه‌ی آنها نداشتم. کانادا بر پایه‌ی مهاجران بنا شده و دیدن افراد گوناگون از پیشینه‌های مختلف در کنار هم در صلح و آرامش فوق‌العاده بود. اگرچه هنوز به طور کامل به چنین جامعه‌ی متنوعی ملحق نشده بودم، اما پی برده بودم که چقدر خوشحالم که در میان آنها زندگی می‌کنم و چنین فرصت شگفت‌انگیزی را از این ملت دریافت کرده‌ام. می‌توانستم از همه‌ی این افراد چیزهای زیادی بیاموزم و از طریق آنها بتوانم به پتانسیل واقعی خود دست یابم. فرصت‌ها و امکان‌ها بی‌پایان بودند، و فقط باید ابزارهای مناسب را برای استفاده از آنها به دست می‌آوردم.

اولین هدف و چشم‌انداز من در کانادا یادگیری و تبدیل شدن به بخشی جدایی‌ناپذیر از جامعه بود. می‌خواستم مثل آنها باشم، بنابراین با شدت بیشتری به مطالعه و یادگیری مشغول شدم. مشتاق بودم برای خودم زندگی‌ای بسازم پر از بینش، و مصمم بودم با هر مشکلی که سر راهم قرار گرفت مبارزه کنم. یاد گرفتم که چگونه فراتر از زمستان‌های بسیار سرد را ببینم و از حضور اطرافیانم لذت ببرم. با کنار گذاشتن مشکلات کوچکم، شروع کردم به ایجاد زندگی‌ای رنگارنگ‌تر که پیش از این برایم میسر نبود. آینده‌ام

روشن‌تر شده بود و حالا اعتماد به نفس، شهامت و امیدواری در درونم به خروش آمده بود.

زمانی که شروع به سازماندهی زندگی و تعیین اولویت‌هایم کردم، متوجه کار سخت دوستانم در دانشگاه و آنهایی که به مشاغل پاره‌وقت مشغول بودند، شدم. آنها گام‌های مفیدی برای ساختن زندگی خود برداشته بودند، اما من چه کاری از دستم برمی‌آمد؟ یک سال بعد از دوره‌ی پناهندگی، جامعه کوچکی در میان بهاییان کانادایی ایجاد کرده بودم، دوستی‌های ارزشمندی برقرار کرده بودم و در کنارشان فعالیت‌های گوناگونی را پیش می‌بردم، و همچنین شروع به یادگیری زبان انگلیسی کرده بودم، اما چه کاری بیش از اینها می‌توانستم انجام دهم؟ این که شاهد تلاش دوستانم بودم، به من انگیزه می‌داد که سخت کار کنم. آنها کارگردان‌های انگیزشی در زندگی من بودند که مرا تشویق به تلاش بیشتر و بیشتر کردند.

می‌خواستم خودم را بالا بکشم و به گونه‌ای شکوفا شوم که با دیگر هم سن و سالانم متفاوت باشد. از طریق مؤسسات تأسیس‌شده ابزارهایی در اختیارم قرار گرفته بود تا زندگی جدیدی بسازم، هدف زندگی‌ام را درک کنم و به مراحل بعدی گام بگذارم. تصمیم گرفتم ادامه تحصیل بدهم و بر روی ارتقای دانشم تمرکز کنم. با این حال، شروع فصلی جدید در زندگی، به‌ویژه فصل تحصیل، آسان نخواهد بود. اگرچه دوستانی داشتم که مرا تشویق کردند تا این مسیر را دنبال کنم و به من انگیزه دادند تا بهترین باشم، اما در کانادا تنها بودم و باید اقدامات بیشتری برای محافظت از خودم انجام می‌دادم. ادامه‌ی تحصیل تصمیم مهمی بود، و با وجود اینکه بر روی این چشم‌انداز متمرکز بودم، اما باید به مدت طولانی در مورد تغییری که در زندگی‌ام ایجاد کرده بودم می‌اندیشیدم.

پس از ۱۸ ماه بلاتکلیفی و ناتوانی در تصمیم گیری در مورد آینده‌ام، سرانجام از این فرصت استفاده کردم و به مونترال نقل‌مکان کردم. برخلاف کمبود فرصت‌ها در شهر قبلی، امید بیشتری برای آینده‌ام در مونترال وجود داشت. خوش‌شانس بودم که چند دوست خوب و چند تن از اقوام دورم در این شهر زندگی می‌کردند.

پس از چندین سال بهبود زبان انگلیسی، بالاخره توانستم برای رفتن به دانشکده اقدام کنم. کِبِک سیستمی منحصربه‌فرد داشت که بر اساس آن سال اول دانشکده معادل کلاس ۱۲ دبیرستان است. بعد از اتمام دانشکده، سال دوم در زمره‌ی دانشگاه قرار

می‌گرفت. این سیستم، اگرچه گیج‌کننده بود، اما یک عقب‌گرد بزرگ در مسیر من به سمت آموزش عالی بود. من قبلاً دو سال مهم تحصیلی‌را در دوران پناهندگی‌ام از دست داده بودم، و دو سال دیگر هم تلاش کردم تا در کانادا ساکن شوم، زبان انگلیسی یاد بگیرم و در کلاس دوازدهم تحصیل کنم، علیرغم فارغ‌التحصیلی ۳ سال زودتر از سایر همسن و سال‌هایم در ایران. اگرچه هنوز جوان بودم، ولی به نظر می‌رسید زمان از دستم می‌گریزد. من ۴ سال از زندگی‌ام‌را به خاطر موقعیت‌هایی که نمی‌توانستم تغییرشان دهم از دست داده بودم. زمان برایم مسئله‌ی مهمی بود، و من به آن ۴ سالی فکر می‌کنم که آرزو داشتم پس‌شان بگیرم تا بتوانم تا آنجا که می‌توانم از آنها استفاده کنم.

ما همیشه به دنبال زمان هستیم و سعی می‌کنیم ساعت‌ها، روزها یا سال‌هایی را که از دست داده‌ایم برگردانیم. دلسرد شدن اجتناب‌ناپذیر است زیرا زمان می‌گذرد و بینش‌مان مانند دره‌ای وسیع به نظر می‌رسد که باید از آن عبور کنیم، اما به یاد داشته باشید که تا همینجا هم پیش رفته‌اید. با وجود تمام مبارزات، موانع، بی‌عدالتی‌ها و سختی‌هایی که با آن روبرو بودید، تا امروز زنده مانده‌اید، پس چرا فردا نیز چنین نباشد؟

زندگی به ندرت آنطور که ما می‌خواهیم پیش می‌رود، بینش‌مان تغییر می‌کند، امیدمان را از دست می‌دهیم، اما در نهایت، باید به یاد داشته باشیم که می‌بایست اولین قدم شجاعانه‌را برداریم. هنگامی که قدم برداشتید، آنچه که در ادامه پیش می‌آید آسان‌تر خواهد بود.

اگرچه زمان قابل توجهی‌را از دست داده بودم، اما خودرا در مسیر اهدافم قرار دادم و نهایت تلاشم را کردم. می‌خواستم در زمینه‌ی تحصیلاتم خوب عمل کنم. می‌خواستم تا جای ممکن یاد بگیرم و یکی از دانش‌آموزان برتر دانشکده شوم. نباید اجازه می‌دادم از بینشم دور شوم. برای اینکه به خودم انگیزه بدهم، اغلب به دوران کودکی‌ام، شخصی که می‌خواستم تبدیل شوم و مسیری که آرزویش‌را داشتم فکر می‌کردم. افرادی مانند گاندی، پله یا قهرمانان انیمیشنی مانند مارکو پولو یا تن‌تن‌را در ذهن داشتم که در زندگی خود و دنیایی که در آن زندگی می‌کردند تغییر به وجود آوردند. عشقم به فوتبال‌را درونم زنده نگه داشته بودم، و می‌دانستم تلاشی که برای این ورزش به خرج داده بودم، روزی به ثمر خواهد نشست، و همین مسئله به من انرژی می‌داد تا برای رسیدن به اهدافم

بیشتر تلاش کنم. اگرچه با توجه به اینکه ورزش محبوب در مونترال هاکی روی یخ بود، و شانس چندانی برای موفقیت در عرصه‌ی فوتبال برایم وجود نداشت، اما این فرصت به من داده شد تا برای تیم فوتبال دانشگاه بازی کنم، دانشگاهی که برای تحصیل در آن بورسیه دریافت کرده بودم و قصد داشتم برای سلامت روح و جسم خود سخت تلاش کنم.

گاهی اوقات ادامه‌ی مسیر به سمت بینشی که داشتم سخت بود، به‌خصوص حالا که عزیزانم برای حمایت مالی، اخلاقی و جسمی در کنارم نبودند. نبود آنها بر من سنگینی می‌کرد و امید و شهامتم را کمرنگ می‌ساخت. مسائل دردسرسازی همچون تهیه‌ی غذا، پرداخت قبوض، پرداختن اجاره‌ی خانه و کنار آمدن با هم‌اتاقی‌ها، تحمل نبودشان را سخت‌تر کرده بود. مواقعی بود که تمرکزم را از دست می‌دادم و قدرت ادامه دادن را نداشتم. به حمایت و محبت آنها نیاز داشتم، اما زندگی ما در مسیرهای متفاوتی بود. من مانند برخی از دوستان و همسالانم از حمایت خانواده‌ام برخوردار نبودم.

با این حال، زندگی من به خودیِ خود چیزی شبیه به معجزه بود. همه آنقدر خوش‌شانس نبودند که از چهار کودتا جان سالم به در ببرند. همه از داشتن خانواده‌ای برخوردار نبودند که آنقدر آنها را دوست داشته باشند که اجازه دهند به کشوری دیگر پناهنده شود. به همه این فرصت داده نمی‌شود که در کشوری دیگر زندگی بهتری بسازند، کشوری که امنیت و رفاه آنها را فراهم می‌کند. یادآوری تمام چیزهایی که در زندگی به خاطر آنها سپاسگزار هستم و چیزهایی که باید برایشان ارزش قائل باشم و آنها را بدیهی ندانم، عاملی بود که مرا امیدوار و شجاع نگه داشت و باعث شد رو به جلو پیش بروم.

حتی بعد از اینکه بینشم برای تبدیل شدن به یک فوتبالیست حرفه‌ای با شکست مواجه شد، به مبارزه ادامه دادم. خودم را غرق درس‌هایم کردم و به مسیرهای مختلفی نظر انداختم که تحصیلات می‌توانست مرا به آنها برساند. می‌خواستم افق‌هایم را گسترش دهم و خواسته‌هایم را از طریق تحصیلاتم دنبال کنم و این کار را هم کردم. در طول ۱۴ سال تحصیلات عالی، حقوق و امور بین‌الملل را در ایالات متحده، بریتانیا، استرالیا و ژاپن پشت سر گذاشتم. شجاعت این را داشتم که با وجود غیاب ارزشمندترین کارگردان‌های زندگی‌ام به اهدافم برسم. دوستان و مربیانی که ملاقات کردم به ساختن و شکل دادن آینده‌ی من کمک فراوانی کردند.

همیشه خودم‌را خوشبخت می‌دانم که به من این فرصت داده شد تا زندگی‌ام‌را از صفر در کانادا شروع کنم. مانند استرالیا، نیوزلند، سوئد و چند کشور دیگر، کانادا نیز یکی از بهترین کشورها برای مهاجرت پناهندگان به شمار می‌رود. اگرچه من فردی خارجی و مهاجر بودم، اما خوش‌شانس بودم که در کشوری قرار داشتم که روش‌های تثبیت‌شده و سازنده‌ای در قبال مهاجران دائمی برای ادغام و اسکان با سهولت نسبی داشت. نه تنها کانادا امن، راحت و آرام بود، بلکه احساس می‌کردم که از ورودم به این کشور استقبال شده. علیرغم شروعی سخت، می‌دانستم که پذیرش درخواست من از سوی کانادا مزیت بالایی است. برای پذیرفتن زندگی‌ای که به من داده شده، نیاز داشتم که بینش خودرا بیش از پیش توسعه دهم و امیدم‌را از دست ندهم. فرصت های زیادی پیش رویم بود و با حمایت فرهوش، علی، فرشید، فرید، شهزاد، سیاوش، شاهین، رضا و خیلی‌های دیگر توانستم برای خودم‌زندگی‌ای بسازم.

در تابستان ۱۹۹۸، ۱۳ سال پس از سفر مستقل من، رؤیاهایم به حقیقت پیوست. با پدر و مادرم در استرالیا ملاقات کردم. فرق کرده بودند، من نیز فرق کرده بودم، اما عشق و احترام ما به یکدیگر چیزی بود که‌زمان نمی‌توانست از ما بگیرد. این لحظه یکی از مهمترین لحظات زندگی‌ام بود. دیدن پدر و مادرم به من انگیزه داد تا تحصیلاتم‌را ادامه بدهم و مرحله‌ی بعدی سفرم را شروع کنم. جدیدترین بینش من از همان لحظه‌ای که آنها‌را دیدم در حال شکل‌گیری بود. قصد داشتم شهروندی جهانی شوم تا بتوانم از گذشته‌ی خود استفاده کنم، صدای آنهایی باشم که مانند من‌رنج کشیده‌اند و از نسل جوانی حمایت کنم که شرایط بسیار دشواری را پشت سر می‌گذرانند. اگر نتوانم از دنیایی پر از شگفتی بهره ببرم و در آن مشارکت نداشته باشم،زمان و فرصت‌ها را تلف کرده‌ام.

اگر هرگز رؤیا و چشم‌انداز زندگی بزرگ‌تری‌را نداشتم، اگر هرگز پدر و مادرم به من امید نمی‌دادند که می‌توانم خواسته‌هایم را دنبال کنم، اگر هرگز جرأت ریسک کردن را نداشتم، درزندگی‌ام به جایی که الان هستم نمی‌رسیدم. من برای همه‌ی چیزهایی که به دست آوردم، از دوستانم، خانواده‌ام، مربیانم، و کشوری که به من این شانس‌را داد که به پتانسیل واقعی‌ام دست پیدا کنم، سپاسگزارم. ما هرگز نمی‌دانیم چه‌زمانی به ما فرصتی برای تغییرزندگی داده می‌شود.

گاهی اوقات، در زمان حال، برخی از فرصت‌ها چندان مهم و بزرگ به نظر نمی‌رسند، اما با گذشت زمان، متوجه می‌شویم که چقدر خوش‌شانس بوده‌ایم که به ما فرصتی داده شده تا شجاعت خود را به کار گیریم و از زندگی روزمره‌مان فراتر رویم. گاهی اوقات فکر می‌کنم چگونه زمان به این سرعت گذشت. مبارزات زندگی من نسبت به دوران جوانی و اوایل بزرگسالی‌ام تغییر کرده، اما هر روز مبارزه‌ای برای امیدوار ماندن و جرأت به خرج دادن برقرار است. پناهنده و فراتر از آن، کلید فصل بعدی زندگی من بود. به جایی رفتم که به من ابزاری برای ساخت آینده‌ای بهتر داد. با عزم، امید و شجاعت فرود آمدم و سپس دوباره به پرواز درخواهم آمد تا مسیری متفاوت برای زندگی‌ام را کشف کنم.

فعالیت فکری

۱. آخرین باری که احساس شجاعت کردید کی بود؟

۲. چه مشکلاتی را پشت سر گذاشته‌اید و چگونه بر آنها غلبه کرده‌اید؟

۳. آیا تا به حال پیش آمده که در دوراهی تصمیم‌گیری قرار داشته باشید؟ چگونه توانستید مسیر درست را انتخاب کنید و چه نتیجه‌ای حاصل شد؟

۴. یکی از لحظات تعیین‌کننده‌ی زندگی‌تان را توصیف کنید که شما را به آنچه امروز هستید تبدیل کرد.

۵. چه کسانی در زندگی شما حضور داشتند که به شما شجاعت دادند یا به شما کمک کردند تا به تلاش و مبارزه ادامه دهید؟

۶. امروز چه احساسی دارید و چه کاری می‌توانید انجام دهید تا خود را به فردی شجاع‌تر تبدیل کنید؟

مسیر خود را با امید و شجاعت در نقش بادی که شما را به جلو هدایت می‌کند ادامه دهید! حتی زمانی که رعد و برق‌های تیرگی افق‌های شما را تاریک می‌کند، به خود ایمان داشته باشید زیرا آینده با آسمانی آبی گشوده خواهد شد و زندگی رنگ‌آمیزی‌شده پاداش صبوری و انعطاف‌پذیری‌تان خواهد بود.

بخش چهارم

مسیری به سوی آینده

نیکی به دیگران

در جستجوی بینش

از زمانی که کم سن و سال بودم، همیشه به دنبال معنای زندگی می‌گشتم. می‌خواستم بدانم که دلیل خلقت چیست، بعد از زندگی چه اتفاقی می‌افتد، و از رنگ‌هایی که در زندگی هر یک از ما شکل می‌گیرند چگونه می‌توانیم استفاده کنیم تا در یادها بمانیم. زندگی من مملو از مبارزه و اندوه بوده. شاهد بوده‌ام که عزیزان بی‌شماری تبعید شده‌اند، درد و سختی را تحمل کرده‌اند و بی‌آنکه دلیلی وجود داشته باشد، با وحشیانه‌ترین رخدادها مواجه شده‌اند. من از روزهای دلهره‌آوری جان سالم به در بردم، روزهایی که نمی‌دانستم که آیا در انتهای تونل چیزی در انتظارم است یا خیر. با این حال، خوشبختی را نیز یافته‌ام و فهمیدم که چگونه می‌توانم شکوفا شوم و زندگی‌ای سرشار از آسایش و شادی داشته باشم. من با سختی و غصه بیگانه نیستم، اما می‌دانم راحت و شاد زندگی کردن چگونه است. هر دو روی سکه را دیده‌ام و به همین دلیل مصمم شدم برای این همه رنج قدمی بردارم و به دیگران یاری برسانم. نه تنها می‌خواستم اقدامات سازنده‌ای انجام دهم که ناشی از افکار و نارضایتی‌ام در جهان بود، بلکه می‌خواستم به کسانی که پیش از من رنج کشیده‌اند و دیگرانی که پس از من با سختی روبرو می‌شوند ادای احترام کنم.

صدمات و رویدادهای تغییردهنده‌ی زندگی مردم بسیار زیاد است و رنج در جهان مانند چاهی بی‌پایان و تاریک به نظر می‌رسد. با این حال، می‌خواستم کاری کنم که روزهای رنج‌دیدگان را روشن سازم یا بارقه‌ی امیدی باشم تا به هر نحو ممکن به راهشان ادامه دهند. تنهاییِ ناشی از نبود خانواده، دوری از خانه و عدم حضور کل گردان‌های زندگی را می‌شناسم، اما با مبارزه در مسیر بینش، امید و شجاعت نیز آشنا هستم. می‌دانم احساس اندوه تا مدت‌ها ادامه خواهد داشت، اما در عین حال می‌دانم که امید و شادی نیز در اطراف‌مان وجود دارد. حتی در تاریک‌ترین روزهای عمرم، افرادی در اطرافم بودند که با مشکلات خود دست و پنجه نرم می‌کردند، اما زمان گذاشتند تا مرا بالا بکشند و به من نشان دهند که چگونه امیدوار و شجاع باشم.

گاهی اوقات، کسانی که با عمیق‌ترین تاریکی‌ها روبرو می‌شوند، کسانی هستند که حاضرند نوری را که در درون خود پرورش داده‌اند با دیگران سهیم شوند. با وجود همه‌ی سختی‌ها، غم‌ها و کشمکش‌ها، آنها به من یاد دادند که چگونه حتی زمانی که دنیا غیرقابل تحمل به نظر می‌رسد، ایستادگی کنم. ستاره‌ای واقعی با نورانیتی بسیار می‌درخشد و شفق‌های رنگی را به زندگی دیگران می‌آورد. این چیزی است که می‌خواهم به دیگران بدهم. این چیزی است که می‌خواهم در اختیارشان بگذارم.

زندگی در کانادا، راه‌های عملی و کارگشایی را برای پیش‌برد بینشم در اختیارم گذاشتم. فهمیدم که می‌توانم صدایی منحصربه‌فرد برای خودم باشم و از ابتکارات مختلفی که برخوردارم بهره ببرم. در بازگشت به مونترال، این فرصت را داشتم که ماجراجویی جدیدی را آغاز کنم، که بتوانم در کنار سایر دانشجویان برجسته در سال‌هایی که در مقطع کارشناسی بودم، در ایجاد انجمن‌های ارزشمندشرکت کنم. شروع به مطالعه‌ی بیشتری کردم و راه‌های جدیدی را برای فعال بودن در مسیر بینش خود پیدا کردم. با افراد مختلف در جوامع گوناگون در دانشگاه خود ارتباط برقرار کردم. عضوی از اتحادیه‌ی دانشجویی، باشگاه آسیای جنوب شرقی، باشگاه ایرانیان، باشگاه اچ‌آی‌وی، باشگاه شطرنج و چند تای دیگر بودم، به امید اینکه بتوانم با دانشجویان دیگر ارتباط برقرار کنم. زمان و انرژی زیادی را به این باشگاه‌ها اختصاص دادم، با این ایده که با افرادی ملاقات خواهم کرد که اهداف مشترکی با من داشته باشند و بخشی از تغییری شوند که می‌خواهم ایجاد کنم. شبکه‌هایی که به وجود آوردم نه تنها دانشم را توسعه دادند، بلکه به من اجازه دادند که به فراتر از آنچه می‌دانستم نگاه کنم و به درک عمیق‌تری از دنیای درونمان برسم.

در حالی که فعالیت‌های جانبی‌ام وقف این جوامع و گروه‌ها بود، به تحصیلات عالی نیز ادامه می‌دادم. من در کشورهای مختلف تحصیل کردم و از آنجایی که تنها بودم، همیشه به دنبال مؤسسات مناسبی می‌گشتم که بورسیه و پاداش‌هایی ارائه می‌کنند تا از این طریق هزینه‌های تحصیل وزندگی‌ام را بپردازم. تمام تلاشم رسیدن به بینش آینده‌ای رنگارنگ بود. می‌خواستم دانش و جهان‌بینی خود را گسترش دهم تا بتوانم در زمان مناسب به دیگران کمک کنم. شبکه‌ی ارتباطی و درک خودرا از دیگران افزایش دادم تا بتوانم درون افرادی که ملاقات می‌کنم تغییراتی ایجاد کنم.

روزها، ماه‌ها، و حتی سال‌ها طول کشید تا چیزی بیآفرینم که ارزشمند باشد. زمان و مکان مناسب برای پیاده‌سازی افکار و تجربیاتم در چیزی ملموس بسیار مهم بود. اگرچه در طول سال‌هایی که در مقطع کارشناسی بودم شبکه‌ای ایجاد کرده بودم، اما زمانی که کارم را پس از فارغ‌التحصیلی در ژاپن شروع کردم، توانستم سرانجام زمان و مکان مناسب را برای اجرای بینشم پیدا کنم. ژاپن از نظر فناوری در کنار اینکه یکی از ثروتمندترین و امن‌ترین مکان‌ها است، کشوری بسیار توسعه‌یافته است. با این وجود، شروع به بررسی برخی مسائل در زیرساخت‌های جامعه، به ویژه آموزش نسل‌های جوان، کردم.

در سال ۱۹۹۹ برای تحصیلات تکمیلی به ژاپن آمدم، هرچند چند سال قبل به مدت سه ماه در این کشور به گشت و گذار پرداخته بودم. زمانی که در ژاپن مستقر شدم، متوجه چشم‌اندازی تازه برای بینشم شدم. قبل از اینکه به ژاپن بیایم، به بیش از ۳۰ کشور سفر کرده بودم. به هر کجا که قدم گذاشتم، متوجه شدم که هیچ کشوری بی‌نقص نیست و هر جامعه‌ای دارای ایراداتی است. با این حال، مسائلی که در ژاپن با آنها روبرو شدم به من انگیزه داد که بخواهم تغییری ایجاد کنم.

به این قضیه پی بردم که مشکلاتی در بین جوانان ژاپنی وجود دارد که بسیار ناراحت‌کننده است. تکان‌دهنده بود که فهمیدم آمار کودکان ژاپنی‌ای که از مشکلات سلامت روان رنج می‌برند، در مقایسه با سایر کشورهای توسعه‌یافته و نوظهور بالا است. میزان بالای خودکشی در ژاپن به دلیل رضایت کم از زندگی جوانانشان شگفت‌انگیز بود. نمی‌توانستم به زندگی خودم و تمام تلاش‌ها و سختی‌هایی که تجربه کرده بودم فکر نکنم. در کنار تفکراتم در مورد سلامت روان، شروع به کنجکاوی‌های بیشتر در مورد ژاپن کردم. به این فکر می‌کردم که چرا این کشور در گسترش راه خود با مشکل مواجه شده، و چرا نسبت به استقبال از پناهندگان بی‌میل است.

همین کنجکاوی‌ها در مورد جامعه‌ی ژاپن بود که بینش مرا شعله‌ور کرد. احساس می‌کردم که این کشور جایی است که می‌توانم در آن ایده‌ها و رؤیاهایی را که به آرامی شکل داده بودم، رشد دهم. من هنوز دانشجوی تحصیلات تکمیلی بودم و بین شغل پاره‌وقت، زندگی اجتماعی و تحصیل، آماده نبودم بینشی را ایجاد کنم که بتواند رشد کند و تفاوت ایجاد نماید. این بینش در حد فکر و خیال بود و آن‌را به دیدگاهی منسجم تبدیل نکرده بودم. باید آن‌را در طول زمان ارتقاء می‌دادم.

هرچند جامعه‌ی ژاپنی به شدت بر روی من تأثیرگذار بود، اما یکی دیگر از علایقی که در من در طول تحصیلاتم در مقطع کارشناسی در کانادا شکل گرفت، علاقه به مد و رنگ بود. چند بار این فرصت برایم فراهم شد که با صنعت مد به عنوان مدل یا دست‌اندرکار در یک نمایش ران‌وی کار کردم. من شیفته‌ی رنگ و شور زندگی در صنعت مد بودم. حتی زمانی که برای تحصیلات تکمیلی به ژاپن آمدم، همچنان به دنبال کار در دنیای رنگارنگ مد می‌گشتم. در طول سال‌هایی که با مد و نمایش‌های ران‌وی درگیر بودم، آموختم که این صنعت چقدر پر زرق و برق و چشم‌نواز است. به کسانی که برای آنها کار می‌کردم بسیار احترام می‌گذاشتم و شاهد بودم که دنیای مد در مقایسه با سایر صنایع چقدر جذاب و منحصربه‌فرد است.

> گاهی اوقات در بعیدترین ترکیب‌هاست که زیبایی و امید را می‌یابیم. هرگز از خواسته‌ها و رؤیاهایتان صرفاً به دلیل غیرعادی بودن دست نکشید. جرأت به خرج دهید و تغییر را خودتان ایجاد کنید.

از بچگی همیشه چشم تیزبینی به مد داشتم. متوجه بودم که پدر و مادرم همیشه شیک لباس می‌پوشند و خودشان را به شیوه‌ای آراسته نشان می‌دهند. آنها مدام لباس‌های رنگارنگ می‌پوشیدند و هنگام شرکت در مراسم دیپلماتیک یا رسمی اغلب لباس‌ها یا کت و شلوارهای شیک و کراوات مشکی می‌پوشیدند. شیفته‌ی استایل‌شان بودم، و همینطور شیفته‌ی شیوه‌ای که رفتار می‌کردند. در آن اوقات، یعنی زمانی که خانواده‌ام در آرامش زندگی می‌کردند، بسیار تحت تأثیر شیوه‌ی پوشش و رفتار آنها قرار داشتم و به سبک زندگی‌شان افتخار می‌کردم. قدرت و اثر مد چشمگیر بود، و اگرچه به صورت خودآگاهانه به دنبال اشتیاقم برای مد نبودم، اما بعداً در زندگی این اشتیاق در من هویدا شد، و هر بار مرا به یاد دورانی می‌اندازد که خانواده‌ام در کنار هم بودند و در کمال آرامش زندگی می‌کردند.

وقتی به پایان تحصیلات عالی رسیدم، متوجه شدم که نمی‌خواهم اشتیاقم به مد و رنگ را قربانی کنم تا صرفاً بینشم را برای ایجاد تغییر و کمک به دیگران پی بگیریم - و بالعکس. این دو آرزو، اگرچه بسیار متفاوت بودند، اما اهمیتشان برایم یکسان بود. نیاز داشتم راهی پیدا کنم تا آنها را به هم پیوند دهم و سیستمی بسازم که بتواند شکاف

بین این دو جهان را با هم متحد و کم کند. حتی در کودکی همیشه متوجه شکاف عمیق بین ثروتمندان و فقرا شده بودم. چرا فقرا اینقدر بی‌بضاعت بودند؟ چه کاری می‌توانستم انجام دهم تا شکاف بین این دو جهان را اصلاح کنم؟

نمایش مد و ران‌وی معمولاً برای طبقه‌ی اعیان در نظر گرفته می‌شود، در حالی که پیش‌برد پروژه یا تأسیس بنیادی که به فقرا کمک می‌کند، اغلب به عنوان حرفه‌ای فروتن و انسانی تلقی می‌شود. اما چرا باید یکی بر دیگری برتری داشته باشد؟ بیش از هر چیز، بینش من به دنبال افزایش آگاهی در مورد مسائلی بود که از سر گذرانده بودم (از دست دادن خانه، جدا شدن از عزیزان، زندگی در هرج و مرج در زمان جنگ، و مواجهه با مصیبت‌ها) و ارتباط با میلیون‌ها انسان و به‌ویژه کودکانی که در حال گذراندن همین مسائل بودند. می‌خواستم با آگاهی‌بخشی نسبت به بدبختی، فقر، آوارگی، پناهندگی و تبعید از طریق دنیای مد و زیبایی، شکاف را پر کنم.

با این حال، برای تحقق بینش خود و موفقیت آن، نیاز به شناخت بیشتر در مورد ژاپن داشتم. اگرچه در این کشور تحصیل می‌کردم، اما هنوز چیزهای زیادی وجود داشت که نمی‌دانستم. سال‌ها طول کشید تا برنامه‌ای ایجاد کنم، اما از آنجایی که مصمم بودم تغییری به وجود آورم و بینشم را دنبال کنم، از انجام هیچ کاری دریغ نکردم. تحقیقاتم را ادامه دادم، برنامه‌ریزی کردم و جنبه‌هایی را در نظر گرفتم که می‌خواستم از طریق‌شان به بینشم جامه‌ی عمل بپوشانم. همچنین، قوانین و منابعی را که برای ساختن چیزی که برای همیشه ماندگار باشد به دقت بررسی کردم. اگر قرار بود با دست خودم چیزی بسازم، می‌خواستم چیزی باشد که میراثی از خود به جا بگذارد.

زمانی که شروع به طی کردن قدم‌های اولیه کردم، متوجه تفاوت‌ها و عوامل فرهنگی‌ای شدم که قبلاً با آنها برخورد نکرده بودم. پس از اختصاص زمان و انرژی بسیار به این بینش، در نهایت به چیزی ملموس دست یافتم. با این حال، پیش‌برد این بینش را نمی‌توانستم به تنهایی انجام دهم، بنابراین تیمی تشکیل دادم. افرادی را استخدام کردم که مفهوم بینش مرا درک کرده بودند و می‌توانستند مأموریتشان را به خوبی انجام دهند. ایجاد و حفظ تیم مناسب یکی از مهمترین عوامل برای بنیادی موفق است، بنابراین کوشش کردم تا تیمی مناسب و متعهد ایجاد کنم.

در مسیر

در اوایل سال ۲۰۱۰، با کمک افرادی پرشور، دوستانی فداکار و همچنین دانشجویان دانشگاه، ران‌وی فور هُپ تأسیس شد. اگرچه نزدیک به یک دهه طول کشید تا پایه‌ها شکل بگیرند، اما ایمان داشتم که همه چیز در نهایت درست خواهد شد، و بینشم محقق می‌شود. زمان و تلاشی که برای این پروژه صرف کرده بودم سرانجام به ثمر نشست و از اینکه می‌دیدم هدفم به ایجاد سازمانی ملموس و قانونی تبدیل شده هیجانزده بودم. می‌دانستم که دوام این بنیاد مستلزم تعهداتی مادام‌العمر و انجام مسئولیت‌های طولانی‌مدت خواهد بود، اما همه‌ی اینها ارزشش را داشت. علاقه‌ی شدید من به مد و فداکاری برای کمک به دیگران در نهایت به ایجاد سازمانی فراگیر منجر شد.

نام و شعار کشف رنگ‌های زندگی چیزی بود که سال‌ها قبل از تأسیس این نهاد در ذهنم قرار داشت. شعار ران‌وی فور هُپ، کشف رنگ‌های زندگی، نه تنها آنچه را که ما باور داریم و از آن دفاع می‌کنیم ارائه می‌کند، بلکه به آنچه که با آن ارتباط داریم و مرتبط می‌شویم نیز مربوط می‌شود. ما تلاش می‌کنیم استثنایی و بی‌مانند باشیم. می‌خواهیم اقداماتی انجام دهیم و تغییراتی ایجاد کنیم که از محروممان و کسانی که با مشکلاتی روبرو هستند حمایت کند. به جای سازماندهی مسابقه‌ی ماراتن، رویداد آشپزی، جمع‌آوری کمک‌های مالی از طریق گروه‌های موسیقی، یا برگزاری مهمانی‌ای کوچک، می‌خواستیم کاری انجام دهیم که واقعاً بدیع باشد و جلب توجه کند. می‌خواستیم سازمان‌مان منحصربه‌فرد باشد، بنابراین تصمیم گرفتیم با برگزاری ران‌وی و از طریق مدیوم مد، آگاهی به ارمغان بیاوریم.

مأموریت و بینش ما بسیار زیبا و خارق‌العاده به نظر می‌رسید. اهداف و ایده‌های بزرگی داشتیم که امیدوار بودیم جامعه‌ی اطرافمان را با موفقیت آموزش دهیم. می‌دانستیم که زمان می‌برد، به‌ویژه در ژاپن، اما حاضر بودیم هر کاری که لازم است انجام دهیم تا ران‌وی فور هپ به شکوفایی برسد. ما پیام مهمی برای همگان داشتیم و مصمم بودیم که این پیام در دل مجموعه‌ای از رنگ‌ها شنیده شود. کسانی که در دنیای مد فعالیت می‌کنند، انرژی باورنکردنی‌ای را که برای ساخت یک نمایش ران‌وی – که ممکن است

تنها کمتر از ۲۰ دقیقه طول می‌کشد -درمی‌یابند، اما آیا جامعه‌ی ژاپن تلاش‌هایی را که برای ابراز پیام‌مان انجام می‌دادیم، درک می‌کرد؟

هدف من این بود که از یک دهه تجربه‌ی خود در صنعت مد برای راه‌اندازی این بنیاد استفاده کنم. قبل از تأسیس سازمان، چندین کارگاه و جلساتی مطالعاتی را به منظور درک و یادگیری بیشتر استراتژی‌های مؤثر هنگام ایجاد مفهومی برای رانوی برگزار کردم. در مسیر بینشی که داشتم، ابتکار عمل را به دست گرفتم تا با برندهای شناخته‌شده‌ی جهانی مانند گوچی، سی‌دی، هوگو باس، چنل، ایسی میاکه، والنتینو، هیروکو کوشینو، روبرتو کاوالی و... ارتباط برقرار کنم. اقداماتی که نشدنی به نظر می‌رسید و زمان و تلاش زیادی را صرف می‌کرد، اما مصمم بودم که بنیاد را به بهترین شکل ممکن بسازم. اگرچه همه‌ی برندهایی که با آنها تماس گرفته بودم جواب منفی دادند، اما تسلیم نشدم.

کارگاه‌ها، سمینارها ۲۰۱۰، ۲۰۰۹

به خاطر سؤالاتی که از کودکی در ذهنم شکل گرفته بود، رؤیاهایی که در راه رسیدن به آنها شکست خورده بودم، و کارگردان‌هایی که در زندگی‌ام از من حمایت کردند و مرا به سمت بهتر شدن سوق دادند، می‌خواستم ثابت کنم و نشان دهم که می‌توانم این کار را انجام دهم. شروع کردم به نزدیک شدن به استایلیست‌های مشهور، مدیران صحنه، کارگردان‌ها و تهیه‌کنندگان شناخته‌شده‌ای که کلید ساختن نمایشی با کیفیت بالا و فراموش‌نشدنی بودند. تماس با برندهای بزرگ و افراد شناخته‌شده در صنعت مد دل به دریا زدن بود، و در عین حال صبر و عزم مرا نسبت به دیدگاهم نشان می‌داد. با پاسخ‌های منفی زیادی مواجه شدم و حتی گاهی پاسخی نگرفتم. بیشتر آنها علاقه‌ای به

این رویکرد ویژه برای آگاهی‌بخشی از طریق نمایش مد نداشتند. انتظاراتی داشتم که در نقطه‌ی مقابل واقعیتی که با آن مواجه بودم قرار داشت.

در این زمان بود که متوجه ناآگاهی بسیاری از افراد بشر شدم. فهمیدم که چرا شکاف بین فقیر و غنی اینقدر زیاد است: همه در حباب کوچک و محدود خودشان بودند و هیچکس نمی‌خواست آنجارا ترک کند. با این حال پیگیر بودم و اجازه نمی‌دادم که چنین مواردی بینش مرا متوقف کنند. با هر پاسخ منفی‌ای که با آن مواجه می‌شدم، ایده‌هایی که برای ترویج بنیادم داشتم کاهش می‌یافت. باید برنامه‌ها و استراتژی‌های متفاوتی ارائه می‌کردم که برای کسانی که توجهی به ایده‌هایم نداشتند، متقاعدکننده و جذاب باشند. قصد نداشتم به این راحتی‌ها تسلیم شوم.

> هنگام نزدیک شدن به بینش خود و رقابت در سطحی حرفه‌ای به منظور غلبه بر موانع غیرمنتظره‌ای که سعی در جلوگیری از موفقیت را شما دارند، قاطعیت امری کلیدی است.

از اعماق درونم می‌دانستم و معتقد بودم که پلتفرم و مدل کسب و کار ران‌وی فور هُپ حقیقتاً منحصربه‌فرد است. ایمان داشتم که نمایش ران‌وی مسیری فوق‌العاده خواهد بود که موجب آگاهی‌بخشی همگان خواهد شد. عقب‌نشینی هرگز جزو گزینه‌هایم نبود و در صورت شکست یکی از طرح‌ها، باید راه‌های دیگری برای شکوفا کردن بنیاد پیدا می‌کردم. ایده‌های دیگری هم وجود داشت که مشتاق اجرایشان بودم، اما باید صبوری پیشه می‌کردم و قبل از پیش‌روی در مسیری خاص، بر روی برداشتن گام‌ها در مسیر تمرکز می‌کردم. همانطور که در طول زندگی‌ام آموخته بودم، اندکی صبر می‌توانست اتفاقات درخشانی را رقم بزند. این نکته کلید هر پروژه و تلاش موفقی است. پیش خودم تکرار می‌کردم که باید متمرکز باشم، تیمم را تشویق کنم و به همه یادآوری کنم که برنامه‌ای که دنبال می‌کنیم ارزشمند است. برای رنگارنگ‌تر کردن زندگی دیگران، ابتدا باید در درون خود اطمینان و اعتماد را زنده نگه داریم و سپس به دنبال ایجاد تغییرات باشیم.

موانع زیادی بر سر راه موفقیت بنیاد وجود داشت. اگرچه ما خودرا به عنوان سازمانی غیرانتفاعی تثبیت کرده بودیم، اما باید از مرزها و محدودیت‌هایی که فعالیت‌هایمان را ممنوع می‌کرد آگاه می‌بودیم. به‌خصوص به عنوان یک خارجی در ژاپن که نهادی سازنده بر اساس دیدگاهی جهانی ایجاد می‌کند، باید در کاری که انجام می‌دادم مراقبت به خرج می‌دادم و برای حفظ بینشم سخت‌تر تلاش می‌کردم. کار بزرگی بود که غیرممکن به نظر می‌رسید، اما با وجود محدودیت‌ها، بوروکراسی‌ها و فرآیندهای سنتی که موانعی ایجاد می‌کردند، هیچ‌کدام نتوانست مسیر حرکتم را به سوی هدفم کُند کند، و همواره به آینده‌ای روشن‌تر امیدوار بودم.

صرفاً به این دلیل که چیزی غیرممکن، دلهره‌آور و سخت به نظر می‌رسد به این معنا نیست که ارزش تلاش کردن را ندارد. زندگی پر از چالش‌هایی است که باید بر آنها غلبه کنیم. مهم نیست که با چه‌سرعتی بر آنها غلبه می‌کنیم، بلکه مهم این است که چگونه بر آنها فائق می‌شویم. با این وجود، علیرغم تمام چالش‌هایی که با آن روبرو بودم، خوش‌شانس بودم که یکی از بزرگترین رؤیاها و علایقم را در ژاپن راه‌اندازی کردم. اگرچه روندسرمایه‌گذاری یا ایجاد یک سازمان در ژاپن ممکن است بیشتر از هر کشور دیگری طول بکشد، اما به قدری وفاداری، فداکاری و مسئولیت‌پذیری وجود دارد که ارزش آن همه مبارزه‌را داشت.

به رغم تمام موانعی که سازمان با آن روبرو بود، کارگردان‌هایی در زندگی‌ام بودند که از من حمایت می‌کردند، و افراد بسیاری که به موفقیت ما امیدوار بودند، سخنان حکیمانه و اطمینان‌بخشی‌را برایم نقل می‌کردند. این افراد در کنار تیم ران‌وی فور هُپ همه‌ی مبارزات‌را با جان و دل پذیرفتند. موفقیت خودرا مدیون تیم فداکارم و همچنین کسانی هستم که به من ایمان داشتند. حمایت و صمیمیت‌شان به من امید و شهامت داد تا با وجود تمام نگرانی‌ها و تردیدهایی که داشتم با بسیاری از افراد وشرکت‌ها مذاکره کنم.

چرا باید برای حمایت از آوارگان و کودکان بی‌بضاعت، یک نمایش ران‌وی ترتیب داد؟

برخی از مردم وشرکت‌های مختلف نمی‌توانستند بفهمند که چرا بنیاد ما در تلاش است تا یک رویداد مربوط به طبقه‌ی اعیان‌را با یکی از اهداف عدالت اجتماعی مرتبط کند.

این افراد نمی‌توانستند رابطه‌ی بین دو جهان را ببینند. اینکه چگونه می‌خواستیم بینش خود را بسازیم و به کجا می‌رفتیم، بارها زیر سؤال رفت. مردم از خود می‌پرسیدند که نمایش‌های ران‌وی و مد چه ارتباطی با کمک به افراد کم‌بضاعت دارد یا هدف بنیاد ما چیست. پاسخ ما این بود که ران‌وی فور هُپ یک «مسیر» است. پایه و اساس ما ایجاد مسیری در زندگی است، ایجاد روشنگری. ران‌وی فرصتی است برای آغاز سفری باورنکردنی، و در هر جا و مکانی امکان‌پذیر است. بلند شو و به افق نگاه کن! آینده در انتظار است، پر از رنگ و چشم‌انداز. ران‌وی فور هُپ سفری است که شما را به فراسوی این پرسش می‌برد: چگونه باید زندگی کرد؟

و خب، چرا که نه؟ چرا یک نمایش مد برای حمایت و آگاهی بخشیدن به سختی‌ها در سراسر جهان ایجاد نشود؟ چرا برای ادغام شکاف رو به رشد در جامعه تلاش نکنیم؟ چرا امتحانش نکنیم؟ در نهایت، حتی وقتی همه‌ی تردیدها و جواب‌های منفی نثارتان شد، از برداشتن اولین قدم در مسیر زندگی‌ای رنگارنگ تردید نکنید. از لذت به دست آوردن چنین دستاوردی محضوض شوید و از اینکه تلاش کردید خوشحال باشید.

همیشه افرادی هستند که توانایی‌های شما را زیر سؤال می‌برند و به آنها شک می‌کنند، اما به خاطر داشته باشید: برای اینکه بخواهید به کسانی که رنج می‌برند کمک کنید و به حمایت از آنها مشغول شوید، به دلیل نیاز ندارید. برای انجام کاری که دوست دارید نیازی به دلیل ندارید. اگر فرصتی پیش روی شماست، و در دسترس و شدنی است، از آن استفاده کنید.

با این وجود، ما از موانع و تردیدهایی که جلوی راهمان سبز شدند برای پیش‌برد سازمان خود استفاده کردیم. توانستیم با جمع‌آوری نظرات و بازخوردهای مردم، بنیاد خود را بهبود ببخشیم و آن را ارتقاء دهیم. کسانی که از سازمان ما حمایت کردند و به رشد آن کمک نمودند، نبض ران‌وی فور هُپ را به صدا درآوردند و به آن جان دادند.

می‌دانستم که مد ابزاری عالی است و خروجیِ خلاقانه‌ای برای ادغام دنیای تجمل با دنیای مصائب در اختیار خواهد گذاشت. ایجاد تیمی قابل و سختکوش برای رسیدن به اهدافمان چالش بزرگی بود، اما علیرغم مشکلات، می‌دانستم که تسلیم شدن و برگشتنی در کار نیست. قرار بود دنیا را رنگارنگ کنیم و به حمایت از کسانی که با تاریکی و سختی روبرو هستند مشغول شویم. برگزاری نمایش‌های ران‌وی که سختی‌های

مردمان را منعکس می کرد، کار ساده‌ای نبود، با این حال، تأثیرات بسیار قوی و شدیدی بر افراد گذاشت.

نمایش ران‌وی همچون اثری هنری است که داستانی را روایت می کند. در صحنه‌ای سرد و غریب، رنگ‌ها، نقش‌ها و احساسات زنده می‌شوند و مدل‌ها با لباس‌های خارق‌العاده بر روی ران‌وی راه می‌روند. هر قطعه بخشی از داستانی بزرگ‌تر است که طراحان برای مخاطبان به نمایش درمی‌آورند. تجربه‌ای گرانبها و تماشایی است. اما صرفاً مدل‌هایی که روی صحنه راه می‌روند، و یا طراحان و خیاط‌ها در این پروژه مشارکت ندارند. افراد بسیار زیادی در پشت صحنه هستند که در موفقیت یک نمایش ۱۵ تا ۲۰ دقیقه‌ای نقش دارند.

زمان‌نگهدار؛ که هر مدلی را روی صحنه زیر نظر دارد و می کوشد زمان با اخلال مواجه نشود. مدیر صحنه؛ که مراقبت از تمامی اجزای روی صحنه را بر عهده دارد، از جمله مدل‌ها و تیم. طراح رقص، که نمایش را با ایجاد حرکاتی برای مخاطبان مجذوب کننده‌تر و دیدنی‌تر کند. و صدالبته، کارگردان و تهیه‌کننده که بدون آنها نمایش نمی‌تواند ادامه یابد. باید همچنین به دستیار مدیر صحنه، سرپرست تیم، گریمورها، آرایشگرها، جامه‌پردازها، عکاس و فیلمبردار، کارکنان تیم عملیاتی و سایر کارکنان اشاره کرد که به طور روشمند کار می کنند تا نمایشی فراموش‌نشدنی و بی‌نقص را فراهم کنند. در یک نمایش مد با ۱۰ تا ۲۰ مدل، ممکن است بیش از ۵۰ نفر در پشت صحنه حضور داشته باشند که هرگز آنها را نبینید. بدون حضور همه‌ی این افراد که به طرز خستگی‌ناپذیری برای چیدمان نمایش تلاش می کنند، ران‌وی‌ای وجود نخواهد نداشت. نباید سختی‌ها و تلاش‌های نادیدنی را فراموش کنیم.

اینها همه بخشی از مسیر است، مسیری در جریان سفر زندگی. گاهی اوقات برای ایجاد برنامه‌ای که فقط ۱۵ دقیقه طول می کشد به روزها، ماه‌ها، و حتی سال‌ها زمان نیاز دارید. هر کار سختی ممکن است بی‌پایان به نظر برسد، و دلسردی ممکن است ما را از حرکت بازدارد، اما در نهایت، دستاوردمان می‌تواند شگفت‌انگیز باشد، دستاوردی که حاصل تلاش و همت شما و فقط شماست. تنها سخت کار کردن نیست که باعث موفقیت می‌شود، بلکه باید به خودتان ایمان داشته باشید، مصمم بمانید، ایمان داشته باشید، شجاع باشید، و مهمتر از همه: داشتن کارگردان‌هایی در زندگی که از شما حمایت و پشتیبانی کنند.

داستان ران‌وی ما فقط به تیمی شگفت‌انگیز و پرتلاش که جادوی نمایش را گرد هم می‌آورد خلاصه نمی‌شود، بلکه ران‌وی ما داستان کودکان آواره‌ای است که جایی برای رفتن ندارند، بچه‌های رنج کشیده‌ای که در سنین پایین شاهد انبوهی از سختی‌ها هستند و باید در سرتاسر عمر خود تلاش و مبارزه کنند. با هم، شکاف را پر می‌کنیم و چیزی زیبا، رنگارنگ و ماندگار می‌سازیم.

«مهم نیست با چه **سرعتی** به هدفتان می‌رسید، مهم این است که **چگونه** به آن نائل می‌شوید».

زمانی که تازه بنیاد خودرا راه انداخته بودیم، تعداد کمی پناهنده در ژاپن زندگی می‌کردند. پناهندگانی از میانمار، افغانستان، عراق و بعداً سوریه از معدود افرادی بودند که اجازه‌ی ورود به‌ژاپن به آنها داده شده بود. برخلاف برخی از کشورهای اروپایی، استرالیا، کانادا و ایالات متحده، بی‌میلی ژاپن در پذیرش پناهجویان موضوعی قویاً سیاسی بود که حول تردید دولت برای باز کردن مرزهایش می‌چرخید. علیرغم اینکه پناهندگان زیادی در ژاپن وجود نداشتند، می‌خواستم از دانش و تجربه‌ی خود برای تغییر وضعیت پناهندگان در ژاپن استفاده کنم. خودم در گذشته پناهنده بودم و حتی ملوک نویسندگی در امور مهاجرت، امنیت و آوارگی اخذ کرده بودم. احساس می‌کردم که از توان انجام کاری معنادار و اثربخش برخوردارم.

با اعضای ارشد تیم‌های دیگر سازمان‌های غیرانتفاعی که قابل اعتماد و متعهد به کمک به اهدافم بودند ملاقات کردم. صحبت‌هایشان‌را شنیدم، تحقیقاتم‌را انجام دادم و به این نتیجه رسیدم که مردم ژاپن و دولت ژاپن چگونه نسبت به پناهندگان و خارجی‌ها واکنش نشان خواهند داد. نتایجی که به دست آوردم کاملاً متفاوت از آن چیزی بود که در اکثر کشورهایی که در آنها زندگی کرده بودم، تجربه کرده بودم.

دنیای ژاپن فرهنگ و طرز فکری کاملاً متفاوت با من داشت. علیرغم اینکه شهرهای بزرگ ژاپن در حال تکامل و مدرن شدن بودند، اما افکار اجتماعی هنوز نسبت به ۵۰۰ سال پیش تغییر زیادی نکرده. جزیره‌ی ژاپن فرهنگ سنتی خود را تا حد زیادی حفظ کرده. به غیر از خارجی‌های شناخته‌شده‌ای که به طور قانونی برای کار، تحصیل یا

اقامت در ژاپن وارد این کشور می‌شوند، متوجه شدم که بسیاری از ژاپنی‌ها نمی‌خواهند معیشت و جامعه‌ی آرام خود را با باز کردن مرزها به روی دیگران به خطر بیندازند.

در حالی که فهمیدن این مسئله مرا شوکه کرده بود، اما می‌توانستم استدلال آنها را درک کنم. ژاپن یکی از امن‌ترین و راحت‌ترین مکان‌ها برای زندگی است، و در حالی که ایده‌ی حفظ جامعه‌ای امن را تحسین می‌کنم، نمی‌توانم دو سالی را که در کمپ پناهندگان انتظار می‌کشیدم، به یاد نیاورم، دو سالی که منتظر بودم تا نوبت من فرا برسد و زندگی‌ای نو و بهتر را شروع کنم. در حال حاضر چند پناهنده وجود دارند که از پیگرد قانونی، جنگ و آشفتگی فرار می‌کنند؟ چند نفر مجبورند خانه‌های خود را ترک کنند و چاره‌ای جز جستجوی سرپناهی ندارند؟ به تجربیاتم، دوستانی که در کمپ‌ها پیدا کردم، و پناهندگانی که در دوران تحصیلاتم با آنها برخورد کردم، فکر می‌کنم. به سلمان و همه چیزهایی که از دست داد فکر می‌کنم. داشتن امنیت و آسایش حق هر انسانی است.

ژاپن یکی از بالاترین کمک‌های مالی به سازمان ملل متحد، کمیسariای عالی پناهندگان سازمان ملل، یونیسف را ارائه می‌کند و از جمله کمک‌کنندگان اصلی به صندوق جهانی برای مبارزه با بیماری‌ها و همچنین پشتیبانان حمایت توسعه‌ی رسمی (ODA) و زیرساخت‌های بین‌المللی هستند. ژاپن مبالغ زیادی را برای کمک به نیازمندان صادر می‌کند، با این حال، عجیب است که این کشور هرگز آنهایی را که به بیشترین کمک نیاز دارند به خاک خود راه نمی‌دهد. آنها نسبت به اجازه دادن به پناهندگان برای ورود به ژاپن دچار تردید هستند، و اگرچه ثابت شده که پناهندگان می‌توانند در پیشرفت کشورها نقش داشته باشند، اما هیچ سیاستی وجود ندارد که به پناهندگان اجازه‌ی ورود به این کشور را بدهد. آلبرت اینشتین، مهاتما گاندی، زیگموند فروید، استیو جابز و فردی مرکوری از جمله پناهندگانی بودند که خود را در جامعه‌ی میزبان به نحوی مثبت متمایز ساختند. آنها به توسعه‌ی اجتماعی، اقتصادی، زیرساخت‌ها، علم و فناوری کمک کردند، آن هم زمانی که زندگی‌شان در وطن خود با مشکلاتی روبرو شد، و از فرصت شروعی دوباره در کشوری دیگر و خدمت به آن به بهترین شکل استفاده کردند.

به غیر از پناهندگان مشهور در طول تاریخ، پناهندگان بسیار موفق و برجسته‌ای نیز وجود دارند که در بسیاری از صنایع در سراسر جهان نامی برای خود دست و پا کرده‌اند.

این تفکر که پناهندگان ناامنی و مشکلاتی برای کشورهایی که به آنها مهاجرت می‌کنند به بار می‌آورند، باوری مغرضانه است. این افراد خانه و آشیانه‌ی خود را رها کردند و امنیت خود را به خطر انداختند تا به کشوری برسند که در آن امید به داشتن زندگی بهتری داشته باشند. پذیرش پناهندگان و آوارگان، بدون شک وضع جامعه را بهتر و رنگارنگ‌تر می‌کند.

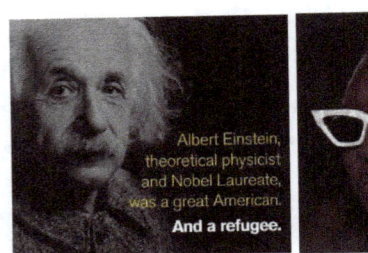

پناهندگان مشهور (از راست به چپ: فردی مرکوری، الک‌وک، آلبرت اینشتین)

پس از بررسی این مسئله، نظرات خود را با تیمم در میان گذاشتم. بنیاد ما در حال نبردی سخت بود، و اگر می‌خواستیم موفق شویم، نیاز داشتیم که منشعب شویم. قبل از اینکه در حمایت از ابتکارات مختلف و حل مشکلات کشوری دیگر جاه‌طلبی نشان دهیم، ابتدا باید از مسیرهای کوچک عبور می‌کردیم. تصمیم گرفتیم در عوض تمرکز خود را معطوف به کمک به مردم محلی‌ای کنیم که از سختی رنج می‌بردند. ما کار را در جایی که لازم بود انجام دادیم و با فعالیت‌های زیاد، پروژه‌های منحصربه‌فرد و نمایش‌های سالانه به کار مشغول بودیم.

از آنجایی که بنیاد ما حول محور مد، زیبایی و هنر نیز می‌چرخید، از هنرمندان بااستعداد جوان، مدل‌ها، و هنرمندان عرصه‌ی مو/آرایش که قبلاً فرصتی برای اجرا و درخشش نداشتند، حمایت کردیم. این اقدامات جنبه‌ای مهم از پلتفرم ران‌وی و جریانات مربوط به آن بود. ما نه تنها می‌خواستیم به پناهندگان و کسانی که با سختی و رنج روبرو هستند کمک کنیم، بلکه برای ران‌وی فور هُپ مهم بود که نسلی جوان را پرورش دهد و به آنها

فرصت رشد بدهد. ما پلتفرم شغلی خود را برایشان فراهم کردیم، آنها را با کارشناسان و شرکت‌های وابسته در خارج از کشور مرتبط ساختیم و همچنین پاداش‌ها و بورسیه‌های تحصیلی ارائه کردیم. این عده صرفاً افراد بی‌تجربه‌ای نبودند که بر روی‌شان سرمایه‌گذاری می‌کردیم. آنها افراد حرفه‌ایِ مشتاقی بودند که تمام آنچه را که بنیاد ما ارائه می‌داد با دل و جان باور داشتند، و در عوض، دیدگاه‌های تازه و بدیعی را به ما ارائه می‌کردند. ران‌وی فور هُپ به سرعت در حال رشد و گسترش بود، افراد بیشتری به آن ملحق شدند و مسیر بنیاد الهام‌بخش‌شان بود تا زندگی رنگارنگ‌تری داشته باشند.

با این حال، در ۱۱ مارس ۲۰۱۱، کمی بیش از یک سال پس از تأسیس ران‌وی فور هُپ، در ژاپن زلزله‌ای ۹.۱ ریشتری به وقوع پیوست و این کشور متحمل شدیدترین سونامی ثبت شده در منطقه‌ی توهوکو شد. این فاجعه‌ی طبیعی، جامعه‌ی ژاپن را در تنگنا قرار داد. بیش از ۲۰۰۰۰ نفر جان خود را از دست دادند و بیش از ۴۷۰۰۰۰ نفر در داخل کشور آواره و مجبور به یافتن مسکن موقت شدند. سونامی در استان ایواته به ارتفاع ۴۰,۵ متری (۱۳۳ فوت) رسید و با سرعت بیش از ۷۰۰ کیلومتر در ساعت (۴۳۵ مایل در ساعت) و تا سرعت ۱۰ کیلومتر در ساعت (۶ مایل در ساعت) در داخل کشور حرکت کرد. ویرانی‌های به‌جامانده عظیم بود.

بیشتر رنج‌ها و مبارزات در زندگی من ناشی از حوادث انسانی بوده. به دلیل جنگ، انقلاب‌ها و کودتاها، زندگی‌ای را سپری کردم که مدام از مبارزه‌ای به مبارزه‌ای دیگر تغییر می‌کرد. با این حال، با حضور در ژاپن در زمان زلزله، از نزدیک تجربه کردم که یک فاجعه‌ی طبیعی چقدر می‌تواند وحشتناک و هولناک باشد. پناهندگان و آوارگان هرگز خانه‌های خود را خودخواسته ترک نمی‌کنند، بلکه مجبور به ترک خانه‌هایش می‌شوند. افراد چه بر اثر بلایای طبیعی و چه بر اثر خشونت‌های انسانی، دائماً به دنبال زندگی بهتر هستند.

در مواقع گذشته شاهد رنج و عذاب دیگران بودم و نمی‌توانستم کاری انجام دهم، اما این بار یکی از مواقعی بود که می‌توانستم کاری انجام دهم تا سختی‌های پیش آمده را کاهش دهم. وقتی در سال ۱۹۹۹ برای تحصیلات تکمیلی به ژاپن آمدم، بسیار خوش‌شانس بودم که بورسیه‌ی تحصیلی بسیار سخاوتمندانه‌ای همراه با مزایای دیگر به من تعلق گرفت. هرچند زمانی که در سال ۲۰۰۴ برای ایجاد بنیاد خود به ژاپن بازگشتم، با موانع زیادی روبرو شدم. این کشور آنقدر نسبت به من بخشنده بود و من

آنقدر خاطرات شیرین داشتم که وقتی چنین فاجعه‌ی طبیعی‌ای رخ داد، هیچ چیز برای من مهم‌تر از حضور در کنار آوارگان نبود. به همراه دوستان و افراد شگفت‌انگیزی که در کنارم بودند، احساس می‌کردم مدیون این کشور هستم. زندگی در ژاپن آنقدر برایم ثمربخش بود که اکنون زمانش رسیده بود که آنچه در توان داشتم در اختیارشان بگذارم.

با این حال، از آنجایی که این حادثهٔ فاجعه‌ای بزرگ بود و دولت منابع را به مناطق آسیب‌دیده ارسال می‌کرد، پرسنل غیرمجاز اجازه نداشتند وارد شهرهایی شوند که سونامی در آن‌ها رخ داده بود. تماشای اخبار برایم غیرقابل تحمل بود. مردم در غم و اندوه و سختی به سر می‌بردند و میل شدیدی که برای کمک احساس می‌کردم مرا مضطرب می‌کرد. با وجود مسدود بودن این شهرها به روی نیروهای غیردولتی، امیدم را از دست ندادم و از موانع پیش رویم دلسرد نشدم. مصمم‌تر از همیشه بودم که به جای منتظر ماندن، اقدام کنم.

با کمک و شجاعت یکی از دوستان، به سمت شمال و دو شهری که دچار سونامی شده بودند حرکت کردیم. تلفات جانی دلخراش بود و هزاران نفر جان باخته بودند. بیش از یک هفته در آن مناطق ماندیم و در کنار داوطلبان دیگر به مردم محلی در رساندن وعده‌های غذایی، پاکسازی محل، تمیز کردن گورستان‌ها و هر کاری که از دستمان برمی‌آمد یاری رساندیم.

اگرچه سرمان را با کمک رساندن به مردم گرم کرده بودیم، اما دیدن این همه ویرانی و مرگ و میر دردناک بود. خانه‌ها و سنگ قبرها ویران شده بودند، و از بقایا و یادبودهای کسانی که پیش‌تر در این شهرها زندگی می‌کردند چیزی جز آوار باقی نمانده بود. اینها مرا به یاد گذشته و مبارزاتی که در جنگ ایران و عراق دیدم می‌انداخت، علی‌الخصوص خانه‌های اقوامم که بعد از انقلاب ایران سوختند و ویران شدند. افراد زیادی از پیگرد قانونی فرار کردند و در تلاش برای رهایی، جان خود را از دست دادند، یا در حین عبور ناموفق از مرز یا سقوط در تلاش برای گذر از دریا و رودخانه با مرگ دست به گریبان شدند. بسیاری از رخدادهای گذشته‌ی زندگی‌ام با آنچه در ۱۱ مارس اتفاق افتاده بود مشابهت داشت و در عین حال بسیار متفاوت بود. زندگی‌های بسیاری از دست رفتند، خانه‌ها و معیشت‌ها نابود شدند، و مردمانی وحشت‌زده سعی می‌کردند ویرانی‌های هولناک اطراف خود را درک کنند.

اقدامات داوطلبانه – پس از سونامی در ایوانوما - منطقه‌ی توهوکو, می ۲۰۱۱

«ما با آنچه به دست می‌آوریم امرار معاش می‌کنیم، اما با آنچه می‌بخشیم زندگی می‌کنیم».

-وینستون چرچیل

مانند رخدادهای گذشته، این تجربه هم تجربه‌ی دلخراشی بود. به خاطر مسیری که در زندگی طی کرده بودم و تجربیاتی که پشت سر گذاشته بودم، با این افراد احساس همدلی و صمیمیت می‌کردم. می‌خواستم هر طور که می‌توانم در کنارشان باشم. خودم را در بسیاری از کودکانی می‌دیدم که خانه‌هایشان ویران شده بود و رنج از دست دادن عزیزانشان را تحمل می‌کردند. دردی که به خاطرشان احساس می‌کردم غیرقابل وصف است. می‌خواستم کاری برایشان کنم، اما کار زیادی نمی‌توانستم انجام دهم. ضربه‌ی روحی و رنجی که متحمل شده بودند چیزهایی بود که باید تا آخر عمر آنها را تحمل می‌کردند.

تا به امروز، زلزله و سونامی ۱۱ مارس ۲۰۱۱ یکی از دردناک‌ترین خاطرات زندگی من است. افراد و دوستان بسیار زیادی هستند که هنوز نتوانسته‌اند به خانه‌های خود برگردند، آواره شده‌اند و در شرایط دشوار و ناخوشایندی زندگی می‌کنند. گرچه هر چه

در توان داشتم گذاشتم و در جایی که می‌توانستم کمکی بکنم حضور یافتم، اما درد و رنج بسیار زیادی وجود داشت که همچنان نیز پابرجا است.

با این حال، یکی از چیزهای مثبتی که از دل این تراژدی هولناک بیرون آمد این بود که به ران‌وی فور هُپ مأموریت جدیدی برای شروع به کار داد. همه مشتاق کمک بودند و چارچوب ذهنی و انگیزه‌ای که همه‌ی ما برای انجام کاری برای کسانی که در رنج بودند احساس می‌کردیم، قلب بنیاد ما را فرا گرفت. ران‌وی فور هُپ نه تنها شروع به جمع‌آوری بودجه برای این فاجعه کرد، بلکه با دولت محلی نیز به همکاری پرداخت. برنامه‌های آموزشی خودرا ارائه کردیم، از مردم محلی در برنامه‌های بازگشت به خانه حمایت کردیم، و همچنین به ایجاد شغل برای جوانان و تحصیل در خارج از کشور، و اجرای برنامه‌های تابستانی در توکیو به عنوان بخشی از نقشه‌ی طرح زندگی مشغول شدیم.

علیرغم ابتکار جدید ما برای کمک و حمایت از کسانی که خانه و عزیزان خودرا از دست داده بودند، متوجه شدیم که ممکن است وجود برندهای مشهور جهانی در بنیاد ما غیرممکن باشد. در حالی که ما توانسته بودیم تا جای ممکن به نیازمندان کمک کنیم، اما هنوز نتوانسته بودیم شکاف بین مد و کسانی که در رنج هستند را پر کنیم. به جای اینکه منتظر باشیم تا فرصتی برای همکاری برندی معروف با ما پیدا شود، تصمیم گرفتیم نمایش ران‌وی خودرا بسازیم. و قرار هم نبود که رخدادی کوچک باشد.

من نه تنها به عنوان مدل و دست‌اندرکار تجربه‌ی برگزاری ران‌وی را داشتم، بلکه تجربه‌ی کارگردانی و تولید چندین نمایش ران‌وی‌را هم در کارنامه‌ی شخصی و حرفه‌ای‌ام ثبت کرده بودم. با این حال، و حتی با وجود تجربه، می‌دانستم که برگزاری یک نمایش ران‌وی از جانب بنیاد خودمان پروژه‌ی فوق‌العاده چالش‌برانگیزی خواهد بود. اگر قرار بود با ایده‌های برندینگ و مدلینگ محض سر و کار داشته باشیم، باید از تخصص و شبکه‌ی خود استفاده می‌کردیم. به جای استفاده از برندهای مشهور، تصمیم گرفتیم از طراحان جوان و بااستعدادی که به دنبال نوآوری در صنعت مد بودند، حمایت کنیم. با نمایش شکاف اجتماعی بین مد و رنج، و وفاداری به مأموریت خود در حمایت از نسل بعدی، بنیاد ما حقیقتاً تجربه‌ای منحصربه‌فردرا پشت سر گذاشت، و امیدواریم دیگران هم بخواهند بخشی از آن باشند.

تیم ما سخت کار کرد تا نمایش را با موفقیت به سرانجام برساند. افرادی در اختیار داشتیم که در عرصه‌ی مد، مدیریت صحنه، تولید، طراحی رقص و بسیاری موارد دیگر تخصص داشتند. ما صرفاً برای جمع آوری کمک‌های مالی نمایش را برگزار نکردیم، بلکه برای حمایت از طراحان و هنرمندان آینده دست به چنین کاری زدیم. در حینی که برای نمایش ران‌وی خود برنامه‌ریزی می‌کردیم، مورد تأیید مردم هم قرار گرفته بودیم. افراد خارج از بنیاد به همان اندازه که ما مشتاقانه برنامه‌ریزی می‌کردیم، برای روز نمایش هیجان‌زده بودند.

ما تیم خود را افزایش دادیم و آرایشگران جوان و تازه فارغ‌التحصیل‌شده و همچنین عکاسان و فیلمبردارانی را نیز استخدام کردیم. پس از سال‌ها گذر از پستی‌ها و بلندی‌ها، سفر و زندگی در کشورهای مختلف، ملاقات با افراد زیاد و آشنایی با فرهنگ‌های مختلف در سراسر جهان، متوجه شدم که زندگی شبیه به یک نمایش ران‌وی است. سخت کار می‌کنیم تا بینشی بیآفرینیم که ممکن است رسیدن به آن سال‌ها طول بکشد، و به زمان و انرژی کافی برای تحقق نیاز داشته باشد. افرادی که برای اجرای نمایش ران‌وی استخدام می‌شوند، همانند کارگردان‌های زندگی ما هستند. هر فردی نقشی ویژه در نتیجه‌ی نهایی دارد و بدون آنها نمی‌توانیم به هدف‌مان برسیم. با وجود دشمنانی که در راه دستیابی به بینش خود با آنها روبرو می‌شویم، زمانی هم فرا می‌رسد که صرف وقت و تلاش‌مان نتیجه دهد.

لذت به سرانجام رساندن نمایش ران‌وی یکی از مهم‌ترین لحظات زندگی است. انباشتی است از کوشش‌های تمام کسانی که در زندگی شما نقش ایفا کردند و در این راه از شما حمایت کردند. در این زمان است که ثمره‌ی بینش‌تان را می‌بینید، بینشی که به شکلی خستگی‌ناپذیر برای تحقق آن تلاش کردید، و فرصتی است که بینشی تازه را در پیش بگیرید. با داشتن تیم مناسب و کارگردان‌هایی که حامیان شما هستند، در مسیر بینش خود تنها نیستید. وقتی زمین می‌خورید، به شما امید می‌دهند و انگیزه می‌بخشند که شجاعت‌تان را حفظ کنید. در تکه‌های کوچک و ناقصی که برای کمک و حمایت گرد هم می‌آیند، کمال وجود دارد. من نمی‌توانستم ران‌وی فور هُپ را به تنهایی ایجاد کنم. انسان کاملی نیستم، و نمی‌توانم همه‌ی کارها را به تنهایی انجام دهم، اما با داشتن تیمی سخت‌کوش و پرشور، در کنار همه‌ی اعانه‌کنندگان، حامیان و شعبه‌های وابسته، ران‌وی فور هُپ در مسیر درستی قرار گرفت.

چشم‌انداز و برنامه‌ی ما برای حمایت از نیازمندان بیش از هر زمان دیگری مهم شد. در کنار نمایش سالانه‌ی رانوی، از کسانی دیدن کردیم که از سختی رنج می‌بردند و همچنین اوقاتی را با کودکان آواره گذراندیم. اگرچه اوضاع اسف‌بار به نظر می‌رسید، اما همین دیدارها و لحظات پر از رنگ و شادی‌آفرین بودند. شادمانی و بازیگوشی در بین کودکان تا حدی می‌تواند باعث شود که وضعیت‌شان را فراموش کنند. ما نه تنها به آنها کمک می‌کردیم، بلکه آنها نیز به من و اعضای تیم ما کمک می‌کردند.

کامائیشی و اوفوناتو، استان ایواته، ژاپن (۲۰۱۴~۲۰۱۹)

هیچ چیز ارزشمندتر و رنگارنگ‌تر از ابراز محبت بی‌حد و حصر و دریافت آغوش و لبخند از کودکی با قلب پاک نیست.

ابتکارات و پلتفرم ما به گوش اهالی تایوان، سنگاپور، کره، چین، ایالات متحده، استرالیا، میانمار و چندین کشور دیگر نیز رسید. کار مهمی که ما انجام می‌دادیم و رنگی که به دنیا می‌بخشیدیم بالاخره مورد توجه قرار گرفت. رؤیای کوچک من برای پر کردن شکاف بین دنیای مد و دنیای رنج گسترده شده بود – می‌دانستم که چنین خواهد شد. به من پیشنهاد شرکت در دو نمایش رژه‌ی زیبایی شناخته‌شده‌ی جهانی به عنوان کارگردان ملی در ژاپن، کره و میانمار داده شد. فرصت مغتنمی بود که نه تنها باعث می‌شد به حمایت از سازمان‌های دیگر بپردازم، بلکه موجب می‌شد تا شبکه‌ی خود را از طرف رانوی فور

هپ گسترش دهم. با کمک تنی چند از دوستان فداکار، توانستم هم از طرف ران‌وی فور، و هم به عنوان کارگردان ملی در این برنامه حضور پیدا کنم.

در این مرحله از زندگی بخت یارم بودم که در طول سفرهای متعددم، علایق دیگری را نیز کشف کنم. توانستم با بسیاری از شخصیت‌های برجسته ملاقات کنم و دانش خود را در زمینه‌ی حرفه‌ام گسترش دهم. من بسیار خوشبختم که زنده‌ام، که در اطرافم افراد شگفت‌انگیز و دوستان بسیاری حضور دارند. زندگی در دنیایی رنگی معانی بسیار متفاوتی دارد. قبل از شروع به کار بنیاد ما، دنیای من رنگ متفاوتی داشت. رنگ‌های زندگی من از روزهای حضور در کویر ایران و پاکستان شادتر شده‌اند. روزهایی که به این فکر می‌کردم که آیا هرگز دوباره خانواده‌ام را خواهم دید یا از این سفر خطرناک جان سالم به در خواهم برد؟

تا ابد از کسانی که از من حمایت کردند و به من امید دادند سپاسگزارم. مسیر طولانی‌ای را در زندگی‌ام طی کرده‌ام و برایم غیرقابل باور است که چقدر همه چیز تغییر کرد. زندگی هرگز آن چیزی نیست که انتظارش را داریم. ممکن است یک روز از خواب بیدار شویم و ببینیم همه چیز دگرگون شده. کسی از فردا خبر ندارد، پس آنچه را که می‌توانید امروز انجام دهید و کسی چه می‌داند، شاید همه‌ی تلاش‌ها و کوشش‌های ما در آینده نتیجه دهد.

تجربه‌ی نمایش رژه‌ی زیبایی بینش وسیع‌تر و فرصت‌های دیگری را برایم فراهم کرد که می‌توانستم از آنها در ران‌وی فور هُپ بهره ببرم. من همیشه به دنبال راه‌های جدیدی برای بهبود ایده‌های بنیاد هستم و دائماً برای راه‌اندازی برنامه‌های جدیدی برنامه‌ریزی می‌کنم که می‌تواند برای کودکان و آینده‌شان مفید باشد. آموزش یکی از مهم‌ترین عوامل تغییر در این جهان است. من و تیمم بسیار متعهد به ایجاد برنامه و دنیایی بودیم که از طریق تجربیات دست اول به آموزش بپردازد. خوش‌شانس بوده‌ام که معلمان و همینطور کارگردان‌های فوق‌العاده‌ای در زندگی من حضور داشته‌اند، و حالا می‌خواهم خودم هم یاری‌رسان دیگران باشم. می‌خواهم آموخته‌هایم و تأثیراتی را که بر من و بینش من در سنین جوانی گذاشتند، در اختیار دیگران نیز بگذارم.

طرح زندگی

مسیری به سوی روشنگری

از زمان آغاز به کار رانوی فور هپ، همیشه ایده‌های زیادی در سر داشتم که چگونه می‌توان از این بنیاد برای کمک به کودکان و راهنمایی آنها در مسیر زندگی استفاده کرد. از آنچه که رانوی فور هپ در طول چند سال اول فعالیت خود به آن دست یافته، چه از طریق نمایش رانوی - که توجه به پناهندگان را موجب می‌شود - و چه از طریق تلاش‌های بی‌وقفه برای کمک به افراد نیازمند در زمان فاجعه، بسیار مسرورم. با این حال، در دوران بلوغ شاهد بودم که چگونه پدر و مادرم همیشه به مردم کمک می‌کردند، چگونه معلمانم در ایجاد بینشم به من یاری می‌رساندند، و حتی حالا با ساختن تیمی در رانوی فور هپ که برای کمک به دیگران اختصاص یافته، می‌دانم که می‌توانیم کارهای بیشتری انجام دهیم. می‌خواهم تمام محبت‌ها، آموزه‌ها، فرصت‌ها و امکان‌هایی را که از کارگردان‌های زندگی‌ام دریافت کرده‌ام، جبران کنم. می‌خواهم طرحی برای زندگی ایجاد کنم که نه تنها به کودکان کمک کند تا به موفقیت دست یابند، بلکه به والدین یاری برساند تا به فرزندان خود نزدیک‌تر شوند.

هنگامی که ما در نهایت در سال ۲۰۱۵ شروع به پی‌ریزی برنامه‌ی تحصیلی خود در خارج از کشور کردیم، می‌دانستم که در مسیر درستی برای انجام کارهای وسیع‌تر و کمک به کودکان بیشتر هستیم. این برنامه آغازگر چشم‌انداز ما در بنیاد بود. با این حال، در طول شروع برنامه‌ی تحصیلی‌مان در خارج از کشور، طرح زندگی چیزی بیشتر از یک ایده نبود که برنامه‌ی تحصیلی‌مان را امتداد دهد.

پس از سال‌ها تجربه‌اندوزی در رانوی فور هُپ، همه‌ی چیزهایی که تیم ما در طول سال‌ها روی آن سخت کار کرده بود، سرانجام به ایجاد این ابتکار مهم انجامید. در سال ۲۰۱۹ ما توانستیم برنامه‌ی مهم پیشرفت آموزشی را برای کودکان و نوجوانان ایجاد کنیم که آن را طرح زندگی می‌نامیم. اگرچه برنامه‌ی طرح زندگی ما پس از ایده‌ی تحصیل در خارج از کشور و برنامه‌های تابستانی ایجاد شد، اما ایده‌ها و مأموریت‌ها برای هر کدام بسیار فراگیر بود.

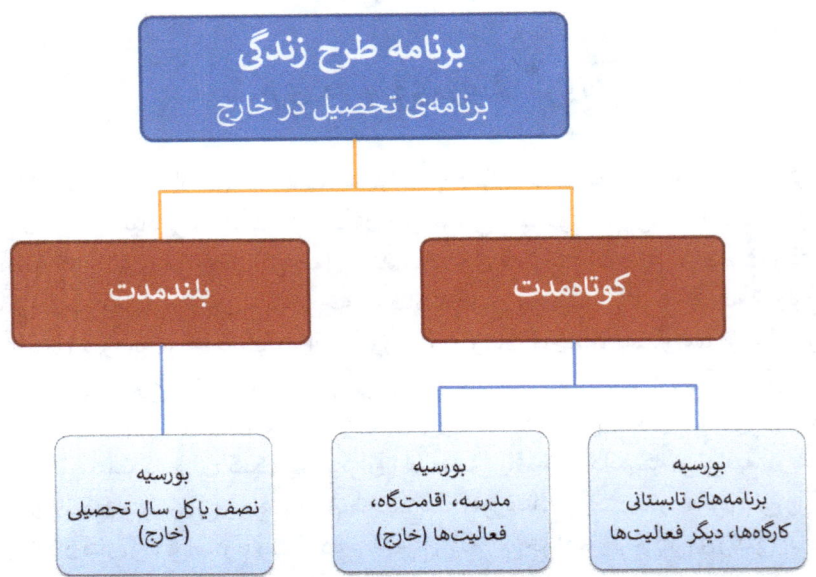

طرح زندگی به‌منظور طراحی برنامه‌ای ارائه شده که شامل دوره‌ها، برنامه‌ها، ران‌وی‌ها و کارگاه‌های بین‌رشته‌ای منحصربه‌فردی در نوع خود است که در ژاپن طراحی شده‌اند. چشم‌انداز ما برای این برنامه ایجاد حسن نیت، امنیت و شادی در بین همه‌ی کودکان و جوانان جهان بوده. ما این برنامه را برای بهبود رشد کلی دانش‌آموزان و اطمینان از دریافت آموزشی جامع و کامل طراحی کردیم. این برنامهٔ اهداف و چشم‌اندازهای ران‌وی فور هُپ را منعکس می‌کند، در حالی که زمینه‌های تخصص و نوآوری‌مان را نیز برجسته می‌سازد.

طرح زندگی فراتر از یک برنامه‌ی درسی است که دانش‌آموزان مطالبی را حفظ و سپس فراموش کنند. طرح زندگی تجربه‌ای است که ابزارهای مورد نیاز دانش‌آموزان را برای راهیابی به جهان و یافتن بینش و هدف در زندگی فراهم می‌کند. این برنامه بسیار منحصربه‌فرد است و از انعطاف‌پذیری قابل‌توجهی برای متناسب کردن کلاس‌های

درس و دانش‌آموزان مختلف برخوردار است، و در عین حال پوشش همه‌ی برنامه‌های درسی مهم را تضمین می‌کند. طرح زندگی به آموزش رشد فردی مثبت، مسئولیت‌پذیری، همکاری، خلاقیت، و احترام به دیگران و همدلی می‌پردازد. و در نهایت باید اشاره کرد که این برنامه برای استفاده از سوی کودکان و همچنین والدین طراحی شده است.

برنامه‌ی تحصیل در خارج از کشور - دنیایی پر از رنگ‌ها

مزایای تحصیل در خارج از کشور:

مسئولیت‌پذیری بیشتر، همکاری، خلاقیت و احترام به فردیت، همراه با پذیرش برابری نژادی و جنسیتی
شناخت فرهنگ‌ها و سبک‌های مختلف زندگی
غلبه بر سختی‌ها و حفظ امید
ایجاد مهارت در مدیریت، نوآوری، خوداتکایی و انعطاف‌پذیری
آماده شدن برای زندگی و/یا شغلی درخشان‌تر
تشویق رشد فردی مثبت
پرورش ذهن‌های جوان و پویا
ایجاد پلی به سوی آینده
داشتن زندگی‌ای شاد

در سال ۲۰۱۵، رانوی فور هُپ تصمیم گرفت سرانجام برنامه‌ی مطالعاتِ خارج از کشور را که مدت‌ها در انتظارش بودیم و طی چند سال گذشته روی آن کار کرده بودیم، آغاز کند. این برنامه کمک‌هزینه‌ی تحصیلی کاملی را برای دانش‌آموزان منتخب مقطع راهنمایی و دبیرستان که در شرایطی سخت زندگی می‌کنند فراهم می‌کند. اگرچه ما بر روی نمایش‌های سالانه‌ی رانوی، جمع‌آوری کمک‌های مالی، ملاقات با قربانیان و

محرومان، کارگاه‌های آموزشی، و سخنرانی‌های مختلف کار کرده بودیم، تصمیم گرفتیم با این برنامه‌ی جدید اهداف بیشتری را پیش ببریم.

از آنجایی که ما پیش‌تر شبکه‌ای برون‌مرزی ساخته بودیم و ابزارهای لازم را برای تکمیل این برنامه آماده کرده بودیم، فکر کردیم که زمان اجرای آن فرارسیده. هدف و امید ما از انجام این برنامه این بود که این دانش‌آموزان از طریق ارتباطات جهانی مسیرهای مختلفی را در زندگی‌شان بیابند. این برنامه تأثیر بسیار زیادی بر تحصیل، شغل و مسیر کلی زندگی دانش‌آموز ایجاد می‌کند. از آنجایی که ما از طریق عوامل مختلف بودجه جمع‌آوری کردیم و کمک‌های مالی را فراهم کردیم، به دانش‌آموزانی که برای این برنامه انتخاب شده بودند، بورسیه‌ی تحصیلی اختصاص دادیم. بورسیه‌ها هزینه‌ی بلیط هواپیما، اقامت در منزل، غذا، بیمه‌ی درمانی، آموزشگاه زبان و تمام فعالیت‌های اختصاصی آن‌ها را پوشش می‌دادند.

واکنشی که برنامه‌ی ما از دانش‌آموزان سراسر ژاپن دریافت کرد، بسیار زیاد بود. علی‌رغم اینکه ژاپن به دلیل ثروت، ایمنی و پیشرفت‌های تکنولوژیکی مشهور است، اما هنوز دانش‌آموزان زیادی وجود دارند که با سختی‌هایی روبرو هستند. پس از دریافت درخواست‌ها، ما قبل از مصاحبه‌ی اولیه، غربالگری‌ای بر روی دانش‌آموزان انجام دادیم که بر اساس آنْ آن‌ها از خود و نحوه‌ی زندگی‌شان حرف می‌زدند. دانش‌آموزانی که مصاحبه‌ی مقدماتی را پشت سر گذاشتند، به مصاحبه‌ی اصلی راه یافتند، و در آنجا به ما گفتند که امیدوارند از برنامه چه نتیجه‌ای کسب کنند و چشم‌اندازشان چیست.

پس از انتخاب نامزدها، شروع به آماده‌سازی آن‌ها برای برنامه کردیم. ما کارگاه‌های آنلاینی را ارائه کردیم که در آن‌ها می‌توانستند اطلاعات بیشتری در مورد جایی که می‌روند دریافت کنند، برای آنچه که باید از کشوری خارجی انتظار داشته باشند، آماده شوند، همراه با برخی مهارت‌های کلامی مفید که می‌توانست به آن‌ها کمک کند تا در کشوری انگلیسی‌زبان به زندگی مشغول شوند. بسیاری از این دانش‌آموزان هرگز شهر خودرا هم ترک نکرده بودند. همه‌ی آن‌ها روستایی بودند و حالا این فرصت را داشتند که به خارج از کشور بروند و چیزی فراتر از آنچه برای اکثر دانش‌آموزان به حقیقت پیوسته بود، تجربه کنند.

در دو سال اول برنامه، تعدادی از دانش‌آموزان را برای یک سفر تحصیلی ۱۰ روزه به آلبانی واقع در اورگانِ ایالات متحده بردیم. ما مستقیماً با آموزشگاه‌زبان محلی همکاری کردیم که تمام فعالیت‌های فوق‌برنامه‌ای را که با آنها توافق کرده بودیم ارائه می‌کرد. در کنار ارائه‌ی برنامه‌هایی سودمند، خانواده‌هایی که دانش‌آموزان با آنها اقامت داشتند، مهربان و خونگرم بودند و تجربه‌ای تکرارنشدنی را برای این بچه‌ها به ارمغان آوردند.

برنامه‌ی تحصیل در خارج از کشور - اورگان، ایالات متحده ۲۰۱۷، ۲۰۱۶

با این حال، ما می‌خواستیم حتی کارهایی بیش از این برای بچه‌ها انجام دهیم. می‌خواستیم درک و شناخت آنها را از جهان هستی بالا ببریم و ابزارهایی برای ایجاد روابطی قوی‌تر در اختیارشان قرار دهیم. این دانش‌آموزان برایمان فقط عدد و رقم نبودند، بلکه آینده‌ی آنها برای ما بسیار مهم بود و می‌خواستیم اطمینان حاصل کنیم که دانش‌آموزان نیز به این مسئله واقفند. به عنوان فردی که در سنین پایین چیزهای زیادی را در زندگی از دست داده بودم و خانه و خانواده‌ام را ترک کرده بودم، می‌خواستم از این دانش‌آموزان حمایتی کامل به جا بیاورم و به آنها فرصت رشد و شکوفایی بدهم.

در سال سوم برنامه، پیشنهاد حضور در سیدنی استرالیا را دریافت کردیم و در آنجا بر روی بهبود برنامه کار کردیم. ما ارزش‌های دیگری را به برنامه اضافه کردیم و بیش از پیش بر طرح زندگی متمرکز شدیم که اهداف آموزشی و شغلی را دنبال می‌کرد. هدف این برنامه فقط رفتن به آموزشگاه‌زبان و کاوش‌های سرگرم‌کننده و فهم فرهنگی متفاوت نبود، بلکه می‌خواستیم دانش‌آموزان تجربیاتی آموزشی و مهارتی را فرا بگیرند که در آینده آنها را توانمند کند و مدیران و رهبرانی به وجود آورد تا دنیا را به مکانی بهتر تبدیل کنند.

می‌خواستیم آنها بتوانند خوداتکایی و انعطاف‌پذیری را بیاموزند و از این عوامل به عنوان انگیزه بهره ببرند.

جدا از همکاری با آموزشگاه زبان در سیدنی، می‌خواستیم این سفر دو هفته‌ای را تا جای ممکن پربار کنیم. از آنجایی که چشم‌اندازهای اصلی را تثبیت کرده بودیم، می‌خواستیم وارد عمل شویم و چشم‌انداز جدید و بهبودیافته‌مان را اجرا کنیم. با واسطه‌ها و حامیان مالی خود در استرالیا ارتباطی قوی برقرار کردیم، که برخی از آنها شرکت‌هایی چندملیتی بودند که در استرالیا به تجارت مشغول بودند. خوشبختانه همگی‌شان با سخاوتمندی خدمات خود را ارائه کردند و می‌خواستند به برنامه‌ی ما کمک کنند.

مقر جهانی گروه مک‌کواری & تحصیل در خارج از کشور - فرودگاه سیدنی، استرالیا ۲۰۱۸

پس از تماس با برخی از شرکت‌ها و درخواست از آنها برای برگزاری توری چند ساعته و ارائه‌ی توضیحاتی کوتاه درباره‌ی مسائل کاری و حرفه‌ای، توانستیم دانش‌آموزان خود را با چنین تجربیاتی نیز آشنا کنیم. در طول این برنامه‌ی دو هفته‌ای، دانش‌آموزان همچنین مفتخر به ملاقات با سرکنسول ژاپن در استرالیا شدند که در مورد چگونگی شروع کار خود در امور خارجی برایشان صحبت کرد. او ارزش نمایندگی کشورش، مسئولیت‌های مربوط به آن و اهمیت چنین مشاغلی را با آنها در میان گذاشت.

دو هفته حضور ما در استرالیا بهتر از آن چیزی بود که انتظارش را داشتیم. من و همکارم می‌توانستیم نور و شگفتی را در چشمان دانش‌آموزان ببینیم، زیرا آنها درباره‌ی مسیرهای مختلف آینده‌شان نکته‌های بسیاری را آموخته بودند. سؤالاتی که آنها از سرکنسول

داشتند و تجربه‌ی فوق‌العاده‌ای که در ملاقات با برخی از مدیران‌شرکت‌های بزرگ در سیدنی کسب کردند، لحظاتی از زندگی‌شان بود که برای همیشه با آنها باقی می‌ماند. ما هم توانستیم نورانیتی که از گروه تابش می‌کرد ببینیم و امیدوار بودیم که این تجربیات پله‌ای برایشان در مسیر موفقیت‌های آتی‌شان باشد.

در میان همه‌ی برنامه‌های درسی و برنامه‌هایی که برای تحصیل در خارج از کشور طراحی کردیم، برنامه‌ی اقامت در خانه‌ها یکی از متمایزترین برنامه‌ها بود. این برنامه صرفاً یک سفر معمولیِ خارج از کشور برای کودکان برای یادگیری زبان انگلیسی نبود. برنامه‌ی تحصیل در خارج از کشور به عنوان بخشی از «طرح‌زندگی» طراحی شد تا به دانش‌آموزانی که سختی‌هایی را تجربه کرده‌اند، این فرصت را بدهد تا تجربیات ارزشمندی را به دست آورند که می‌توانند در طول‌زندگی، علیرغم سختی‌هایی که با آن مواجه بوده‌اند، همراه داشته باشند. ما می‌خواستیم دانش‌آموزان نه تنها بتوانند به کشور دیگری بروند و فرهنگ و زبان متفاوتی را تجربه کنند، بلکه می‌خواستیم دانش‌آموزان فراگیرترین تجربه‌ها را به دست آوردند. «طرح زندگی» برای گسترش چشم‌انداز، ایجاد شبکه‌های ارتباطی، به دست آوردن کارگردان‌های خوب در مسیر زندگی و شغل، و بالاتر از همه، انعطاف‌پذیر بودن، ایجاد شد.

برنامه‌ی تحصیل در خارج مانند برخی از سازمان‌های دیگر نبود که از بودجه‌ی کافی برخوردار بودند و هر سال ۱۰۰ یا ۱۰۰۰ دانشجورا به خارج می‌فرستادند. آنچه‌ران‌وی فور هُپ ارائه می‌کرد تجربه‌ای صمیمی و منحصربه‌فرد بود که در آن دانش‌آموزان در کنار خانواده‌ای قرار می‌گرفتند که به عنوان مهاجر با سابقه‌ی پناهندگی به استرالیا آمده بودند. از آنجایی که صدای پناهندگان درژاپن به خوبی شنیده نمی‌شد، این فرصتی عالی برای دانش‌آموزان جوان و باهوش بود تا در مورد مبارزاتی که این خانواده‌ها برای یافتن آرامش متحمل شده بودند، بیاموزند. این دانش‌آموزان نیز به نوبه‌ی خود سختی‌هایی را درزندگی تجربه کرده بودند، بنابراین ملاقات با خانواده‌هایی که با امید و شجاعت برای زندگی بهتر تلاش کرده بودند، می‌توانست الهام‌بخش تداوم امید و تلاش برایشان باشد.

مانند بسیاری از پناهندگان، این خانواده‌ها نیز برای مهاجرت به استرالیا خانه، زندگی و خاطراتشان‌را ترک کرده بودند و مجبور شده بودند تا یک بار دیگرزندگی‌شان‌را از صفر شروع کنند. یکی از این خانواده‌ها در سنین پیری به استرالیا آمده بودند. مجبور شده

بودند آپارتمانی اجاره کنند، به کلاس‌های زبان بروند، مسیر خودرا در جامعه پیدا کنند، برای بیمه‌ی درمانی ثبت‌نام کنند، گواهینامه‌ی رانندگی خود را دوباره بگیرند و خیلی چیزهای دیگر. آنها پیش‌تر در سرزمین خود همه‌ی این کارها را انجام داده بودند، اما حالا باید در محیطی جدید همه چیز را از نو شروع می‌کردند.

خانواده‌های میزبان، سیدنی - استرالیا ۲۰۱۸

این خانواده‌ها منبع امید و الهام برای دانش‌آموزان ژاپنی‌ای بودند که چند روز را در کنارشان گذراندند. بچه‌ها دیدند که آنها صرفاً کسانی نبودند که با مشکلاتی مواجه شوند و امیدشان را از دست بدهند. ساختن یک زندگی جدید به قدرت و شجاعت نیاز دارد، به‌خصوص که بسیاری از این خانواده‌ها دهه‌های زیادی را صرف ساختن زندگی‌شان کرده بودند، و بعد مجبور شدند از نقطه‌ی صفر شروع کنند. این خانواده‌ها پر از انگیزه بودند تا از فرصت جدیدی که به آنها داده شده حداکثر استفاده را ببرند و امیدواریم دانش‌آموزان نسبت به زحماتی که این خانواده‌ها برای ساختن زندگی‌شان کشیده‌اند احترام قائل شوند. ملاقات با این خانواده‌ها مرا نیز تحت تأثیر قرار داده بود. یاد سلمان و تمام افرادی در زندگی‌ام افتادم که برای آینده‌ای بهتر تلاش کرده‌اند.

با این حال، برای دانش‌آموزان، اقامت در کنار خانواده‌ای جدید برای اولین بار می‌تواند دلهره‌آور باشد. در ابتدای برنامه به دانش‌آموزان اجازه دادیم تا با خانواده‌های میزبان خود آشنا شوند، هر چند در یکی دو روز اول کمی خجالتی هستند. پس از روز سوم برنامه، اغلب می‌شنویم که با خانواده‌ی میزبان خود صحبت می‌کنند و می‌کوشند با وجود اینکه ندانستن زبان انگلیسی مانع بزرگی است، اما تا جای ممکن ارتباط برقرار کنند. علیرغم مشکل در برقراری ارتباط، کودکان یاد می‌گیرند آنچه را که احساس می‌کنند منتقل کنند و در پایان برنامه شاهدیم که با خانواده‌ی میزبان خود ارتباط عمیقی برقرار می‌کنند.

> «مردم آنچه را که گفتید فراموش خواهند کرد، آنچه را که انجام دادید فراموش خواهند کرد، اما هوگز احساسی را که در آنها ایجاد کردید فراموش نمی‌کنند».
>
> -مایا آنجلو

بنیاد ما به دلیل نمایش‌های ران‌وی و برنامه‌های تحصیل در خارج از کشور گرفته تا حمایت‌های مالی از سوی برخی سازمان‌ها و کشورها، به سرعت توجه بسیاری از کشورها را به خود جلب کرد. اگرچه ابتدای کار برایمان دشوار بود، اما در نهایت شروع به جذب حامیان و سرمایه‌گذاران از سراسر جهان کردیم. پیشنهاداتی از کشورهای دیگر دریافت کردیم که قصد داشتند از دانش‌آموزان‌مان در ایتالیا، فنلاند و کانادا میزبانی کنند. فرصت‌هایی که برایمان به وجود آمده بود بی‌شمار به نظر می‌رسید.

برنامه‌ی تابستانی - ایجاد شغل

همراه با شکوفایی برنامه‌ی تحصیل در خارج از کشور، در سال ۲۰۱۹ برنامه‌ای تابستانی در داخلی توکیو پایه‌گذاری کردیم. بخت یارمان بود که حامیان مالی و خیرین به حمایت ما پرداختند و فرآیند طراحی و شروع برنامه را بسیار آسان‌تر ساختند. این برنامه به عنوان بخشی از «طرح زندگی»، به دانش‌آموزان این فرصت را می‌دهد تا آینده‌ی خود را بسازند و حداکثر کاری را که می‌توانند در زندگی خود انجام دهند. مشابه روند برنامه‌ی تحصیلی‌مان در خارج از کشور، و البته با بودجه‌ای محدود، تعدادی از دانشجویان از

مناطق مختلف ژاپن را که در آنها بلایای طبیعی رخ داده بود، پذیرفتیم تا به مدت یک هفته در توکیو بمانند. اینها دانش‌آموزانی بودند که اعضای خانواده‌ی خود را از دست داده بودند و به دلیل بلایایی که زندگی‌شان را ویران کرده بود در کشور خودسرگردان شده بودند. ما می‌خواستیم به دانش‌آموزانی که در پناهگاه‌های موقت زندگی می‌کردند یا یتیم شده بودند فرصتی برای زندگی رنگارنگ‌تر بدهیم. دنیای آنها ممکن است در حال حاضر تیره و تار به نظر برسد، اما ما می‌خواستیم به آنها این فرصت را بدهیم که آینده‌ای روشن‌تر داشته باشند. بنابراین به هر دانش‌آموز کمک هزینه‌ی تحصیلی کامل برای‌شرکت در برنامه داده شد.

هدف برنامه‌ی تابستانی در توکیو این بود که به دانش‌آموزان مشتاق و باانگیزه این فرصت را بدهد تا دنیای خود را گسترش دهند و به آنها راهنمایی‌ها و حمایت‌های لازم برای ایجاد شغل در آینده را ارائه دهد. از طریق این برنامه و فعالیت‌ها، امیدواریم که دانش‌آموزان بتوانند از پتانسیل خود استفاده کنند و ببینند که واقعاً چه توانایی‌هایی دارند. فعالیت‌هایی که ارائه شدند عبارتند از: آموزش مشاغل، کارگاه‌های آموزشی، بازدید از هتل‌ها برای یادگیری نحوه‌ی عملکرد صنعت گردشگری، بازدید از شرکت‌های ساعت‌سازی و کارگاه‌های آنها، وشرکت در اجلاس کودکان توکیو پیرامون محیط زیست که در ساختمان دولت ملی برگزار شد. با این حال، همچنین می‌خواستیم برخی از فعالیت‌های خود را به هنر و مد مرتبط کنیم، بنابراین دانش‌آموزان را به کلاس‌های گل‌آرایی، شیرینی‌پزی، و همینطور کارخانه‌های طراحان مد بردیم و فعالیت‌های خلاقانه‌ی بسیاری را انجام دادیم.

اجلاس سران در مورد محیط زیست ۲۰۱۹

سال بعد، در سال ۲۰۲۰، برنامه‌ریزی کرده بودیم که یک برنامه‌ی تابستانی دیگر ایجاد کنیم. امید و ایده‌ی ما این بود که این برنامه را سالانه مانند برنامه‌ی تحصیل در خارج از کشور داشته باشیم. با این حال، به دلیل همه‌گیری کرونا، مجبور شدیم برنامه را تا زمانی که امکان سفر برای بچه‌ها فراهم شود، به تعویق بیندازیم و برنامه را در سطح دیگری گسترش دهیم.

وکیناوا قرار بود میزبان برنامه‌ی تابستانی بعدی باشد. قصد داشتیم با همان روند، رویه و مأموریت برنامه‌ی توکیو، به جوانان فرصتی بدهیم تا در زندگی‌شان شکوفا شوند.

فلسفه و هدف ما از این برنامه‌ها آموزش هر چه بیشتر دانش و مهارت بود، که به دانش‌آموزانی که با مشکلاتی مواجه شده‌اند، ابزاری برای ایجاد آینده‌ای روشن‌تر و رنگارنگ‌تر ارائه دهیم.

چشم‌انداز ما این بود که به آنها امید بدهیم، استقامت را در آنها بیدار کنیم، و امیدوار باشیم که با ذهنی روشن و دستانی پرتلاش به دنبال آینده‌ی خود بروند.

مواجهه با برخی تغییرات شدید در زندگی در سنین پایین برای من آسان نبود. اما خانواده و دوستانی حامی و پشتیبان داشتم که مرا تشویق کردند تا به راهم ادامه دهم، ایمان داشته باشم و شجاعانه رفتار کنم. با این حال، همه در زندگی خود از چنین شانس و

حمایتی برخوردار نیستند. زمانی که با سختی‌های غیرمنتظره‌ای مواجه می‌شویم، حفظ رؤیاها و برنامه‌ریزی برای آینده می‌تواند سخت باشد.

از طریق تحصیل در خارج از کشور و برنامه‌ی تابستانی توکیو، می‌خواستیم به نسل بعدی خدمت کنیم و تمام امید و شهامتی را که دیگران به ما داده بودند، به نوعی جبران کنیم. هدف این دانش‌آموزان این است که درباره‌ی دنیایی که در آن زندگی می‌کنیم و همینطور سختی‌هایی که دیگران از سر گذرانده‌اند، بیشتر بیاموزند، و یاد بگیرند چگونه انعطاف‌پذیر باشند، ایمان داشته باشند، امیدشان را حفظ کنند، و شجاع باشند، حتی زمانی که مشکلات آنها را زمین می‌زند. با در نظر گرفتن این موضوع است که امیدواریم روزی این کودکان به بزرگسالانی باتجربه تبدیل شوند، بتوانند آرزوهای خود را دنبال کنند و زندگی ای داشته باشند که آنها را مسرور و همینطور قدرشناس کند. در آینده، شاید آنها نیز بتوانند تمام چیزهایی را که آموخته‌اند، به دیگران ببخشند.

از زمان تأسیس ران‌وی فور هُپ، پیشرفت‌های مثبت، حامیان مالی بیشتر، تأییدیه‌ها و سطوح موفقیت زیادی ایجاد شده. یکی از بزرگترین فرصت‌هایی که برای ران‌وی فور هُپ پیش آمد، مربوط به اواسط سال ۲۰۱۹ می‌شود که بنیاد ما به طور رسمی از سوی سازمان هفته‌ی مد ژاپن مورد تأیید قرار گرفت. آنها به ما یک پلتفرم بزرگ و ملی در هفته‌ی مد توکیو پیشنهاد دادند تا در نمایش ران‌وی یا برنامه‌های مربوط به آن در طول هفته‌ی مد در بهار و پاییز هر سال شرکت کنیم. بسیار خوش‌اقبال بودیم که توانستیم از پلتفرم آنها استفاده کنیم و قابلیت‌های ران‌وی فور هُپ را گسترش دهیم.

در حالی که این فرصت گامی بزرگ برای بنیاد بود، پیشرفت ما به همین جا ختم نشد. پس از حمایت صورت‌گرفته از سوی هفته‌ی مد ژاپن، پیشنهادی برای سازماندهی رویدادها در طول هفته‌ی مد گینزا در اوایل سال ۲۰۲۰ دریافت کردیم. این سازمان (سالن خلاقیت گینزا) با پنج فروشگاه بزرگ / مرکز خرید در توکیو (میتسوکوشی، ماتسویا، گینزا سیکس، واکو و توکیو پلازا) همکاری می‌کرد، در حالی که ماتسویا میزبان رویداد اصلی بود. فرصتی که برای ما فراهم شد بیش از آن چیزی بود که انتظارش را داشتیم و همه از حمایت و فرصت مشارکت خوشحال بودیم. می‌خواستیم کاری واقعاً منحصربه‌فرد و خاص انجام دهیم، بنابراین یک نمایش ران‌وی با حضور کودکان برگزار کردیم که رنگارنگ‌ترین رویدادی بود که تا به حال میزبانی کرده‌ایم. درخشش بچه‌ها فراموش‌نشدنی بود.

در سال‌های پس از ایجاد ران‌وی فور هپ، تیم ما با مبارزات و موانع متعددی در مسیر موفقیت روبرو بوده. با این حال، با عزم و اراده‌ای تزلزل‌ناپذیر با هم کار کردیم تا بر این موانع غلبه کنیم و به سمتی گام برداریم که فرصت‌های فراوانی در انتظارمان باشد. ما نه تنها به کسانی که از سختی‌ها و آوارگی‌ها در ژاپن رنج می‌بردند کمک کردیم، بلکه توانستیم به نسل بعدی نیز کمک کنیم.

نسل جوان کلید آینده‌ی همگی‌مان را در دست دارد. آنها انگیزه‌ی ما برای ایجاد دنیایی بهتر هستند، و با پرورش ذهن و یاری‌رسانی به آنها، می‌توانیم امیدوار باشیم که به قدری شجاع و قوی بار بیایند تا تغییرات دلخواه را ایجاد کنند.

داشتن زندگی‌ای خارق‌العاده و آمیخته با عزم، تنها به معنای برخاستن از خاکستر سختی‌ها و جنگیدن برای زنده ماندن نیست، بلکه به این معناست که چگونه با سختی‌ها سازگار می‌شوید و برای زنده ماندن دست به چه تلاش‌هایی می‌زنید. کوشش برای آینده‌ای بهتر به معنای فراموش کردن گذشته نیست، بلکه استفاده از چیزهایی است که آموخته‌اید و پناه بردن به افرادی است که در زمان نیاز به شما کمک می‌کنند تا برای خود و دیگران بهترین عملکرد را داشته باشید. هیچکس کامل نیست. همه‌ی ما نواقصی داریم که می‌توانند مشکلاتی برایمان به وجود آورند، اما تلاش در عین وجود نواقص و ضعف‌هاست که زندگی خارق‌العاده‌ای پر از عزم را ایجاد می‌کند.

اهمیت طرح زندگی – سکوی پرتاب از طریق آموزش

هدف و مقصد:

- تسهیل درک «دنیای درون و بیرون» برای هر کودک، آموزش این نکته که چگونه همه‌ی ما قدرت غلبه بر چالش‌ها را داریم.
- حمایت از کودکان و نوجوانان برای آمادگی بهتر برای زندگی و توانمندسازی آنها در مسیر ساختن زندگی/ حرفه‌ی درخشان برای آینده‌ی خود.
- آموزش به کودکان پیرامون اهمیت والدین و خانواده.

- ارائه‌ی مجموعه‌ای از دستورالعمل‌ها و آموزش‌های مستمر به خانواده‌ها که روابطشان را با فرزندان و جامعه تقویت می‌کند.
- ترویج ارتباطات، تعاملات، ارزش‌های اخلاقی، و برابری نژادی و جنسیتی قوی‌تر.
- آموزش در باب رهبری و نوآوری در زندگی، خوداتکایی و انعطاف‌پذیری.

پس از راه‌اندازی برنامه‌ی طرح زندگی، بسیاری از مؤسسات، سازمان‌های دولتی و شهرهای محلی در ژاپن با ما تماس گرفتند و علاقه‌مند به اجرای برنامه‌ی ما در مدارس راهنمایی و دبیرستان بودند. علاقه‌ای که به اقدامات ما نشان دادند، برای توسعه‌ی برنامه بسیار مفید بود. پیشنهادهایی در مورد آنچه برای توانمندسازی جوانان و ایجاد فرصت برای آینده‌ی آنها لازم است دریافت کردیم و با بازخوردهایی که گرفتیم، توانستیم برنامه‌ی خود را قوی‌تر کنیم.

در میان برخی از شهرهای محلی که به برنامه‌ی ما علاقه‌مند بودند، تعدادی در منطقه‌ی توهوکو قرار داشتند که به دلیل سونامی سال ۲۰۱۱ آسیب دیده بودند. از سال ۲۰۱۷، ران‌وی فور هُپ شریکی فعال در حمایت از شهرهای منطقه‌ی تخریب‌شده‌ی توهوکو بوده. امیدوار بودیم با ایراد سخنرانی‌ها، گفتگو و ارائه‌ی برنامه‌های درسی ویژه، به شهرهایی که سال‌ها حتی پس از سونامی در وضعیت نابه‌سامانی بودند کمک کنیم.

اگرچه اجرای طرح زندگی در میان مدارس دولتی ژاپن به دلیل قوانین مخصوص دشوارتر بود، اما برنامه‌ی ما از سوی بسیاری از مدارس خصوصی و بین‌المللی در سراسر کشور پذیرفته شد. توانستیم ابزارهایی را در اختیار دانش‌آموزان قرار دهیم تا زندگی‌شان رنگی‌تر شود. دادن آزادی عمل به کودکان برای کشف بینش خود، و امیدوار ساختن‌شان، عزم و شجاعت را در وجودشان می‌پروراند.

پروژه‌ی ’قطب‌نمای‘ شهر کامایشی ۲۰۱۹ – ۲۰۱۷

ما نه فقط از طریق نمایش ران‌وی یا برنامه‌های تحصیل در خارج از کشور فرصت‌هایی را برای کودکانی که خانواده‌را از دست داده بودند، نا‌امید شده بودند و جایی برای زندگی نداشتند، ایجاد کردیم، بلکه از طریق هنر و مد امیدوار بودیم که برای این کودکان فرصت زندگی بهتر را فراهیم کنیم تا آینده‌ای روشن‌تر بسازند. به آنها کمک کردیم، تشویق‌شان کردیم و تلاش کردیم تا پتانسیل درونی‌شان‌را تقویت کنیم، و در عین حال اعتماد به نفس‌شان‌را نیز پرورش دادیم. کودکان کلید سعادت بشریت و جهان هستند و هدایت آنها در مسیر درست و روشن تنها چیزی است که می‌توانیم به آن امیدوار باشیم.

مأموریت‌های ران‌وی فور هُپ همیشه در حال اجرا است. ما به دنبال کمک به کودکان هستیم تا رؤیاها و آرزوهای‌شان را پی بگیرند. قصدمان این است که زندگی‌شان را متحول و خودشان را توانمند کنیم تا آینده‌ی روشن‌تری داشته باشند. این بنیاد در تلاش است تا به نسل بعدی کمک کند تا آماده شوند و فرصت‌های بیشتری برای موفقیت در زندگی پیش روی‌شان بگذارد. سختی‌ها و کشمکش‌ها همیشه در زندگی وجود خواهند داشت، اما امیدواریم جوانان با ابزار و دانش مناسب بتوانند بر مصائب غلبه کنند و در مسیر پررنگ‌تری به سوی آینده قدم بردارند. ما می‌خواهیم این توانایی را برای جوانان فراهم کنیم که پل‌هایی رو به آینده بسازند، ارتباطاتی قوی برقرار کنند و بینش خودرا پرورش دهند تا روزی بتوانند به سوی دنیا بروند و تغییری ایجاد کنند.

مؤخره

دنیای امروز ما

هر روز اخباری در مورد چگونگی دور شدن نوع بشر از انسانیت به گوش می‌رسد. رؤیا و بینش، امید و شجاعت که باید ما را به جلو سوق دهند با هرج و مرج، درگیری‌های منطقه‌ای و قومی، شکاف‌های میان فقیر و غنی، مهاجرت و خشونت‌های انسانی از بین رفته‌اند. به نظر می‌رسد که جنگ و ویرانی در درون ما انسان‌ها ریشه دوانده، زیرا در طول تاریخ ما را دنبال کرده. اما اگر گامی به عقب برداریم و به طیف کلیِ چرایی شروع تعارض‌ها نگاه کنیم، می‌توانیم ببینیم که دلیل آن تفاوت‌های ماست. آنچه ما را به عنوان یک فرد منحصربه‌فرد و خاص می‌کند، عاملی است که باعث می‌شود دیگران به ما به چشم یک تهدید نگاه کنند و به همین ترتیب، ما دیگران را به دلیل تفاوت‌هایشان تهدیدآمیز تلقی می‌کنیم.

چالش‌برانگیزترین مسائلی که جامعه و دنیای ما امروز باید با آن روبرو شود، مردم و خود زندگی است. زمانی در زندگی فرا می‌رسد که باید تصمیم بگیریم چه چیزی مهم‌تر است: تفاوت‌هایمان یا انسانیت نهادینه در همگی‌مان؟ کدام یک را قربانی کنیم تا زندگی بهتری داشته باشیم؟

زندگی بسیاری از ما با پیشرفت‌های تکنولوژیکی احاطه شده و به شدت تحت تأثیر افکار دیگران قرار گرفته. از این امکان برخورداریم که حجم انبوهی از اطلاعات را به‌سرعت با حرکت دادن سر انگشتانمان به دست آوریم. از اینکه می‌توانیم در فضاهای مجازی به صورت ناشناس جولان دهیم احساس قدرت می‌کنیم. داده‌های فراوانی را کسب می‌کنیم و مدام به جهان علم و فناوری متصلیم.

با این حال، و به‌رغم دانشی که به آن دسترسی داریم، بسیاری از مردم آگاهی خودرا در مورد فقر جهانی، گرم شدن کره‌ی زمین، امنیت شخصی، بیماری‌های همه‌گیر و سایر مسائلی که دنیا را تحت تأثیر قرار داده افزایش داده‌اند. این مسئله نگران‌کننده و وحشتناک است که جهان تا این حد پیشرفته شده، اما مشکلاتی از این دست همچنان

پابرجا است. علیرغم پیشرفت فناوری، کارهایی که برای افرادِ در مضیقه انجام می‌دهیم، اندک و محدود است.

ما در سیاره‌ای زندگی می‌کنیم که بیش از شش میلیارد نفر در آن ساکنند و نیمی از آنها با کمتر از دو دلار در روز سر می‌کنند. در حالی که برخی برای دستمزد بالاتر، خرید خانه‌ی رؤیایی و تضمین آینده‌ی خود تلاش می‌کنند، دیگرانی هم هستند که فقط به خاطر فرصتی که برای کسب درآمدی معادل خرید یک فنجان قهوه هم شاکرند. میلیاردها نفر هستند که با کمتر از یک دلار در روز زندگی می‌کنند. افراد فراوانی هستند که هر شب گرسنه به رختخواب می‌روند و یا به آب آشامیدنی دسترسی ندارند. در هر ساعت ۳۵ زن در هنگام زایمان جان خود را از دست می‌دهند و هر نیم ساعت کودکی از گرسنگی می‌میرد.

شنیدن وقایع وحشتناکی که در جهان می‌گذرد بسیار غم‌انگیز است. بسیاری از ما فراموش می‌کنیم که در جهان اقلیت‌ها زندگی می‌کنیم، جهانی که توسعه‌یافته است و به آب آشامیدنی، خوراک و غیره دسترسی داریم. با این حال، در جهان اکثریت، این آمار تعجب‌آور نیست، اگرچه که ممکن است بسیار زیاد باشد. جهانی که ما در آن زندگی می کنیم به قدری متفاوت از اعداد و ارقامِ ارائه‌شده به ما به نظر می‌رسد که نمی‌توانیم تصور کنیم چنین اتفاقاتی واقعاً رخ می‌دهند. علیرغم دانشی که می‌توانیم از طریق استفاده از فناوری به دست آوریم، باور نداریم که جهان تا این اندازه هولناک و آسیب‌دیده است. ما مشکلات خودمان را داریم، پس چرا باید به مشکلات دیگران اهمیت دهیم؟

فناوری به بسیاری از جوامع قدرت داده. می‌توانیم کاری بیش از تقلب، دزدی و سوءاستفاده‌های آنلاین انجام دهیم. ما قدرت کمک و ایجاد تغییر در جهان را داریم. امنیت شخصی خود را در نظر بگیرید. ما تمام تلاش‌مان را می‌کنیم تا امنیت خود را حفظ کنیم. پول‌مان را در بانک‌ها می گذاریم، رمز عبور انتخاب می‌کنیم، خانه‌ی خود را به طرق مختلف ایمن‌سازی می‌کنیم و تا جای ممکن از خود و اموال‌مان محافظت می‌کنیم. با این حال، مهم نیست در کجای جهان هستیم، چه امکانات مالی‌ای داریم و چگونه گذران زندگی می‌کنیم: هیچ‌کدام‌مان به طور کامل از گزند معضلات و تهدیدها در امان نیستیم.

تهدیدهای دولتی (شکنجه‌ی فیزیکی)، تهدید از سوی دولت‌های دیگر (جنگ)، تهدید از سوی گروه‌های مختلف مردم (تنش قومی)، تهدید افراد یا سازمان‌ها (جنایت، خشونت خیابانی، گانگسترها)، تهدید علیه زنان (تجاوز، خشونت خانگی)، تهدیدهای مربوط به کودکان (کودک‌آزاری)، تهدید علیه خود (خودکشی، مصرف مواد مخدر و غیره) در همه جای جهان وجود دارد. شاید ما نتوانیم با این واقعیت ارتباط برقرار کنیم که هر سی دقیقه یک کودک از گرسنگی می‌میرد، اما می‌توانیم با تهدیداتی که درزندگی‌مان به وقوع می‌پیوندند ارتباط برقرار کنیم. می‌دانیم که وقتی امنیت‌مان به خطر می‌افتد، رعب و وحشت چه بر سرمان می‌آورد. ما نیازها و احساسات مشترکی داریم، زیرا که انسانیت در نهاد همه‌ی ما وجود دارد.

اختلافات ما میان‌مان شکاف ایجاد می‌کند، اما این انسانیت ما است که این شکاف را پر می‌کند. حتی اگر نتوانیم با کسانی که متفاوت از ما رنج می‌برند همدلی داشته باشیم، می‌توانیم با نیازها و خواسته‌های هر انسانی ارتباط برقرار کنیم. برای اینکه بتوانیم جامعه‌ای دلسوز و همدل باشیم، باید به اصول و ارزش‌های اخلاقی پایبند باشیم. اگر اجازه ندهیم که این مبانی بر اختلافات ما ارجحیت پیدا کند، آینده‌ی بشریت را نابود کرده‌ایم. علاوه بر این، اگر نتوانیم اختلافات خود را کنار بگذاریم و شکاف بین یکدیگر را پر کنیم، پس چگونه باید از دنیایی که در آن زندگی می‌کنیم مراقبت کنیم؟

ابعاد گرم شدن کره‌ی زمین روز به روز افزایش می‌یابد، و با این حال بسیاری این مسائل را پشت گوش می‌اندازند. این مسئلهٔ مسئله‌ی جدیدی نیست. ده‌ها سال است که وجود داشته، اما مسئولان امر چندان اهمیتی به آن نمی‌دهند زیرا هیچ منفعت مالی‌ای برایشان ندارد. باسرعتی که جهان ما در حال گرم شدن است، کشورهای جزیره‌ای را در اقیانوس آرام از دست خواهیم داد، مناطق ساحلی از سوی اقیانوس‌ها بلعیده می‌شوند، قطب جنوب و قطب شمال کوچک‌تر می‌شوند و بسیاری از حیوانات منقرض خواهند شد. عواقب گرمایش جهانی را می‌بینیم و احساس می‌کنیم، با این حال بسیاری خود را به خواب زده‌اند، گویی که چنین معضلی وجود ندارد.

اگر مدام وانمود کنیم که گرمایش جهانی وجود ندارد، رنج و بی‌عدالتی‌ای که در جهان در جریان است افزایش خواهد یافت. افراد بیشتری پناهنده خواهند شد، جنایت و خشونت فزونی خواهد گرفت، منابع محدودتر و زمین کوچک‌تر می‌شود. تفاوت‌هایی که بین ملت‌ها اختلاف انداخته و باعث جنگ می‌شوند، دیگر وجود نخواهد داشت،

اگر که همه‌ی ما برای بقا بکوشیم. اگر بتوانیم تفاوت‌هایمان را کنار بگذاریم و به این نکته احترام بگذاریم که افراد ممکن است دارای تفکرات، پیشینه‌ها و مذاهب متفاوتی نسبت به ما باشند، آن‌گاه می‌توانیم برای بهبود جهان با یکدیگر همکاری کنیم.

مسائل بسیار زیادی وجود دارد که جهان با آن مواجه است. شاید هرگز زمانی در تاریخ وجود نداشته که صلح برقرار بوده باشد، با این حال، همیشه می‌توانیم به کار در جهت رسیدن به جهانی امن‌تر که در آن برابری شکوفا شود، ادامه دهیم. حتی اگر بینش مخصوص به خود را داریم، رؤیاها و امیدهایمان را با شجاعت دنبال می‌کنیم، هرگز نباید دنیایی را که در آن زندگی می‌کنیم فراموش کنیم. باید به یاد داشته باشیم که چه دنیایی را می‌خواهیم برای فرزندانمان یا برای نسل‌های آینده به جای بگذاریم.

در حالی که جهان به حدی پیشرفت کرده که مسائلی نظیر برده‌داری، کار کودکان، نیروی هسته‌ای، آیین‌های قربانی کردن انسان مدت‌هاست از نظر اجتماعی قابل‌قبول نیستند، اما خشونت و ویرانی به شکلی‌های دیگر تکامل یافته و با جنبه‌های مختلف زندگی بشر سازگار شده‌اند. با پیشرفت‌های اجتماعی و فنی، نحوه‌ی تعامل ما با جهان و دیگران دچار تغییر شده. از گوش دادن به صحبت‌های اطرافیان خود دست می‌کشیم، از نداشته‌های خود شکایت می‌کنیم و کارهایی را که باید انجام دهیم فراموش می‌کنیم، یکدیگر را آزار می‌دهیم و به خاطر مشکلاتی که نمی‌توانیم به تنهایی حل‌شان کنیم یکدیگر را سرزنش می‌کنیم، و از اهمیت دادن و همدلی نشان دادن به افراد در مضیقه کوتاهی می‌کنیم.

بیشتر مردم در دنیای اقلیت چنان‌سرگرم زندگی درون حباب کوچک مادی هستند که زیبایی درون خودرا فراموش می‌کنند. درگیر این مسئله می‌شویم که چیزهای بیشتری از زندگی بخواهیم و فراموش می‌کنیم آنچه در زندگی خود داریم به همان اندازه‌ی چیزهایی که به دنبالشان هستیم مهم‌اند. همه‌ی ما فرصت شکوفایی و پروراندن خواسته‌های خود را داریم، اما اگر اصرار داشته باشیم که فقط بر زندگی خارج از خود تمرکز کنیم، آن‌گاه آنچه ما را منحصراً انسان می‌سازد، محو خواهد شد.

این بدان معنا نیست که علم و فناوری دشمن نوع بشر هستند و مانع زندگی ما می‌شوند. با این حال، با پیشرفت‌های سریع فناوری، فرصت نکردیم تا زندگی خودرا متعادل کنیم. بین حضور در جهان واقعی و مکیده شدن به درون صفحه‌ی نمایش، و بین اشتیاق

خود برای شناخت جهان و ارتباطاتمان با اطرافیانمان تعادلی ایجاد نماییم. پایه‌های پیوندهای خانوادگی خود را تقویت کنیم، بیشتر با دوستان خود ارتباط برقرار کنیم، با جامعه‌ی خود در ارتباط باشیم و بین ارکان مهم زندگی خود پلی ایجاد کنیم.

خوب است که کنجکاو باشیم و با استفاده از ابزارها و فناوری‌های موجود به دنبال پاسخ سؤالات خود بگردیم. ما در ابتدا بینش و رؤیاهای خود را با کنجکاوی در مورد جهان تقویت می‌کنیم، با این حال، انعطاف‌پذیر بودنِ بیش از حد در برابر ایده‌ها و افکار می‌تواند بر نحوه‌ی ارتباط ما با یکدیگر تأثیر بگذارد. هر شخصی که وارد زندگی شما می‌شود لزوماً کارگردان خوبی نیست. گاهی اوقات کارگردان‌ها می‌توانند شما را به بیراهه بکشانند، ایمانتان را به رؤیاهایتان سست کنند، یا زمانی که به آنها نیاز دارید تنهایتان بگذارند. جرأت داشته باشید که سؤال بپرسید، اما پاسخ‌هایی را که می‌یابید نیز زیر سؤال ببرید. هر کسی تعصب، قضاوت و افکار خود را دارد. به کسانی اعتماد کنید که مایلند از بینش و رؤیاهای شما حمایت کنند، بدون اینکه شخصیت‌تان را تغییر دهند.

نسل جدید - مسیر را ادامه دهید و فراتر بروید

زندگی فراتر از محدوده‌هایی است که در آن قرار گرفته‌ایم و یا دیگران را در آن قرار داده‌ایم. در حالی که هویت ما بخشی از بینش و رؤیای ما است، اما نباید عاملی باشد که ما را از یکدیگر دور می‌کند. تفاوت‌هایمان ما را منحصربه‌فرد می‌سازد، و زمانی که تفاوت‌هایمان را درک کنیم و تعصب خود را کنار بگذاریم، می‌توانیم در مسیر بینش و رؤیاهای خود گام برداریم. البته که حرف زدن آسان، اما عمل کردن دشوار است.

«بنی‌آدم اعضای یک دیگرند — که در آفرینش ز یک گوهرند
چو عضوی به‌درد آورَد روزگار — دگر عضوها را نمانَد قرار
تو کز محنت دیگران بی‌غمی — نشاید که نامت نهند آدمی».

-سعدی شیرازی

از سوی دیگر، با اطلاعات بسیارِ در دسترس و پیشرفت فناوری و ارتباطات، نسل‌های آینده در این جامعه به‌سرعت در حال تکامل و تجهیز خود هستند. نسل بعدی با چالش‌های زندگی در جامعه‌ای پرشتاب روبه‌رو می‌شود که یادگیری آن آسان است اما دائماً مطالبات بیشتری را طلب می‌کند. زندگی آنها مملو از کشمکش‌ها و مشکلات مختلفی خواهد بود که پدر و مادر یا پدربزرگ و مادربزرگشان نیز با آنها روبرو بوده‌اند، اما با این وجود آنها خود وارد عرصه‌ی مبارزه می‌شوند.

نسل زِد و متعاقب آن آلفا، بدون تردید، نه تنها آینده‌ی ما را رهبری خواهند کرد، بلکه تأثیرات شگرفی بر تکامل انسان خواهند گذاشت. آنچه ما برای آن جنگیده‌ایم و برایش زندگی کرده‌ایم، با هر نسلی که از نظر فناوری پیشرفته‌تر است، متفاوت خواهد کرد. با این حال، آیا امید و ایمان همچنان وجود خواهد داشت؟ آیا نسل آینده در مواجهه با دشمنان، چالش‌ها و مبارزات، دچار حس بی‌علاقگی به زندگی و نوع بشر خواهد بود؟ آیا ایمان، اخلاق، و تکامل نوع بشر و نقش آن در تاریخ چیزی خواهد بود که نسل بعدی به آن اهمیت می‌دهد؟ با دنیایی از فناوری و دانش که قفل آن باز شده است، آیا آنها باید یک جنبه از زندگی را فدای جنبه‌ی دیگری کنند؟ و در آخر اینکه آیا نسل آینده می‌تواند دنیای بهتری بسازد یا آن را نابود خواهند کرد؟

وقتی چیزی جدید در زندگی ظاهر می‌شود، همیشه ترس و عدم اطمینان زیادی وجود دارد. هنگامی که فناوری پیشرفت می‌کند، جامعه دایره‌ی واژگان و جامعیت خود را گسترش می‌دهد، اما حتی هنگامی که دستاوردهای جدید به دست می‌آیند، همیشه در پذیرش آن تردیدهایی وجود دارد. با این حال، با وجود همه‌ی ترس‌ها و عدم اطمینان‌ها، باید امیدوار باشیم و به کسانی که در آینده رهبری جهان را در دست خواهند داشت، اطمینان کنیم. همانطور که اطرافیانمان ما را هدایت و حمایت کردند و شجاعت و امید بخشیدند تا زندگی خود و نسل خود را رهبری کنیم، ما نیز باید به نسل بعدی ابزاری برای انجام بهتر کارها ارائه دهیم.

جوانان را آموزش دهید و آنها را بر اساس ارزش‌های زندگی و اخلاقی‌ای که خود را بر اساسشان ساخته و پرداخته‌ایم تربیت کنید و به آنها نشان دهید که می‌توانند به خوشبختی واقعی دست یابند. با کمک به نسل بعدی برای شناخت بیشتر تاریخ، درک فراگیر بودن جهان، و فهم آنچه که انسان‌ها به دست آورده‌اند، و اینکه چگونه در این مکان از زندگی قرار گرفته‌اند، پایه و اساس مورد نیاز برای انتخاب و تصمیم‌گیری را به

آنها منتقل کنید. به عنوان مادر، پدر، مربی، معلم، برادر یا خواهر، وظیفه‌ی ما برای کمک به جوانان برای دستیابی به آینده‌ای روشن‌تر و رنگارنگ‌تر، هدایت است. به آنها در مورد مبارزاتی که اجدادشان یا افراد دیگر در تاریخ پشت سر گذاشته‌اند، و تلاش‌ها و کوشش‌هایی که برای یافتن فرصت‌ها تحمل کردند، بیاموزید.

آموزش مهم‌ترین عنصر برای ایجاد آینده‌ای روشن‌تر و بهتر است. با گذشت سال‌ها، کودکان بیشتری آموزش دیده‌اند، اما هنوز کافی نیست. در بسیاری از مناطق زنان اجازه‌ی تحصیل ندارند. اقلیت‌های قومی و آنهایی که زندگی اجتماعی-اقتصادی پایین‌تری در جهان اقلیت‌ها دارند، با وجود پیشرفت‌های اجتماعی، هنوز برای یادگیری تلاش می‌کنند. در جهان اکثریت، فقر یا بیماری‌هایی مانند ایدز مانع از تحصیل کودکان می‌شود. بیش از ۲۰۰ میلیون کودک در سراسر جهان هرگز آموزش نمی‌بینند.

هر کودکی از برکت و مزایای داشتن خانواده‌ای صمیمی، خانه‌ای مناسب، ثروت و یا وسایل تحصیل برخوردار نیست. ما همیشه هم نمی‌توانیم در زندگی کودکانی که می‌خواهیم به آنها کمک کنیم، تغییر ایجاد کنیم، اما باید تمام تلاش خودرا به کار بگیریم تا بر کسانی که می‌توانیم به آنها دسترسی پیدا کنیم، تأثیر بگذاریم. ما باید در کنار کودکانی باشیم که به آنها آموزش می‌دهیم و در تربیتشان نقش داریم. هرکس دنیا را متفاوت تجربه می‌کند، و مشکلاتی که با آنها روبرو می‌شویم همیشه یکسان نیستند، با این حال، گاهی اوقات فقط اینکه بدانند در کنارشان هستیم کافی است.

اگر بتوانیم جوانان را با ابزارهای اساسی برای پیش‌روی، دنبال کردن بینش، ناامید نشدن و حفظ شجاعت مجهز کنیم، نسل بعدی مطمئناً قادر خواهد بود به جای زندگی‌ای پر از ویرانی، خشونت و خودخواهی زندگی رنگینی بسازد. ما تنها زمانی توانستیم امید داشته باشیم که کارگردان‌های زندگی‌مان به ما ایمان داشتند و باور به خودمان را در وجودمان کاشتند. ما شجاعت داشتیم، زیرا دیدیم که دیگران برای زندگی ما چه زحمتی کشیده‌اند و چه فداکاری‌هایی انجام داده‌اند. ما برای رسیدن به بینش خود جنگیدیم زیرا امید و شجاعت داشتیم، اما حتی مهم‌تر از آن، به خاطر افرادی که در زندگی‌مان حضور داشتند، توانستیم به بینش خود برسیم.

جبران مواهبی که در زندگی نصیبمان شده ممکن است امری باشد که بخواهیم تمام زندگی خودرا صرف انجام آن کنیم. همانطور که دائماً به دنبال رؤیاهای زیادی هستیم

یا به خود یادآوری می‌کنیم که امیدوار باشیم و شجاعت به خرج دهیم، راه‌هایی هم برای جبران تمام خوبی‌هایی که در زندگی‌مان دریافت کرده‌ایم پیدا خواهیم کرد.

زیبایی دنیای خارج از ابزارها و فناوری چیزی است که بسیاری از ما آن‌را بدیهی می‌دانیم. ما در دنیایی زندگی می کنیم که آنقدر به فناوری وابسته است که گاهی فراموش می‌کنیم به بالا نگاه کنیم و به درخشندگی ماه کامل یا زردی برگ‌های پاییزی توجه کنیم. فراموش می‌کنیم که نه تنها با اطرافیانمان، بلکه با دنیای اطرافمان نیز ارتباط برقرار کنیم. این عادتی است که بیشتر ما باید آگاهانه بر آن غلبه کنیم، با این حال نباید آن‌را به جوانان تحمیل کنیم. کودکان را هشیارانه از ابزارها دور کنید و از آنها بخواهید لحظه‌ای وقت بگذارند تا دنیای حقیقی را لمس کنند. به آنها کمک کنید تا با طبیعت و محیط اطرافشان ارتباط برقرار کنند.

برخی از والدین فکر می‌کنند که برای تغییر خیلی دیر شده است. برخی دیگر معتقدند که هیچ چیز مفیدی برای به اشتراک گذاشتن با جوانان خود ندارند یا اینکه از توانایی برقراری ارتباط برخوردار نیستند. با این حال، بدون شک والدین تأثیر زیادی بر فرزندان و مسیر زندگی‌شان دارند. به عنوان انسان و نگهبان نسل آینده، باید عزم خود را برای ایجاد ارتباط قوی با فرزندانمان جزم کنیم. وظیفه‌ی ما این است که به آنها بیاموزیم و به آنها دنیای زیبایی را نشان دهیم که باید برای ساختنش کوشش کنیم. مهم نیست که چه پیشینه‌ای داریم، چه مهارت‌هایی داریم و یا نداریم، و چند ساله‌ایم، مهم این است که با فرزندان خود نقاط مشترک پیدا کنیم.

انجام بازی، یادآوری نکته‌ها و سپری کردن وقت با فرزندان باعث نزدیکی به آنها می‌شود. صرف وقت در هر رابطه‌ای مهم است، به‌خصوص در رابطه‌ی والدین و فرزند. آنچه را که در آن مهارت دارید بیابید و با آنها پیوند ویژه‌ای ایجاد کنید، و نگذارید در دوران بلوغ از شما فاصله بگیرند. به آنها لبخند بزنید، بغل‌شان کنید، ببوسیدشان و بهشان بگویید که دوستشان دارید. تا جای ممکن در کنارشان حضور داشته باشید و ارتباطتان را تقویت کنید.

آنچه به نسل آینده می‌آموزید بسیار مهم است. به یاد داشته باشید که این بچه‌ها صدای آینده هستند، فارغ از جایگاه امروزشان. آنها به‌راهنمایی و دلسوزی صحیح نیاز دارند تا بتوانند با امیدها و رؤیاهای نسل‌های گذشته پیوند برقرار کنند. با این حال،

تربیت جوانان همیشه هم آسان نیست. برای ساختن آینده‌ای قوی‌تر، باید به خودمان نظر کنیم، اگرچه بیشترمان از انجام چنین کاری هراس داریم. کودکان اسفنج‌هایی هستند که تمام اتم‌های اطراف خود را جذب می‌کنند. آنها از آنچه می‌گوییم و نمی‌گوییم، ضعف‌هایمان که به آنها اشاره می‌کنیم و آنچه که دیگران را به خاطرشان سرزنش می‌کنیم، یاد می‌گیرند. اگر نمی‌توانیم خودمان را بهتر کنیم، چگونه می‌توانیم به فرزندانمان اعتماد کنیم تا بهتر عمل می‌کنند؟

ما باید همدلی بیشتری نشان دهیم و گفتگوی سازنده را به طور منظم‌تر تمرین کنیم. به جای پیمودن مسیر ویرانگر تاریخ و قرار گرفتن در جایگاه سهل و ساده‌ی تبعیض نشان دادن علیه دیگران از طریق صفحه‌ی امن و راحت نمایش، باید یاد بگیریم که چگونه با افراد متفاوت از خودمان نیز ارتباط برقرار کنیم. انسان‌هایی متحد شویم و از زیبایی تفاوت‌هایمان لذت ببریم. ما ربات نیستیم که فقط برای تحقیر و نفرت برنامه‌ریزی شده باشیم. ما توانایی دگرگونی و ایجاد تغییر در جهان را داریم.

بسیاری از ما بر این باوریم که تفاوت‌هایمان عاملی است که ما را مهم جلوه می‌دهد و به زندگی‌مان معنا می‌بخشد. در حالی که تفاوت‌هایمان هر یک از ما را منحصربه‌فرد می‌کند، در عین حال دیواری بین ما و دیگران به وجود می‌آورد. از برخی جهات، تفاوت‌ها باعث می‌شود ما همانی باشیم که هستیم، با این حال، این نباید دلیلی برای کنار گذاشتن انسانیت ذاتی‌مان باشد. اگر همه با هم متفاوتیم پس چرا می‌جنگیم تا مثل هم باشیم؟ تضاد در تفاوت‌ها و اشتراک در انسانیت چیزی است که روح قرن جدید را تعریف می‌کند و شکل می‌دهد. ما باید به تفاوت‌ها احترام بگذاریم و با یکدیگر مهربان باشیم، زیرا همگی‌مان به طور مشخص انسان هستیم. اگر این کار را نکنیم، هر چه جوامع ما پیشرفته‌تر شوند، جهان آسیب بیشتری را متحمل می‌شود.

تغییر همیشه آسان نیست و رفتارهایی که از خانواده، جامعه و مدرسه در ما ریشه دوانده است می‌تواند دشوار و ناراحت‌کننده باشد. جرأت داشته باشید تا با ذهنی باز پیش بروید و از نهادهایی که در آن بزرگ شده‌اید پرسش کنید. گاهی اوقات پاسخ‌ها همان چیزی است که جامعه آنها را می‌سازد، و گاهی اوقات، از رنگی که هرگز نمی‌دانستید وجود دارد شگفت‌زده خواهید شد. ما باید با یادآوری اینکه انسان هستیم به وجود خود نزدیک‌تر شویم. انسان‌ها دچار اشتباه می‌شوند، و هیچ‌یک همیشه کامل نیستیم، اما نکته‌ی زیبای انسان بودن این است که رشد می‌کنیم. اجداد ما و زندگی سختی که

پشت سر گذاشتند، آنچه بخشیدند یا از دست دادند، و نحوه‌ی مراقبتشان از خانواده و اطرافیانشان را به یاد بیاورید. هر کس داستانی دارد، اما هیچ داستانی کامل نیست. همه‌ی ما برای رسیدن به آینده‌ای رنگارنگ‌تر می‌کوشیم، اما نکته‌ی کلیدی این است که هم به دنیای درون و هم به دنیای بیرون توجه داشته باشیم. می‌توانیم دنیای رؤیاهایمان را برای خانواده و فرزندانمان بسازیم، اما از آنجایی که این دنیا دنیایی بدون مرز و دیوار است، باید خانه‌ای برای همگان باشد و همه را خانواده‌ی خود بدانیم.

«کسی که چیزهایی را دوست دارد، صرفاً زندگی می‌کند. کسی که خود را دوست دارد در جهنم زندگی می‌کند. کسی که دیگری را دوست دارد روی زمین زندگی می‌کند. کسی که دیگران را دوست دارد در بهشت زندگی می‌کند. اما کسی که در خلوت خود همه‌ی مخلوقات را دوست دارد در آرامش ابدی زندگی خواهد کرد».

-فیلسوف هندو باستان

فعالیت فکری

چگونه می‌توانیم رنگ‌ها را در زندگی‌مان ایجاد کنیم؟

چگونه می‌توانیم با فرصت‌هایی که در اختیار داریم، بینش خود را محقق کنیم؟

چه کارهایی باید انجام دهیم تا یقین حاصل کنیم که امیدمان قاطع و شجاعت‌مان پایدار است؟

چگونه می‌توانیم رنگ‌های زندگی‌مان را به نسل‌های بعدی ارائه کنیم؟

فعالیت شناختی
افکار و اقدامات

- ایده‌های گوناگون را کاوش کنید.

- علایق جدیدی کشف کنید و برای رسیدن به آنها بکوشید.

- به انجام ورزش و پیاده‌روی آرامش‌بخش بپردازید.

- به آنچه هر روز شما را خوشحال و سرزنده می‌کند فکر کنید.

- حتی کوچکترین رؤیای خود را روی کاغذ بیاورید.

- و سپس بزرگترین رؤیایتان را.

- اهداف خود را کنار یکدیگر بگذارید (اهداف ۵ ساله، ۱۰ ساله، ۲۰ ساله، تا بازنشستگی)

دنیای درون
ارزش‌های بنیادین

خودسازی
ارزش‌های بنیادین